JN125418

An Introduction to Civil Law

民法入門ノート

【第2版】

渡邊 力 編 Tsutomu Watanabe

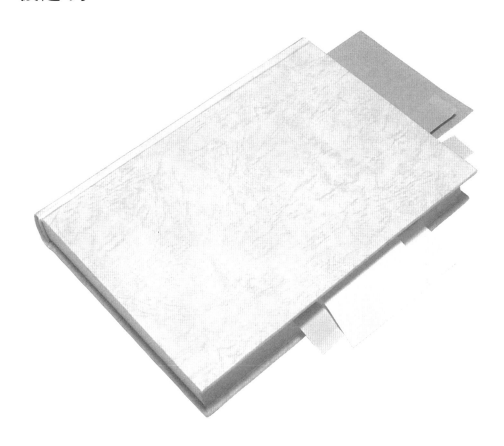

法律文化社

第2版はしがき

『民法入門ノート』の初版を2019年に刊行してから，あっという間に4年以上が経過しました。この間に，世界中の国々が新型コロナウイルス感染症（COVID-19）の猛威にさらされ，日本も大変困難な社会状況に直面しました。各方面でのつらい経験から得られた知見が今後の社会に生かされることを願ってやみません。

さて，この約4年の間に，おかげさまで多くの方に本書を手に取っていただけたことから，現在まで増刷を重ねてきました。もっとも，その間に民法関係で大きな法改正がいくつかありましたので，皆さまからお寄せいただいた貴重なご意見も踏まえながら，このたび第2版を刊行する運びとなりました。

改訂作業にあたり，誤記や不十分な内容をただすとともに，法改正や新しい判例なども踏まえて記述内容のブラッシュアップを図りました。また，読者の利便性を考慮して巻末に事項索引を付しました。なお，初版の基本コンセプトをそのまま維持して，トピックの数や項目など全体の構成には変更を加えていません。そして，各トピックの冒頭に事例 Case，末尾に論証例，さらに巻末に練習問題（空欄・穴埋め形式）を置く方針にも変更はありません。初版と同じように，民法学習に踏み出した皆さんの一助となれば幸いです。

ところで，上記のように本書刊行時から民法典および関連する法律に多くの改正がありました。ここで主な改正を挙げておきます。まず，令和3（2021）年には所有者不明土地の解消に向けた物権法分野を中心とした民法および不動産登記法等（原則として2023年4月1日施行）の大幅な改正があり，令和4（2022）年には親子法制（一部の規定を除き，2024年4月1日から施行予定）に関する民法の改正がありました。また，令和元（2019）年には会社法の一部改正にともなって一般法人法（一部の規定を除き，2021年3月1日施行）が改正され，令和4（2022）年には消費者契約法（一部の規定を除き，2023年6月1日施行）など，民法に関連する法律も改正されました。そこで，これらの法改正にあわせて本書の内容を改めています。

本書第2版の刊行にあたりまして，初版刊行時と同じように，川上生馬（白鷗大学法学部准教授），山田孝紀（日本大学法学部准教授），趙民秀（関西学院大学大学院法学研究科研究員）の諸氏から貴重なご意見をいただきました。また，改訂の企画から校正，刊行に至るまで，法律文化社の梶原有美子氏と徳田真紀氏に多大なご支援とご協力をいただきました。改めて心より御礼を申し上げます。

2023年12月

執筆者一同

はしがき

この本を手に取られた皆さんは，「民法」という法律にどのような印象をお持ちでしょうか。民法は，私たちの身近な生活を規律していて，とりわけ重要性の高い一般的な法律です。そのため，法学部に入学後すぐの段階で，民法の全体像をいち早く把握できるように「民法入門」の講義をおく大学が増えています。もっとも，民法はお金や土地などの財産に関する分野から家族に関する分野までとても幅が広いため，担当教員もどこにポイントを絞ってお話をすればよいか難しいところがあります。また，学生さんの側からも，なかなか全体像をつかめず，「民法ってよく分からない」という声をよく耳にします。そこで，これから民法を少し詳しく学習しようと思っている皆さんに，とにかく「分かりやすさ」を追求した本書のような入門書をお届けすることによって，講義の予習復習や自学自習に役立ててほしいと願っています。

本書の基本コンセプトは，民法の全体像（財産法・家族法）を法律の入門者を対象に分かりやすく解説することにつきます。実際には，法学部の1年生，民法に興味のある法学部以外の学生・社会人，ロースクール未習者などを対象にしています。このような皆さんが，その先の専門的な教育や実務を見据えながら，まずは骨格となる基本制度の意義・趣旨および要件・効果を適切に理解できるように要点項目をまとめて平易に解説します。その際に，民法の全範囲を75のトピックに分類して，各トピックの冒頭に事例Caseをあげることで具体的な説明を心がけます。そのうえで，各トピックの末尾に適切にまとめた論証例を提示し，さらに巻末に重要項目を厳選した練習問題と解答例を配置しました。これらの重要項目を空欄・穴埋め形式にすることで自習を促し，アウトプットに向けた基礎訓練を行える形式をとっています。ここに本書の大きな特徴があります。さらに内容面で，平成29（2017）年の債権関係（一部の規定を除き，2020年4月1日施行），平成30（2018）年の相続関係（一部の規定を除き，2019年7月1日施行），同年の成年年齢関係（2022年4月1日施行），令和元（2019）年の特別養子関係（公布日の6月14日から1年以内に施行予定）の各改正を入門書としていち早く取り入れたことにも本書の利用価値が認められます。事例Caseとその解説も本書刊行時の改正法に対応しています。

ところで，皆さんは，パソコンやスマホの普及した時代にあって，漢字は読めても書けないという状況に陥ってはいないでしょうか。社会人に近づくほど，そういった傾向が顕著だと感じています。こうした現状をふまえると，実際に専門用語や基本事項を手で書く作業が重要になります。こうした一見面倒な作業を通してこそ，正しい漢字表記に慣れ親しむことができ，それと同時に正確な内容の理解も進むと考えています。さらに，穴埋めのまとめ項目を何度か復習することによって，重要事項と基礎理解の定着を図ることができ，将来の演習や論述試験等での正確なアウトプットにつながります。ここにノート形式の本書のもう一つの特徴があります。

このように，本書は入門書としての基礎を重視しながら，専門応用教育への橋渡しも試みるものです。各トピックを順番に読むことで全体像の把握が可能となりますし，各トピックを興味にそって読むことで個別の内容を深めることもできます。複雑な民法の世界に足を踏み出した皆さん，進むべき方向に迷い始めた皆さんにとって，これからの学習を深める一助となれば幸いです。

本書の校正段階で，川上生馬（三重短期大学法経科准教授），山田孝紀（日本大学法学部法律学科専任講師），趙民秀（関西学院大学大学院生）の諸氏に，学生に近い視点から貴重なご意見をいただきました。ここにお名前を記すとともに，ご協力に感謝いたします。

最後に，このような少し珍しいコンセプトの教科書が実現したのも，ひとえに法律文化社編集部の梶原有美子氏の柔軟な視点とご調整によっています。企画から刊行までの間に債権法と相続法の大改正があり，それらをふまえた執筆に時間がかかってしまいました。ご支援とご協力をいただきましたこと，この場をお借りして心より感謝申し上げます。

2019年9月1日

執筆者一同

専門講義の配列と本書の編成 (トピック番号)

　本書は、初学者にとって民法全体像の理解のしやすさを考慮しています。そのため、民法典の編別および順番には従わず、目次で示すとおり、契約の成立過程・流れを念頭においてトピックを配置しています。もっとも、逆にいえば、民法典の編別・条文番号にそった専門講義の配列とは一致していません。そこで、専門講義・内容との関係で本書のトピック構成がどのように位置づけられるかを以下の表に整理しました。民法入門の講義で条文番号に沿って説明がなされる場合にも、右端のトピック番号を参照してください。

講義（民法典）	講義内容	本書の編成
民法総則 （第1編）	1）民法総論（民法の意義・歴史・原則など）	1～4
	2）通則（信義則・権利濫用）	69
	3）人（権利能力・行為能力）・法人・物	4，10，67
	4）法律行為（意思表示・代理・無効・取消し）	6～14，40，41（15）
	5）条件・期限・時効（取得時効・消滅時効）	65，66
物権法 （第2編）	1）総則（物権の意義・性質・物権変動）	43，44，45～49
	2）各則（占有権・所有権・用益物権）	42
担保物権法 （第2編）	1）典型担保（留置権・先取特権・質権・抵当権）	51～55
	2）非典型担保（譲渡担保・所有権留保など）	51
債権総論 （第3編）	1）債権の目的・種類（特定物債権・種類債権）	3，18
	2）効力（債務不履行・責任財産の保全）	17，23～27，30，31
	3）多数当事者関係（連帯債務・保証など）	21，56
	4）債権譲渡・債務引受け・債権消滅（弁済・相殺など）	50，21，19，20，22
債権各論 （第3編）	1）契約総則（基本原則・契約の成立・効力・解除・危険負担）	5，6，7，8，9， 16，28，29，18
	2）契約各則（贈与・売買・消費貸借・賃貸借・請負・委任・組合など）	32～39，68
	3）事務管理・不当利得	64
	4）不法行為（一般不法行為・特殊の不法行為）	57～59，60～63
親族 （第4編）	1）婚姻・離婚	70
	2）親子・実子・養子・親権・扶養	71
	3）後見・保佐・補助	10，72
相続 （第5編）	1）総則・相続人・相続の効力（相続分・遺産分割）	73，74
	2）相続の承認・放棄	74
	3）遺言（遺言の方式・遺言の効力・遺留分）	75

目　　次

民法入門ノート

〔第 2 版〕

1 「法」とはどのようなものですか
▶法と道徳，法的三段論法，法の種類

【Case 1】──「約束」を破ったら，どういう責任を取らされますか

　大学生の渡辺さんは友達との待ち合わせにいつも遅刻する。とうとう怒った友人の村田さんが「いい加減にしろ。次も遅れたら絶交する！」と言ったので，渡辺さんは「次から時間を守れる良い人間になる」と約束をした。でも，次もまた無断で大幅に遅刻をしてしまった。

【Case 2】──「法」を破ったら，どういう責任を取らされますか

　社会人になった渡辺さんは，勤務先のA社が取引先のB社と商品の売買契約を結ぶ際に交渉を任された。いつもの遅刻癖の出た渡辺さんはB社との約束の日時に無断で大幅に遅れてしまった。怒ったB社の担当者中山さんは「御社との契約は白紙に戻します！」と言った。

1　法と道徳の違い
▶法規範＝社会の秩序を維持していくために必要とされる法的な規範（ルール）
▶道徳（倫理）規範＝正邪・善悪など道徳観や倫理観に基づく規範

　Case の渡辺さんは，どちらの場合も，周囲から「いい加減な人」とみられますし，さらに「悪い奴」と非難されるかもしれません。このようにいわれるのは，社会には正邪・善悪などの道徳観や倫理観が形成されていて，一般の人びとが共通の認識を持っているからです。このような道徳観や倫理観を守るために，どの社会でも一定の道徳規範が成り立っています。こうして渡辺さんのように時間を守らない人は，道徳観がないと社会的に非難されることになります。

　この道徳規範に違反すると，どのように扱われるのでしょうか。**Case** の渡辺さんが「いい加減にしろ」と道徳的に非難されるのも当然でしょう。また，友人を選ぶのも個人の自由なので，友人の村田さんが渡辺さんと交流を断つのも勝手です。もし渡辺さんがそれを嫌だと思うなら，自主的に時間を守ればよいわけです。もっとも，ここで問題なのは，それでも渡辺さんが自主的に時間を守らないときに，「時間を守ること」を強制したり，損害賠償などの責任を負わせたりできるかどうかです。一般的な結論として，道徳規範に強制力はないと理解されています。なぜなら，道徳観や倫理観は一定の共通認識があるといっても，時代や地域または世代格差や信条などによって捉え方が多様だからです。そのため，道徳に違反したかどうかの基準が不明瞭で，評価をする人によって判断が異なる可能性が高くなります。

　これに対し**法規範**とは，道徳観や倫理観も基礎におきつつ，**社会秩序の維持**を目的とします。そのため法規範は，道徳観なども取り込みながら，国家・地域における社会秩序の維持を目的として，「○○すべき」という**行為規範**や，個別事件を判断する際に準則となる**裁判規範**としてあらわれます。このような法規範は，国民・市民の全体が納得できる規範でなければならないため，基本的には国会などで成立した**成文法**（憲法・法律・条例など）が根拠（法源）となります。ただ，すべてを成文化することはできないため，裁判所の法的判断の前提となりうる**不文法**（慣習法・条理・判例法など）も法源とされます。このように正当な法源に基づくからこそ，法規範に強制力を伴うことも正当化されるのです。

　以上から道徳規範と法規範は共通理念を有しますが，**強制力**の点で大きな違いがあります。**Case 1** では，法的に絶交を強制できず，「良い人になる」という約束も，道徳規範といえても法規範とはいえず，法的に強制できません。しかし**Case 2** では，A社・B社間の売買契約の締結交渉のために日時を設定しているので，単なる道徳的な約束ではなく，法的拘束力を伴う法規範の問題となります。そのため，渡辺さん（A社）は民法の履行強制や損害賠償責任を問われる可能性があり，相手方B社は法的に保護される余地が生じます。このように，法規範によって社会秩序が保たれ，人びとが安心して社会生活を営めるのです。

　本書で扱う「民法」は明治29（1896）年に国会で制定された成文法で，重要な法規範の1つです。その具体的な内容を本書で分かりやすく説明して行きます。

2　法的三段論法
▶大前提（法規範）に小前提（個別事案）をあてはめて結論を導く方法

　法律をふまえて実際の事件を解決するには，法的三段論法が重要です。まず，一般的な三段論法とは，世

の中で当然とされる①大前提をもとに，個別事案における②小前提を確定したうえで，①に②をあてはめて③結論を導く論理手法です。たとえば，「織田信長は死んでいる」ことを論理的に説明するには，①「人間は必ず死ぬ」という大前提をもとに，②「織田信長は人間である」という小前提をあてはめれば，③「人間である織田信長は死んでいる」という結論を導くことができます。この手法が**法的三段論法**に応用されます。つまり，①「法規範」を大前提として，②「個別事件の事実状況」を小前提としつつ，③結論として②の事実を①の法規範にあてはめて一定の答えを導き出します。

このような法的三段論法は，**民法**でも重要です。まず，①民法の条文（要件・効果）をもとに，②個別事案の事実を認定したうえで，③その条文にあてはまるか否かを検討して結論を出すわけです。

3　法の種類

(1)　**公法と私法**　**公法**は，国家と国家・国民の関係を規律する法律です。たとえば，憲法，刑法，行政法などです。**私法**は，私人と私人の生活関係を規律する法律です。たとえば，**民法**や商法などです。公法と私法を厳格

(1)	公法	国家と国家，国家と国民の関係を規律する法律
	私法	私人と私人との生活関係を規律する法律
(2)	一般法	法の適用を受ける人・事物・場所などが制限されていない法律
	特別法	法の適用を受ける人・事物・場所などが制限されている法律
(3)	実体法	法律関係の実体を考慮し権利・義務に関する規律を定めた法律
	手続法	権利・義務を実現するための具体的な手続きを定めた法律

に区別する考えもありますが，両者は一定の関連があって厳格に区別できない場合もあります。たとえば，国家権力を行使しない行政関係に私法規定を適用する場面があります。また経済法や消費者法などでは，同じ法律の中に行政的な規制と私法的な規制が混在することもあります。

(2)　**一般法と特別法**　**一般法**は，法の適用を受ける人・事物・場所などが制限されない法律です。たとえば，日本で暮らすすべての私人が対象となる民法は，**私法の一般法**です。これに対して**特別法**は，人・事物・場所などが一定の範囲に制限される法律です。たとえば，対象が商人（会社等）・商行為に限定される商法は，私法の特別法です。両者が競合的に適用できる場合は，特別法が優先的に適用されます。

(3)　**実体法と手続法**　**実体法**は，法律関係の実体を考慮して，法的な権利や義務の発生・変更・消滅等に関する規律を定めた法律です。たとえば，**民法**，商法，刑法などです。これに対して**手続法**は，実体法に定められた権利や義務を実現するための具体的な手続を定めた法律です。たとえば，民事訴訟法や刑事訴訟法などが代表例です。

【穴埋め問題で確認】
1　法と道徳　①＿＿＿規範とは，正邪・善悪など道徳観や倫理観に基づく規範であり，②＿＿＿規範とは，社会の秩序を維持するために必要な規範である。両者は，基本理念は共通するところがあるが，②＿＿＿規範には③＿＿＿がある一方で，①＿＿＿規範には基本的に③＿＿＿がない点で大きく異なっている。
2　法的三段論法　大前提＝②＿＿＿規範に，小前提＝個別事案をあてはめて，結論を導く方法である。
3　法の種類　公法は国家と国民の関係を規律する法律で，④＿＿＿は私人と私人の生活関係を規律する法律である。また，⑤＿＿＿は法の適用を受ける人・場所などが制限されない法律であり，特別法はこれらが制限される法律である。他方，⑥＿＿＿は法律関係の実体・法主体間の関係それ自体を規律する法律であり，手続法とは権利・義務を実現するための具体的な手続を定めた法律である。民法は，④＿＿＿の⑤＿＿＿であり，⑥＿＿＿に属する。

［メモ］

1 社会経済の仕組みと法

図1 社会経済の全体像と民法

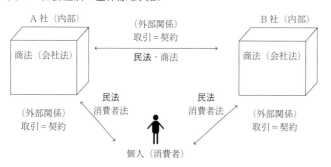

図2 民法（財産法）の場面

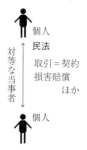

2 日常生活と法

　私たちの日常生活は法とどのようにかかわっているのでしょうか。一般的な人の人生や生活を振り返ってみましょう。そもそも母親の体内にいる胎児は，法的に「人」として扱われません。出産後は法的に人となりますが，幼い子が自分で服や食べ物を買い，幼稚園に入園を申し込むでしょうか。この時期は，親など周囲の大人が代わりにさまざまな行為をしてくれます。徐々に成長して，高校生から大学生ともなれば，服や本を買ったり，アルバイトをしたりなど，自分でできることも増えてきます。さらに成人し，社会人になると，大人としてさまざまなことを行う必要が出てきます。銀行でローンを組んで自動車や家を購入したり，知人の保証人になったり，また交通事故を起こしたりするかもしれません。他方で，好きな人と結婚し，不仲になって離婚し，また親が亡くなって相続が生じることもあるでしょう。このように，人生のはじめのうちは未成年者として保護されますが，成人すれば，病気などの例外を除いて，すべて自分の意思と責任で法律行為を行うことになります。この日常生活の多くが**民法**の適用対象となるのです。本書を通じて，その基礎をじっくりとみて行きましょう。

　ところで，図1のように人は生活のために企業等で働くこともありますが，その際の会社組織などは商法（会社法）の対象となります。また，交通事故で怪我を負わせたり，物を盗んだりした場合には，刑法等による刑事事件の対象にもなります。その他，選挙に行くには憲法や公職選挙法が問題となります。このように，日常生活を送る際にも，民法以外のさまざまな法律等がかかわることにも注意をしてください。

3 財産法と家族法　　　▶財産法 = 私人の財産に関する法律
　　　　　　　　　　　　　▶家族法 = 私人の家族に関する法律

　民法は，私人相互の生活関係を規律する法律です。これも，私人の財産に関する**財産法**（1条〜724条の2）と，家族に関する**家族法**（725条〜1050条）に分かれます。民法典は，全体に通じる通則としての第1編「総則」に続いて，財産法として第2編「物権」と第3編「債権」を置き，さらに家族法として第4編「親族」と第5編「相続」を置いています。なお総則編は，財産法の総則としての意味が強く出ています。本書は，これらの財産法と家族法をあわせた民法の全体を対象とします。

4 民法の基本原則　　　▶財産法の原則 = ①権利能力平等，②所有権絶対，③私的自治（契約自由），④過失責任の原則
　　　　　　　　　　　　　▶家族法の原則 = ⑤個人の尊厳，⑥男女平等，⑦子の利益の尊重

　財産法の原則のうち，まず①権利能力平等の原則とは，すべての人は生まれながらに平等であって，権利義務の主体となれる地位・資格（権利能力）を平等に有するという原則です（3条参照）〔→4〕。次に②所有権絶対の原則とは，私人の所有物は他からの拘束を受けず，国家や他人から干渉されないという原則です

（憲29条，民206条ほか）。これによって，私的所有権の保護が確立されています〔→42〕。また，③私的自治の原則とは，私的な法律関係は個人の自由意思に基づいてのみ決定されるという原則です。これが契約法にあらわれたものが契約自由の原則です〔→5〕。この原則は，さらにア）契約締結の自由，イ）相手方選択の自由，ウ）契約方法（方式）の自由，エ）内容決定の自由の4つに細分化されます（521条・522条）。最後に④過失責任の原則とは，他人の権利や法益を侵害しても，その者に故意・過失がなければ賠償責任を負わないという原則です（709条ほか）〔→57〕。これらの原則も，公共の福祉による所有権の制限や，権利濫用の禁止による制限，消費者契約法や信義則などによる契約自由の制限ほか，近時はさまざまに修正されています。

他方で，家族法上の原則のうち，⑤個人の尊厳とは，かつての「家」を中心とした制度を否定し，憲法上の価値観の変化とともに，家族法でも社会や家族よりも個人を尊重すべきとの原則です（憲13条，民2条）。⑥男女平等の原則も，かつての家制度を廃止し，夫婦本位の家庭生活を中心に，男女の本質的平等の精神を尊重する原則です（憲24条・14条，民2条）。最後に，劣後しがちな子どもの権利を強調し，⑦子の利益の尊重という原則が近時は注目されています〔→71〕。

5　消費者の保護　　▶専門的な知識やノウハウを持つ事業者よりも消費者を保護する必要がある

私たちは，図1のように普段の生活に必要な食料や衣類，家電製品等をお店などの事業者（会社等）から購入することが一般的です。また，専門の事業者からお金を借りたり，家を借りたりすることもあります。このような場合に，契約の相手方である専門の事業者が，取引に関する情報やノウハウを多く持っていることから消費者の弱い立場を利用して，消費者に不利な契約を締結させることも多発しています。そこで，消費者を保護する法的な方策が必要となります。

もともと，消費者の保護は民法の規定で対処していました。たとえば，事業者への詐欺取消し（96条）や，契約交渉段階での事業者に対する説明義務違反が問題とされてきました〔→24〕。また，未成年者や判断力の低下した成人も保護されてきました（制限行為能力者制度）〔→72〕。ですが，図2のように，もともと民法は対等な当事者間の法律関係を前提としますので，事業者と消費者のような交渉力に格差がある場面でのトラブル処理には不向きなところがありました。そこで，消費者の保護を充実させるために，平成12（2000）年に消費者契約法が特別法として制定されました〔→15〕。また民法でも，平成29（2017）年の債権法改正で定型約款の規制（548条の2以下）が新設され，事業者が不特定多数の消費者と行う約款による定型的な取引の場合も，消費者はこの規律による保護を受けることになります〔→15〕。このような消費者保護のための法的な方策は，民法や特別法の規律として，私たちの日常生活においてとても重要な法分野になっています。

【穴埋め問題で確認】
1　**財産法と家族法**　民法とは，①＿＿の②＿＿を規律する法律である。その中でも，③＿＿とは私人の財産に関する法律の部分であり，④＿＿とは私人の家族に関する法律の部分である。
2　**民法の基本原則**　財産法には，⑤＿＿，⑥＿＿，私的自治（契約自由），過失責任の原則が挙げられる。また家族法には，個人の尊厳，⑦＿＿，子の利益の尊重が挙げられる。
3　**消費者の保護**　事業者は⑧＿＿やノウハウを持つ強い立場にある一方で，消費者は⑨＿＿にあることが多い。そこで，⑩＿＿など消費者を保護する法的な方策が必要である。

［メモ］

【1の解答】①道徳　②法　③強制力　④私法　⑤一般法　⑥実体法

▶民法の歴史，パンデクテン方式，権利の体系，民法の解釈

【Case】——昔の時代にも民法ってありましたか

　大昔の村社会にタイムスリップをしてしまった瀧さんは，村人である白須さんのお米を盗んで食べてしまった。村のおきてに従って，瀧さんはむち打ち100回と白須さんの畑仕事を10日間手伝うことになった。瀧さんは罪を認めながらも，それは厳しすぎると村長に直談判をしたが受け入れられなかった。

1　民法の歴史　　▶民法は，かつてローマ法で形成された基本秩序や法格言などを模範としながらフランスやドイツで成立した民法典を経由して，日本へと承継された

　（1）**民法の成り立ち**　　はるか昔から，人が集まって社会が出来れば，物の貸し借り，ケンカの仲裁，家族の関係などが問題となってきました。Case の瀧さんも，その時代の村のルールに違反したため，おきてに従って罰を受け，労働奉仕をさせられてもやむをえません。ですが，それが厳しすぎたり，他人と不平等でも，公平に裁いてもらえるとは限りません。現代の法治国家と比べれば，とても無秩序で理不尽な世界といえるでしょう。

　このような状況に大きな変化が生じたのは，紀元前27年以来の長いローマ帝国の時代といわれます。たとえばユスティニアヌス帝などの皇帝たちの命によって，過去の膨大な裁判例などが法典としてまとめられて行きました（いわゆるローマ法）。さらに，その成果も参考にして，フランスのナポレオンが法典を制定して（1804年），現在のフランス民法典に至っています。またドイツでも，ローマ法の影響のもと，現在のドイツ民法典が出来ています（1900年）。これに対して，イギリスやアメリカではローマ法の影響は比較的少なく，自国の判例法を中心に独自の発展を遂げて来ました。とくに，イギリスでは歴史的に議会（立法府）に対する不信感が強かったことから，法典（成文法）主義が重視されてこなかったことに特徴があります。

　（2）**日本民法の歴史**　　日本では，明治の開国以降，とりわけ不平等条約の撤廃を目的として，近代的な国内法の早急な整備が求められました。民法典の整備もその1つで，フランスやドイツなどから法律の専門家（お雇い外国人）を招いて議論を進めて，ひとまず明治23（1890）年にフランス流の**旧民法典**が制定されました。しかし，当時は江戸時代以来の封建主義的な価値観が残っていたため，日本の慣習に合わないという理由から法典論争が勃発し，結局のところ旧民法は施行されませんでした。その後，ドイツ民法第1草案（1896年）を参照し，旧民法典を修正するという形で，明治29（1896）年に**現行民法典**が制定されました。

　（3）**民法の改正**　　近時は，新しい社会状況に民法典が合わなくなってきたことから，フランスやドイツでは2000年代以降に大きな民法典の改正がありました。日本でも，戦後に家族法の大改正があり，平成30（2018）年に相続法，令和4（2022）年に親子法が改正されました。また平成29（2017）年には債権関係を中心として財産法分野で大きな改正があり，令和3（2021）年には所有者不明土地の解消に向けた物権法分野を中心とした民法や不動産登記法等の改正がありました。このように，民法典は，それぞれの時代に合うように修正が施されて現代に至っています。とくに最近は，私法の国際化が意識され，日本の法改正でも1つの重要課題となっています。

2　パンデクテン方式——日本の民法典も採用するパンデクテン方式とは何でしょう

　日本の民法典はヨーロッパ大陸法の影響を強く受けているため，法典の編纂方法もローマ以来の伝統的なパンデクテン方式が採用されています。これは，次の**図1**のパソコンのウィンドウズ方式を考えると分かりやすいでしょう。いくつかの個別フォルダを同じテーマに沿ってまとめて，それを階層化するツリー表示です。これによって，家族写真や仕事のデータなど個別の事項がすぐにみつけられます。民法典も発想は同じで，**図2**のように，個別の事象は下位の個別フォルダに入れながら類似の行為や制度を集めて共通フォルダ化するとともに，抽象的なものを前に持ってきてまとめた体系となっています。これを**パンデクテン体系**と呼んでいます。その結果，探している権利や制度をみつけやすくなっています。

図1　パソコンの方式　　図2　民法典の方式

🖥 PC　　　　　　　　　　📁 民法典
　📁 デスクトップ　　　　　　📁 総則
　💾 Windows（C:）　　　　　📁 物権
　　📁 ピクチャー　　　　　　　📁 総則
　　📁 ビデオ　　　　　　　　　📁 各則
　　📁 マイドキュメント　　　📁 債権
　　　📁 お仕事関係　　　　　📁 親族・相続

　もっとも，実際の事件では，複数分野の権利や制度が関係することも多く，条文がばらばらに関係してくることがあります。そのため，かえって分かりにくいとも指摘されています（パンデクテン体系の弊害）。それもあって，本書のような入門書によって，まずは民法の全体像を把握しておくことが重要になります。

3　権利の体系
▶権利の包含関係 ＝ 権利＞私権＞財産権＞物権・債権
▶物権 ＝ ある者が，特定の物を直接に支配する権利
▶債権 ＝ ある者が，特定の他者に対して一定の行為を請求する権利

　権利とは，一定の利益を請求したり，主張したり，または受け取ったりできる，法律で正当に認められる力とされます。その中でも，民法を含む私法上の権利を**私権**と呼びます。この私権も，対象に応じて**財産権**と**非財産権**に分類されます。財産権は物権・債権・知的財産権など，非財産権は人格権・身分権などです。民法の財産法分野は物権と債権を中心に規律し，家族法分野は身分権を中心に規律しています。

　他方で，権利を効力面から分類する方法もあります。たとえば，①支配権，②請求権，③形成権，④抗弁権に分けることがあります。①**支配権**は，権利者の意思だけで権利の客体を直接に支配し，その内容を実現できる権利であり，物権が代表例です。②**請求権**は，特定の人に対して一定の行為を請求できる権利であり，債権が代表例です。③**形成権**は，権利者の一方的な意思表示だけで法律関係を発生，消滅させる権利であり，取消権・解除権などが代表例です。④**抗弁権**は，相手方から自分への権利の働きを阻止する権利であり，同時履行の抗弁権などが例としてあげられます。

4　民法の解釈
▶文理解釈 ＝ 法規に書かれた文言の持つ意味を明らかにすること
▶論理解釈 ＝ 法規に理論上の操作を行い，文言外の意味を読み込むこと

　法規を実際に適用するには，その法規に記載された文言の意味を忠実に読み解く必要があります。これが**文理解釈**といわれる手法で，法の解釈の基本となります。もっとも，その法律の文言が抽象的で不明瞭な場合もあり，また社会の変化に対応できていない場合もあります。そこで，法規に記載されている文言に論理上の操作を行って，文言外の意味を読み込む必要が出てきます。このような手法を**論理解釈**といい，①拡張解釈，②縮小解釈，③反対解釈，④類推解釈など，いくつかの種類があります。民法でも，基本的には文理解釈を基礎に据えるべきですが，抽象的な条文も多く存在するため，論理解釈が必要となることがあります。任意規定の多い民法では，必要に応じて比較的柔軟な解釈が行われています。

【穴埋め問題で確認】
1　民法の歴史　　日本民法は，フランス・ドイツ民法を経由し，古くは①＿＿＿に行き着く。
2　民法の方式　　個別の事象は下位の枠組みに入れつつ，類似の行為や制度を集めて共通化するとともに，抽象的なものを前に置く体系を②＿＿＿体系と呼ぶ。
3　権利の体系　　私権の中でも，③＿＿＿とは，ある者が特定の物を直接に④＿＿＿する権利である。また，⑤＿＿＿とは，ある者が特定の他者に対して一定の行為を⑥＿＿＿する権利である。

［メモ］

【2の解答】①私人相互　②生活関係　③財産法　④家族法　⑤権利能力平等　⑥所有権絶対　⑦男女平等　⑧専門的な知識　⑨弱い立場　⑩消費者契約法

4 権利を有するのは誰ですか，「物」とは何ですか
▶権利能力（意義と主体，始期・終期），物の要件・分類，動物

【Case 1】——愛犬の名義で財産を残せますか

　渡辺さんは，ペットである飼い犬のメリーを溺愛している。身寄りのなかった渡辺さんは，自分が死んだあと，自分の預貯金などの財産をメリーに残すことはできるだろうか。

【Case 2】——胎児は人として扱われますか

　谷江さんは大西さん運転の自動車事故で亡くなってしまった。その時，谷江さんには妊娠中の妻（お腹には胎児A）と子Bがいた。妻と子Bは谷江さんの遺産を相続したり，大西さんに損害賠償を請求したりすることができる。それでは，胎児Aも同様に相続や賠償請求ができるだろうか。

1　権利能力

(1)　意義と主体
▶権利能力 ＝ 私法上の権利や義務の主体となれる資格のこと

▶自然人 ＝ 権利義務の主体である個人

▶法人 ＝ 自然人以外で権利や義務の主体となることを認められているもの

　これまでのトピックで説明したように，民法は私法上の権利や義務を規律する法律です。その際に，誰が権利や義務の主体（対象）となるのかが問題となります。私法上の権利や義務の主体となれる資格のことを**権利能力**と呼び，人であれば当然かつ平等に認められます（権利能力平等の原則）〔→2〕。

　この権利能力を有する人は，民法など私法上では，自然人と法人に分けられます。**自然人**とは，野生児のことではなく，私たちのような生身の人間のことです。また**法人**とは，自然人以外で，権利や義務の主体となることが法的に認められている団体のことです。たとえば，公益を目的とする社団や財団や，営利を目的とする社団（会社）などがあります。これらは，民法や特別の法律，または商法などで規律されています〔→67〕。

　以上からすると，Case 1 のメリーのようなペットなどの動物や，またAIロボットなどは，自然人でも法人でもないため権利能力を有することはなく，権利義務の主体にはなれません。ですから，ペットやAIロボットの名義でお金を預けたり，何らかの取引をしたり，損害賠償を請求したりすることはできません。冷たいようですが，ペットなどは法的には「物」として扱われます。ただし，動物愛護管理法（昭和48年公布）によって特別にペットなどの動物が保護される場面が認められています。

　これに対して，近時のヨーロッパ諸国では，動物保護の社会的な関心の高まりを受けて，「動物は物ではない」（ドイツ民法90a条），「動物は感覚を持った生物である」（フランス民法515-14条）など，民法典に動物の特別な法的取扱いを宣言する規定が置かれています。ただし，実際には，物に関する規定が基本的に適用・準用されることが一般的ですので，動物の保護・福祉にとって不十分という指摘もあって，様々な議論が展開されています。日本でも動物の法的地位や取扱いについて議論を深める必要を感じます。

(2)　権利能力の始期・終期
▶私権の享有は出生に始まる

▶胎児に権利能力はないが，①不法行為，②相続，③遺贈の場合には生まれたものとみなされる

　3条1項は「私権の享有は，出生に始まる」と規定していて，自然人の権利能力の始期は生きて出生した時からと考えられています。そこで，生まれる前の胎児の段階では，法的には人ではなく，権利能力は認められません。そのため，胎児の名義で契約を締結することはできません。ですが，胎児を人として扱わなければ，出生した後に不利益を被る可能性があります。そのため民法は，3つの場合に例外を認めています。胎児であっても，①**不法行為**に基づく損害賠償をするとき（721条），②**相続**のとき（886条1項），③**遺言**による遺産の処分（遺贈）のとき（965条）には，すでに生まれたものとみなされます。ただし，死産の場合には相続や遺贈は生じません。そこで Case 2 では，胎児Aは，権利能力を有しませんが，生きて出生したときは，兄弟姉妹のBと同じように，遺産相続を受けたり〔→73〕，遺言に従って遺産を受け取ったり〔→75〕，加害者である大西さんに対して損害賠償を請求したりすることができます〔→59〕。

以上に対して，自然人は死亡によってのみ権利能力がなくなります。かりに破産した場合や事故等でいわゆる植物状態になった場合であっても，人として当然に権利能力が認められます。

　ところで人の能力には，以上の権利能力とは別に，意思能力と行為能力（制限行為能力者の保護制度）が規定されています（3条の2・4条以下）。それぞれの制度の違いには注意が必要です〔→10・72〕。

　他方で，法人の場合には，法の定める要件を具備することによって，権利能力の主体となります〔→67〕。そして，その要件をみたさなくなったり，団体が解散したりするなど，法の定める法人の消滅原因にあたれば，権利能力を失います。これに対して，法人の要件をみたさないけれど，実体上は団体を組織している場合があります。たとえば，町内会や同窓会などです。この場合は，権利能力なき社団・財団と呼ばれ，一定の要件をみたせば実質的に法人と同じ取扱いが可能とされています〔→68〕。

2　物の要件・分類

> ▶物 = 有体物（固体・液体・気体）のこと
> ▶不動産 = 土地および土地の定着物のこと
> ▶動産 = 不動産以外のすべての物のこと

　民法では，物とは有体物のこととされています（85条）。この有体物とは，一般に，空間の一部に有形的に存在するものであり，固体・液体・気体のこととされます。たとえば，日常で取引される多くの物は，ペン，スマホ，自転車，土地・建物などの固体，または水，ジュース，お酒などの液体にあたりますし，さらにガスや富士山の空気など気体も物に含まれます。物に対する権利を総称して物権といいます〔→43〕。それでは電気・熱・光などの自然エネルギー，または漫画のキャラクターや企業ブランドなどはどうでしょうか。これらは有体物ではなく，民法上の「物」にはあたりません。こういった「無体物」は，法的な利益として保護されたり，または著作権法などの特別の法律によって対処されています。

　このような物について，民法では，さらに不動産と動産に分類しています。不動産とは，土地およびその定着物のこととされ（86条1項），動産とは，不動産以外のすべての物とされます（同条2項）。不動産は高額で場所を移すことがほぼないため，登記制度が完備されています。そこで，所有者等の情報が正確に分かり，取引上も安全性が高いといえます。そのため，本書でも詳しくみるように，不動産の取引は特別に扱われることも多く〔→46・47など〕，また抵当権などの債権の担保目的物としても重要性があります〔→53・54〕。なお，土地と建物は別個の不動産として扱われます。他方で，新しい商品でも中古品でも，世の中の多くの取引が動産を対象としています。そこで，民法でも，動産を対象とした規律が各所で出てきます。動産の特徴は，数も種類も多く，容易に動かすことができ，比較的に低額なことです。ですから，登記制度にはなじまず，その所有者が誰か不明な場合も多いといえます。そこで，動産の取引では，現在の占有者を所有者であると信じた相手方を保護する制度（動産の即時取得制度）があるなど〔→48・49〕，多くの場面で不動産と扱いが違うことに注意をしてください。なお，動産の中でも，比較的に高額な自動車等には登録制度が用意されているため，登録済みの自動車等は不動産に近い扱いになっています。

【穴埋め問題で確認】
1　**権利能力**　権利能力とは，私法上の①＿＿＿の主体となれる資格のことをいう。この権利能力の主体には，個人としての②＿＿＿と，②＿＿＿以外で主体となれる③＿＿＿が認められる。ペットなどの④＿＿＿は主体にはなれない。また，私権の享有は出生に始まると規定されることから，⑤＿＿＿は権利能力を有しない。ただし，⑤＿＿＿も不法行為，⑥＿＿＿，遺贈の場合には生まれたものとみなされる。他方で，⑦＿＿＿は法の定める要件を具備することによって権利能力を取得する。
2　**物の要件・分類**　民法では，物とは⑧＿＿＿（固体・液体・気体）のことである。この物も，土地および土地の定着物である⑨＿＿＿と⑨＿＿＿以外のすべてのものを含む⑩＿＿＿に分けられる。

［メモ］

【3の解答】①ローマ法　②パンデクテン　③物権　④支配　⑤債権　⑥請求

5 「契約」とはどのようなものですか
▶契約制度の意義，契約自由の原則

【Case 1】──他人に何かをしてほしければ，どうすればいいですか

瀧さんは，亡父からの相続により，100億円を有している。

①瀧さんは，渡辺さんが所有しているヴァイオリン「ストラディバリウス」甲（時価5億円）をどうしても欲しいと考え，夜中に渡辺さん宅に侵入し，10億円を玄関先に置いて甲を持ち去った。

②瀧さんは，iPS細胞を実用化して一山あてたいと考え，京都市内で瀧研究所を設立した。瀧さんは，同市内の大学で勤務する代表的な研究者中山さんを雇いたいと考え，「年俸1億円で我が研究所で働き給え」と，数人の手下を使って勤務中の中山さんを連れ去った。

【Case 2】──どのような契約を締結することができますか

村田さんは，タンスの肥やしになっている高級カバン乙を処分しようと考えた。リサイクルショップのタキ雑貨店とオオニシ商店で買取価格を聞いたところ，タキ雑貨店では20万円，オオニシ商店では25万円であった。村田さんは，先輩の野々村さんが手頃なカバンを探していることを聞きつけた。それならいくらで譲ってあげようか，お金をもらうなら何か契約書のようなものを作ったほうがよいのか，いやお世話になった先輩だからあげてもいいかな，いやいやそこまで世話になってないし，家族旅行もしたいからそれはやめておこう，知人に譲って後から面倒が生じてもいやだから，やっぱりオオニシ商店に買い取ってもらったほうがいいかな……

1 契約制度の必要性──私的自治の原則から

人は，自己の自由意思に基づいて自己の生活関係を形成することができる一方で，他人の**私的自治**を侵してはいけません。したがって，Case 1のように，他人の所有物を無断で持ち去ったり，他人の身体をその意に反して拘束したりすることは違法となります（不法行為：709条，住居侵入罪：刑法130条，窃盗罪：同235条，営利目的誘拐罪：同225条）。そこで，他人の同意を得，その範囲でその人の生活関係に介入して，自己の生活関係の形成を可能にする制度，すなわち，人の意思を法律関係（権利義務関係）に反映させる仕組みが必要となります。その中で最も重要なのが，物を買う（売買），賃料を支払って物を借りる（賃貸借）など，他人との間で互いの財産的利益の交換を合意する仕組み，すなわち**契約**です。

Case 1①では，瀧さんは渡辺さんとの間で甲の売買契約を締結することにより，渡辺さんに対して，甲の所有権を自己に移転するよう請求することができ（555条），Case 1②では，瀧さんは中山さんとの間で雇用契約（労働契約）を締結することにより，瀧研究所で働くよう請求することができます（623条・労働契約法6条）。

2 契約自由の原則──古典的近代市民法原理としての契約自由の原則

（1）意 義 ▶**締約の自由** ＝ 契約を締結するかどうかについての自由

▶**相手方選択の自由** ＝ どのような相手方と契約を締結するかについての自由

▶**方式の自由** ＝ どのような方式による契約を締結するかについての自由

▶**内容の自由** ＝ どのような内容の契約を締結するかについての自由

人は，契約を締結するかどうか（**締約の自由**），どのような相手方と契約を締結するか（**相手方選択の自由**），どのような方式（契約成立に必要な形式）による契約を締結するか（**方式の自由**），どのような内容の契約を締結するか（**内容の自由**）を，自由に決めることができるとする原則のことを契約自由の原則といいます（521条・522条）。これは，私的自治の原則から派生するものといえます。人は，自らの法律関係を自らの意思によって形成することができる一方で，かつ，それに拘束されます（自己決定に基づく責任）。したがって，人は契約を締結することによって，その内容に拘束されるのですが（契約の拘束力）〔→9〕，この拘束力は契約締結場面において広く当事者の自由が認められることによって正当化できるのです。

Case 1において，それぞれ契約が成立すると，瀧さんは，①では代金債務，②では報酬債務を負います。また，Case 2では，村田さんは甲の所有者であり，甲を自由に使用・収益・処分することができます（206

条：所有権絶対の原則〔→ 2 ・42〕）。村田さん，どうぞご自由に。

（2）例　外

(a)締約の自由の制限　　特定の財貨やサービスを適正に供給するために，供給者が契約の締結を拒めない場合があります。

　　例）　医師・歯科医師（**応召義務**：医師法19条 1 項，歯科医師法19条 1 項），一般旅客自動車運送事業者（道路
　　　　運送法13条），水道事業者（水道法15条 1 項）など

(b)相手方選択の自由の制限　　契約を締結するにあたり，不当な相手方選択があったといえる場合，その行為が不法行為となり損害賠償責任を生じさせる場合があります〔→57以下〕。

　　例）　使用者が労働者を選択することの自由を制限することを目的とした法律に反する雇用（男女雇用機
　　　　会均等法 5 条・ 7 条，障害者雇用促進法37条・43条）など

(c)方式の自由の制限　　▶**諾成契約 ＝ 当事者の合意のみで（→特別の方式を必要とせずに）成立する契約**

　　　　　　　　　　　　▶**要式契約 ＝ 契約成立のために当事者の合意のほか，別の要件（方式）を必要とする契約**

　　　　　　　　　　　　▶**要物契約 ＝ 要式契約のうち，物の引渡しなどの給付を必要とする契約**

　契約は当事者の合意のみで成立するのが原則ですが（諾成主義の原則），契約を慎重に締結させる目的等により，法令に定める一定の方式を備えることが契約成立要件となっている場合があります。

　　例）　書面の作成：保証契約（446条 2 項），諾成的消費貸借契約（587条の 2 ）
　　　　　物の引渡し：消費貸借契約（587条）

　また，方式を備えることに一定の意味がある場合があります。

　　例）　書面による贈与（550条），書面による使用貸借契約（593条の 2 ），無償の寄託契約（657条の 2 ），訪
　　　　問販売・割賦販売などにおけるクーリングオフ（特商 4 条・ 5 条ほか，割販 4 条・ 5 条ほか）など

(d)内容の自由に対する例外　　契約が法律に反する内容を含むとき，当該部分のみまたは契約全体が無効となる場合があります。

　　例）　公序良俗違反（90条）〔→14〕，不当条項規範違反（548条の 2 第 2 項，消費契約 8 ～10条）〔→15〕など

【穴埋め問題で確認】

　人は，自己の自由意思に基づいて自己の生活関係を形成することができる一方で（①＿＿＿の原則），他人の①＿＿＿を侵すことはできない。そこで，他人の同意を得，その範囲でその人の生活空間に介入して，自己の生活空間の形成を可能にする制度が必要となるが，その中で最も重要な制度が，②＿＿＿である。

　契約自由の原則とは，契約を締結するかどうか（③＿＿＿の自由），誰と契約を締結するか（④＿＿＿の自由），どのような方式による契約を締結するのか（⑤＿＿＿の自由），どのような内容の契約を締結するのか（⑥＿＿＿の自由）を，自由に決めることができるとする原則のことをいう。この原則に対して，さまざまな理由から例外が認められている。たとえば，③＿＿＿の自由に対する例外として，特定の財貨やサービスを適正に供給するために供給者が契約の締結を拒めない場合がある。医師に⑦＿＿＿義務があることなどがその例である。

［メ モ］

【 4 の解答】①権利や義務　②自然人　③法人　④物　⑤胎児　⑥相続　⑦権利能力なき社団・財団　⑧有体物
　　　　　　　⑨不動産　⑩動産

6　契約にはどのような種類がありますか
▶契約の分類，法律行為・意思表示

【Case】——どの規定が適用されるのですか

　工作機械の部品を製造販売する村田工業は，特殊ねじを製造販売する谷江鉄工所から，独自のねじ山を製作するための工作機械に取り付ける特殊な刃の製造を1枚あたり1万円で受注し，毎月100枚を納品することとなった。

　①谷江鉄工所は，より安価に同種の刃を製造できる会社を発見したので，ただちに契約を切り替えたいと考えたが，村田工業はすでに翌月に納品する刃の製造を終えていた。

　②両者の契約では，刃の納品期日および代金支払期日は具体的には決まっておらず，村田工業はいつ納品してもよいこととされていた。

1　契約の分類

　契約自由の原則から，人はさまざまな内容の契約を締結することができます。そこで，法の適用を容易にするため，さまざまな観点から契約が分類されています。以下にあげるほか，諾成契約と要式契約〔→5〕，隔地者間の契約と対話者間の契約〔→7〕の区別も重要です。

（1）**典型契約と非典型契約**　　▶**典型契約** = 民法その他の法律にその名称および内容が規定されている契約

　　　　　　　　　　　　　　　　▶**非典型契約** = 典型契約以外の契約

　民法その他の法律にその名称および内容が規定されている契約のことを**典型契約**といいます。民法典第3編第2章（契約）には，次表の13種類の契約類型について規定があります。契約類型ごとの規定のうち，それぞれ1番最初の規定を冒頭規定といい，ある契約がそのいずれかに該当すれば，当該契約について，特約がない限り，その冒頭規定に続く規定が適用されます。主な契約に関する個別の内容は，本書 Chapter11～14で詳しく説明します。

〈民法典第3編第2章に定める契約〉

移転型	財産権の移転を目的とする契約	贈与契約（549条）・売買契約（555条）・交換契約（586条）
利用型	財産権の利用を目的とする契約	消費貸借契約（587条）・使用貸借契約（593条）・賃貸借契約（601条）
役務型	役務の提供を目的とする契約	雇用契約（623条）・請負契約（632条）・委任契約（643条）・寄託契約（657条）
その他	組合契約（667条）・終身定期金契約（689条）・和解契約（695条）	

　これに対して，典型契約以外の契約のことを**非典型契約**といいます。このうち，Case のような，顧客から注文を受けて，ある機械の部品を製作し，毎月納品するという契約（製作物供給契約）は，売買と請負が結合した契約といえます。この場合，売買と請負のいずれの規定が適用されるかが問題となりますが，製作段階では請負の規定が，供給段階では売買の規定が適用されると考えられています。①では請負の641条（注文者の任意解除権）が，②では売買の575条2項（代金の利息）が適用されます。このように，2つ以上の典型契約の内容が混合されたり，ある典型契約の要素と他の非典型契約の要素とが混入したりしている契約を**混合契約**（混成契約）といいます。

（2）**双務契約と片務契約**　　▶**双務契約** = 当事者の双方に対価的な関係のある債務が発生する契約

　　　　　　　　　　　　　　　　▶**片務契約** = 当事者の一方のみに債務が発生する契約

　当事者双方に対価的な関係のある債務が発生する契約のことを**双務契約**といいます。売主の財産権移転債務と買主の代金債務を発生させる売買契約や，賃貸人の目的物を使用収益させる債務と賃借人の賃料債務を発生させる賃貸借契約などがこれにあたります。

　これに対して，当事者の一方のみに債務が発生する契約のことを**片務契約**といいます。贈与者の財産権移転債務のみを発生させる贈与契約や，借主の目的物返還債務（借りた物と種類・品質・数量が同じ物を返還する

債務。利息付の場合には，これに加えて利息債務）のみを発生させる消費貸借契約などがこれにあたります。なお，使用貸借契約は，使用貸主の目的物を使用収益させる債務と使用借主の目的物返還債務を発生させる契約ですが，両者は対価的な関係にないので双務契約とはいえません。

(3) 有償契約と無償契約　　　▶有償契約 ＝ 経済的な反対給付が存在している契約

　　　　　　　　　　　　　　　▶無償契約 ＝ 経済的な反対給付が存在しない契約

　経済的な反対給付が存在している契約のことを**有償契約**といいます。双務契約は有償契約ですが，片務契約だけれども有償契約のものもあります。書面によらない利息付消費貸借契約では，貸主が目的物を借主に交付することは契約成立要件ですので，貸主には債務が発生しませんが（片務契約），貸すという貸主の経済的負担の対価として，借主が利息を支払う債務を負いますので，この契約は有償契約となります。

　これに対して，経済的な反対給付が存在しない契約のことを**無償契約**といいます。無償契約は，すべて片務契約です。

2　法律行為・意思表示

(1) 法律行為・意思表示・効果意思　　▶法律行為 ＝ 意思表示を不可欠の構成要素とし，意思表示に含まれる効果意思通りの法律効果を発生させる法律要件

　　　　　　　　　　　　　　　　　　▶意思表示 ＝ 効果意思を外部に表明する行為

　　　　　　　　　　　　　　　　　　▶効果意思 ＝ 一定の法律効果の発生を欲する意思

　人の意思を法律関係に反映させる必要があるのは，契約の締結に限らず，たとえば，契約が詐欺に基づくために取り消したり〔→12〕，一般社団法人を設立したり〔→4・67〕，遺言書を書いたりする〔→75〕場合にも認められます。行為者の意思通りの法律効果を発生させるこれらの行為をまとめて，**法律行為**といいます。また，そのような一定の法律効果の発生を欲する意思のことを**効果意思**といい，これを外部に表明する行為のことを**意思表示**といいます。法律行為は，意思表示を不可欠の構成要素とし，意思表示に含まれる効果意思通りの法律効果を発生させる法律要件ということができます。他方で，このことは，意思表示を行う者（表意者）は，原則としてその意思に反する法律効果に服さないということも意味します。法律行為は，**私的自治の原則**を貫徹するための重要な法律上の手段なのです。

(2) 単独行為・契約・合同行為　　▶単独行為 ＝ 行為者の単独の意思表示を構成要素とする法律行為

　　　　　　　　　　　　　　　　　▶契約 ＝ 相対立する2つ以上の意思表示の合致によって成立する法律行為

　　　　　　　　　　　　　　　　　▶合同行為 ＝ 多当事者による同一方向の意思表示を構成要素とする法律行為

　法律行為のうち，上述の取消権の行使や遺言は，1人の意思表示でもって1つの法律行為が成立するので，**単独行為**といいます。

　これに対して，契約の締結や一般社団法人の設立には，複数人の意思表示の合致により1つの法律行為が成立します。契約が，「売りたい」「買いたい」という相対立する意思表示から成り立つのに対し，法人の設立は，「法人を設立する」という同一方向の複数の意思表示から成り立っており，**合同行為**と呼んで契約と区別しています。

【穴埋め問題で確認】

　当事者の双方に対価的な関係のある債務が発生する契約のことを①＿＿＿契約といい，売買や請負がこれにあたる。①＿＿＿契約は，②＿＿＿契約であるが，利息付消費貸借契約のように，③＿＿＿契約でも②＿＿＿契約となる場合がある。

　法律行為とは，④＿＿＿を不可欠の構成要素とし，④＿＿＿に含まれる⑤＿＿＿通りの法律効果を発生させる法律要件であり，⑥＿＿＿，契約，⑦＿＿＿に分類される。

［メモ］

【5の解答】①私的自治　②契約　③締約　④相手方選択　⑤方式　⑥内容　⑦応召

7 契約を結ぶにはどうすればいいですか
▶法律行為・意思表示の成立

【Case】──意思表示はいつ効力が発生するのですか

　芦屋でホテル業を営む渡辺さんが，京都で輸入業を営む村田さんに，ある銘柄のワイン10ダースを120万円で購入したい旨を申し込むことにした。渡辺さんは，ワインを購入したいと考え，4月7日までに返事をしてほしい旨を村田さんに手紙で伝えることにし，3月30日に書面を作成し，4月1日に投函した。ところが翌日，渡辺さんは別の輸入業者の谷江さんから，同種同量のワインを100万円で売却したいとの申し出を受けた。渡辺さんの手紙は，4月3日に配達され，4月5日に村田さんがこれを読んだ。

---

1 契約の成立
▶契約の成立要件 ＝ 申込みと承諾が合致して成立する法律行為

▶対話者間の契約 ＝ 意思表示が発信されるとただちにそれを了知できる状況にある者同士の契約

▶隔地者間の契約 ＝ 意思表示の到達に取引上考慮に値する時間を要する関係にある者同士の契約

　契約とは，対立する複数の意思表示（申込みと承諾）が合致して成立する法律行為であり，意思表示の内容（契約内容）通りの法律効果を発生させるものということができます。複数の意思表示のうち先になされたものを**申込み**，後になされたものを**承諾**といいます。承諾は申込みと同じ内容でなければならず，承諾者が申込みに条件を付けたり，変更を加えたりすると，その申込みの拒絶とともに新たな申込みをしたものとみなされます（528条）。

　契約は，一方当事者の申込みに対して相手方が承諾をしたときに成立すると定められていますので（522条1項），承諾の意思表示が成立した時点で契約が成立することになります。対面での契約，電話での契約，チャットでの契約など，意思表示が発信されるとただちにそれを了知できる状況にある者同士が締結する契約を対話者間の契約といいます。また，**Case**のように手紙を使用する場合のほか，電子メールでの契約，FAXでの契約，ネット通販での契約など，意思表示の到達に取引上考慮に値する時間を要する関係にある者同士が締結する契約を隔地者間の契約といいます。後者の契約では，いつの時点で意思表示，ひいては契約が成立するのかが問題となります。

2 意思表示の成立
（1）意思表示の伝達過程
▶表白 ＝ 表意者が効果意思を外部に客観化すること

▶発信 ＝ 表意者が意思表示を相手方に向けて送り出すこと

▶到達 ＝ 意思表示が相手方に了知できるような状態（相手方の支配圏内）に置かれること

▶了知 ＝ 相手方が意思表示の存在と内容を知ること

　意思表示は，表白→発信→到達→了知のプロセスを経て，相手方がその内容を認識するに至りますが，隔地者間の契約では，表意者の発信から相手方の了知までに時間的間隔が生じます。

```
①表白：渡辺さんが手紙を作成した（3月30日）
 ↓
②発信：渡辺さんが手紙を投函した（4月1日）
 ↓
③到達：村田さんのもとへ手紙が配達された（4月3日）
 ↓
④了知：村田さんが手紙を読んだ（4月5日）
```

（2）意思表示の成立時──到達主義の原則
▶到達主義 ＝ 意思表示の効力発生の時点を，それが相手方に到達した時とする立法の立場

　民法は，原則として，③**到達**の時点で意思表示が成立すると定めています（97条1項）。民法は，意思表示が相手方に到達すれば，相手方が了知できる状態になるから，現実に相手方が了知していなくても不利には

ならないとして，到達時に効力を発生させることを原則としました。

　Case では，渡辺さんの売買契約の申込みの効力は，4月3日の配達時点で生じます。渡辺さんは，谷江さんからの申込みを受けて安く買うために，村田さんへの申込みの効力を否定しようとするなら，その配達前に申込みを撤回する旨の通知を村田さんのもとに到達させるほかなく，それができなければ，承諾なく4月7日の承諾期間がすぎるのを待たなければなりません（523条）。

　これに対して，たとえば，クーリングオフの権利（撤回権）を行使する旨の意思表示（割販法35条の3の10第2項，特商法9条2項など）や，制限行為能力者の法律行為に関する相手方の催告に対する追認・取消し（20条）〔→10〕などは，例外的に，②**発信**の時点で成立すると定められています。

　平成29（2017）年改正前には，迅速な取引を実現すべく，526条が承諾ひいては契約の成立時を発信時と定めていましたが，今日の通信手段の発達や承諾の不着のリスクをふまえ，同条が削除されました。承諾も，原則通り，③**到達**の時点で効力が発生することになります。したがって，契約は，承諾が申込者のもとに到達した時点で成立することになります。

　　（3）　契約の成立によって生じる法律効果

▶物権行為（物権契約）＝　物権の発生・変更・消滅（物権変動）をもたらす法律行為（契約）

▶債権行為（債権契約）＝　当事者間に債権債務の関係を生じさせる法律行為（契約）

　契約の成立によって契約内容通りの権利変動が生じます。前記のとおり，民法は財産権を物権と債権に分けていますから，当事者の意思に従っていずれかの（または両方の）権利変動が生じます。

　売買や贈与の目的となる所有権の譲渡や，借金の担保のための抵当権の設定など，物権の発生・変更・消滅（物権変動）をもたらす法律行為（契約）のことを**物権行為**（物権契約）といいます。

　これに対して，売買や賃貸借など，当事者間に債権債務の関係を生じさせる法律行為（契約）のことを**債権行為**（債権契約）といいます。

【穴埋め問題で確認】

　契約とは，対立する複数の①____（申込み・②____）が合致して成立する法律行為のことであり，債権の発生原因の1つである。②____は，申込者の申込みを受けて相手方が行うものであるから，契約は，②____が成立した時に成立する。①____がいつ成立するのかという問題は，③____間の契約のように，それが即時に相手方に④____しない場合に問題となる。①____は，表白→⑤____→④____→⑥____というプロセスを経て相手方がその内容を認識する。民法典は，④____の時点で意思表示が成立することを原則としており，このことは②____にも妥当する。したがって，契約は，②____が申込者のもとに④____した時点で成立する。

［メモ］

【6の解答】①双務　②有償　③片務　④意思表示　⑤効果意思　⑥単独行為　⑦合同行為

【Case 1】——どこまでが意思表示の内容となるのですか

　大西さんは，自動車甲を所有し，10年以上使用していたが，足回りが固く買い替えを考えている。そのことを本人から聞いていた瀧さんは，転勤により郊外へ引っ越すことになり自動車が必要と考え，電話で「甲を100万円で譲ってください」と大西さんに申し出た。大西さんは「分かりました」と返事をした。

【Case 2】——当事者間で意思表示の内容に食い違いがある場合，どのような内容の契約が成立するのですか

　芦屋でホテル業を営む渡辺さんが，京都で輸入業を営む村田さんとの間で，ある銘柄のワイン10ダースを120万円で購入する旨の契約を締結した。その際，両者は，それぞれ次のように考えていた。

①両者ともに，1ダース＝12本と考えていた。

②渡辺さんは1ダース＝12本，村田さんは1ダース＝10本と考えていた。

③渡辺さんは1ダース＝9本，村田さんは1ダース＝10本と考えていた。

④両者ともに，1ダース＝10本と考えていた。

1　法律行為法の構造

(1)　判断のステップ　　▶成立→解釈→有効性

(a)法律行為が成立したのか？＝法律行為は「成立要件」をみたすか？〔→7〕

(b)どのような内容の法律行為が成立したのか？＝法律行為はどのように「解釈」されるのか？

　＊ここで，当該法律行為について，どのような内容の法律効果が生じるのかが明らかになります。

(c)成立した法律行為は有効なのか？＝法律行為に「効力否定原因」があるか？

　＊ここで，(b)で明らかとなった法律効果を有効なものと認めてよいのかどうかが明らかになります。〔→10～12・14〕

【意思表示の成立と解釈】

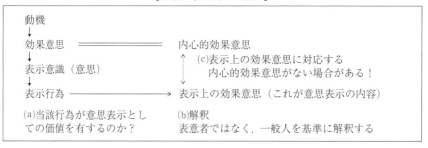

(2)　意思主義と表示主義　　▶意思主義 ＝ 表意者の内心の意思（内心的効果意思）を重視する考え方
　　　　　　　　　　　　　　　▶表示主義 ＝ 表示（から推測される意思（表示上の効果意思））を重視する考え方

　(b)(c)を判断するにあたり，意思表示の効力の根拠を表意者の意思に求め，その意思を重視する考え方（意思主義）と，表示に対する相手方の信頼保護に求め，表示を重視する考え方（表示主義）の対立があります。しかし，最終的に意思表示が有効なものとなるかどうかは，表意者の自己決定の尊重，相手方の信頼保護，取引安全の保護，自己決定の尊重の反射としての自己責任（帰責性）を総合的に考慮して判断すべきと考えられており，とくに(c)については，民法にさまざまな規定が置かれています〔→10～12・14〕。

2　意思表示の構造　　▶動機 ＝ 効果意思を形成するに至った内心上の原因
　　　　　　　　　　　　▶効果意思 ＝ 一定の法律効果の発生を欲する意思
　　　　　　　　　　　　▶表示意識（意思）＝ 効果意思を外部に発表しようという意識（意思）
　　　　　　　　　　　　▶表示行為 ＝ 効果意思の外部的表明

意思表示は，動機→効果意思→表示意識（意思）→表示行為のプロセスを経て，外部に発表されますが〔→7〕，**動機**は，意思表示の前提をなすものとして，原則として意思表示の内容とはなりません〔→12・14〕。また，意思表示は，表示行為が相手方に到達することにより成立しますが〔→7〕，表意者のある態度が表示行為と評価されるためには，その態度から，一定の内容の**効果意思**を推測できなければなりません。**Case 1**の両者の会話からは，両者が「甲を100万円で売買する」という意思を有していることが明らかですが（明示の意思表示），大西さんが，「分かりました」の返事ではなく，たとえば何かの機械音を鳴らした場合はどうでしょうか。クイズの正解をあらわすような効果音であった場合には，承諾の意思表示を認めてよいでしょう（黙示の意思表示）。

	大西さん	瀧さん
動機	①甲の足回りが固く，買い替えるため，甲を処分したいと考えた。	②転勤により郊外へ引っ越すことになったため，自動車が必要であると考えた。
効果意思	⑥瀧さんの申込みを受け，100万円なら甲を瀧さんに売却してもよいと考えた。	③大西さんから，甲を100万円で購入したいと考えた。
表示意識	⑦瀧さんからの申し出を受けようと考えた。	④大西さんに，電話でその旨を申し出ようと考えた。
表示行為	⑧瀧さんからの申し出を承諾した。	⑤大西さんに，電話でその旨を申し出た。

3　契約の解釈

（1）　**狭義の解釈**　　▶**客観的解釈説 ＝ 当該表示行為のもつ客観的な意味を明らかにするよう解釈する考え方**

契約の内容は，**表示主義**から出発し，当該事情のもとで，その意思表示が一般社会や相手方によってどのように理解されるのが普通であるのかという観点から判断します。とくに，有償契約の場合には，相手方も対価を払うので，その信頼保護が重要となるのです。**Case 2**において，1ダースは一般的に12本（個）と考えられていますから，「ワイン10ダースを120万円で売買する」という契約は，「ワイン120本を120万円で売買する」という内容であると解釈されます。したがって，①は問題ありませんが，②では村田さんが錯誤，③④では両者ともに錯誤に陥っているということになります（95条）〔→12〕。後者のうち，両者が同一内容で錯誤している場合（④）のことを共通錯誤といいます。この場合には，当事者の意思を尊重することが望ましく，例外的に，両者の想定していた意味で契約が成立すると考えられています。したがって，④では，「ワイン100本を120万円で売買する」という内容の契約が成立したことになります。

（2）　**契約の補充**　　契約当事者が合意していない事項については，慣習や任意規定などによってその内容が補充されます。慣習があれば当事者が反対の意思を表示していない限り，それによって補充されます（92条）。慣習がない，または，あっても当事者がそれに反対している場合には，法律の規定（任意規定）〔→14〕によって補充されます。**Case 2**におけるワインの引渡し場所について，たとえば関西地方において，ワインは売主の倉庫で引渡しが行われるという慣習があれば，渡辺さんが村田さんの倉庫に引き取りに行くことになり，そのような慣習がなければ，村田さんが渡辺さんの住所まで運搬する必要があります（484条1項）。

【穴埋め問題で確認】

意思表示は，①＿＿＿→②＿＿＿→表示意識（意思）→表示行為のプロセスを経て，外部に発表されるところ，表示行為から推測される②＿＿＿と内心的②＿＿＿が一致しない場合が起こりうる。その際，法律行為の③＿＿＿およびその有効性の判断にあたり，そのいずれを重視するかにつき，④＿＿＿主義と⑤＿＿＿主義の対立があるが，場面ごとに両者の調整が図られた規定が置かれている。法律行為の③＿＿＿，とくに狭義の③＿＿＿については定めがなく，⑤＿＿＿主義から出発し，当該表示行為のもつ⑥＿＿＿的な意味を明らかにすることを原則とすると解されている。

［メモ］

【7の解答】①意思表示　②承諾　③隔地者　④到達　⑤発信　⑥了知

9 契約を結ぶと絶対に守らなければいけませんか
▶契約の拘束力とその例外，無効・取消し

【Case】——騙されても契約を守らなければいけませんか

　瀧さんは，フリマサイトで私物を売って飲み代を稼いでいたが，目ぼしい物がなくなったので，質屋から3000円で購入した眼鏡甲を，「あの有名店野村眼鏡のアンティーク」と偽って5万円で売りに出した。HP上の画像では，ツルの内側に「NOMURA」と刻印されていたのを確認して，安いと思った渡辺さんが購入した。しかし，渡辺さんが届いた甲をみてみると，「NONOMURA」と刻印されていた。

1　契約の拘束力の内容とその根拠

　(1)　契約の拘束力　　▶契約の拘束力 ＝ 当事者は（成立した・有効な）契約に拘束される

　当事者は，成立した契約が有効なら，相手方に対してその内容を実現する債務を負担します。各当事者は，相手方が債務を履行しない限り，契約内容の実現の強制（強制履行：414条）〔→25〕，契約責任の追及（損害賠償：415条）〔→26〕，契約関係からの離脱（解除：540条）〔→28〕を行うことができます。

　(2)　根拠（中心的なもの）　　▶自己決定に基づく自己責任 ＝ 当事者は，自らの自由な意思で契約を締結した以上，その内容に拘束されなければならない

　　　　　　　　　　　　　　　▶当事者の信頼保護 ＝ 言葉によって相手を信頼させた者は，その内容に忠実でなければならない

　当事者双方の意思に基づく合意を尊重することが契約に関する民法の基本原理です（合意原理）。契約締結にあたり，自らの利害得失を自ら判断できる人（合理的経済人）であれば，相手方と独立・対等な関係で交渉することができるはずであり，そのうえで契約を締結した以上，その内容について当事者に責任を負わせることができると考えられます。また，当事者がいったん自由意思に基づいて契約を締結したにもかかわらず，自由に翻意することを認めてしまうと，契約ひいてはその者を信頼した相手方は不測の損害を受けてしまいます。当事者は，互いにそのような損害が生じないように行動しなければなりません（信頼原理）。

2　契約の拘束力の例外

　(1)　根拠の崩壊と契約の拘束力の否定　　▶意思能力 ＝ 法律関係を発生させる意思を形成し，それを行為の形で外部に発表して結果を判断，予測できる知的能力

　(a)　当事者間の対等性の欠如　　意思能力の欠如している者は，自らの自由な意思で契約を締結したとはいえず，その者に自己決定に基づく自己責任を問えません（3条の2）〔→10〕。このほか，構造的な情報力・判断力・交渉力の格差や，資本の格差がある場合（「事業者」対「消費者」，「貸主」対「借主」など），社会的弱者は，独立・対等な立場で契約を締結したとはいえず，この者に対して自己決定に基づく自己責任を問えません。これについては，特別法によって，社会的弱者の保護・強者の契約自由の制限が定められています。たとえば，消費者契約法，割賦販売法，利息制限法，借地借家法，労働契約法などがこれにあたります。

　(b)　「真の納得」のない意思表示に基づく契約　　Caseのように，当事者に判断能力はあっても，具体的な契約締結に際して「真の納得」がなければ有効な契約とはいえず，この者に対して自己決定に基づく自己責任を問えません（93条〜96条）〔→11・12〕。

　(c)　違法な意思表示に基づく契約　　当事者間では有効性に問題がなくとも，当該契約の内容等が社会的妥当性を欠く場合には，有効性を認めるべきではありません（90条）〔→14〕。反対に，このような場合に自己決定に基づく自己責任を問えるとすると，社会的妥当性を欠く契約の実現を認めることになってしまうからです。

　(2)　例外の例外　　上述2(1)の(a)や(b)のように，表意者の内面的理由により契約の効力を否定すると，表意者の外部的表示を信頼して取引関係に入った相手方やその他の利害関係人に不測の不利益が生じる場合があります。そこで，ある者が真意とは異なる何らかの振舞いをし，それに拘束されてもやむをえないような責任（帰責性）がある場合には，その犠牲のもとで事情を知らない相手方や利害関係人を保護し，それらの

者との関係ではなお契約を有効なものと扱うことが認められています〔→11～13〕。

【法律用語としての「善意」・「悪意」】

善意	ある事情を知らないこと ・善意・無過失＝善意であることについて過失がないこと（「善意でかつ過失がない」） ・善意・有過失＝善意であることについて過失があること（「知ることができた」「過失によって知らなかった」「知らなかったことにつき過失があった」） ・善意・重過失＝善意であることについて重大な過失があること（「重大な過失によって知らなかった」）
悪意	ある事情を知っていること

3　無効・取消しの効果　　▶無効 ＝ 初めから効力がないこと
　　　　　　　　　　　　　　　▶取消し ＝ 取り消されるまでは有効だが，取り消されれば，原則として遡って無効となる（遡及効）こと

　(1)　**契約の帰趨**　　上述の理由から成立した契約の効力を否定すべき場合について，民法は，「無効とする」（3条の2・94条1項など）か，「取り消すことができる」（5条2項・95条1項など）と規定しています。無効の場合は，原則として誰でも無効を主張できるのに対し，取消しの場合は，取消権者のみが契約を取り消すことができます（120条）。また，取消しの場合は，いったん有効に契約が成立したものと扱われますので，追認によって取り消せなくする（確定的に有効にする）ことができるのに対し（122条），無効な契約を追認することはできません。

　(2)　**原状回復**　　▶未履行債務 ＝ 消滅
　　　　　　　　　　　▶既履行債務 ＝ 原状回復（給付した財産の返還）

　債務が不存在または遡及的に消滅するため（121条），受け取ったものは**不当利得**〔→64〕となり，返還しなければなりません。この内容について，121条の2は，**原状回復義務**を原則とします。すなわち，同条は，受け取った物自体の返還が不可能なとき，その価値を金銭で返すことを原則とし（価額償還義務：同1項），例外的に，無償契約の場合（同2項）や，制限行為能力者・意思無能力者が返還義務者となる場合（同3項）に限り，現存する利得の返還で足りると定めています。

> **【穴埋め問題で確認】**
> 　契約により，当事者はその内容に拘束される（契約の①＿＿＿）。この根拠として，とくに重要なのが，②＿＿＿である。しかし，契約が成立しても，たとえば一方当事者が契約締結時に③＿＿＿を欠いている（3条の2）など，その者に②＿＿＿を問えない場合には，契約は④＿＿＿または⑤＿＿＿ことができるものとなり，その①＿＿＿が否定される。この場合，すでに履行された部分について，⑥＿＿＿が問題となる。

［メモ］

【8の解答】①動機　②効果意思　③解釈　④意思　⑤表示　⑥客観

10 判断力のない人が契約を結んでしまったらどうなりますか
▶意思能力・行為能力

【Case】——認知症の人の結んだ契約は有効ですか

　退職してすっかり判断力が低下した瀧さんは，渡辺書店で平積みにされている民法入門ノートを，毎週買ってきては家族に注意されていた。「おじいちゃん，さっき昼ご飯食べたでしょ」と孫にいわれるようになったある日，渡辺書店で，50万円もするドイツ民法の注釈書10巻組を注文した。

1　意思能力
▶意思能力 ＝ 法律関係を発生させる意思を形成し，それを行為の形で外部に発表して結果を判断，予測できる知的能力

▶意思無能力者のした法律行為の効果 ＝ 無効

(1)　意　義

　意思能力があるとされるための知的能力の程度は，おおよそ7歳〜10歳くらいのものとされていますが，意思能力の有無の判断は，問題となっている法律行為の重要性や複雑性を考慮して，個別具体的に判断されます。

　意思能力の欠如している者は，自らの自由な意思で契約を締結したとはいえず，この者に自己決定に基づく自己責任を問えません。したがって，意思能力を欠く者が行った契約は無効となります（3条の2）。

(2)　意思無能力無効の問題点
▶意思無能力者の保護・相手方の信頼保護

　意思無能力者にとって，契約締結時に意思能力がなかったことを後から証明するのは困難であり，一定の形式的な要件でもって契約の効力を否定することにより，この者が保護されるように制度設計しておくことが必要です。さらに，他の者がその者に代わって，その者のために行為・財産管理できる制度も必要であり，その前提としてどのような者にそのような保護が必要となるのかが定まっている必要があります。

　また，相手方にとっても，自己の相手が意思能力を有しているかどうかは外見だけでは判別しにくく，この者の保護のためには，自己の相手の判断能力に問題がないかどうかを分かるようにしておく必要があります。

2　行為能力
▶行為能力 ＝ 契約などの法律行為を単独で有効に行うことができる法律上の資格

(1)　行為能力制度の意義
　未成年者および判断能力が不十分な成年者について，契約などの法律行為を単独で有効に行うことができる法律上の資格（行為能力）を制限して，これらの者を画一的に保護する制度のことを行為能力制度といいます。制限行為能力者側は，行為能力が制限されているということだけで行為を取り消すことができるので（120条），その立証困難を回避することができます。また，行為能力が制限されているのかどうかが事前に決まっているので，相手方からみた取引安全にも配慮することができます。さらに，制限行為能力者に保護者を付けることにより，制限行為能力者の財産管理を保護者に支援させることができるようになります。

(2)　未成年者保護制度
▶成年年齢 ＝ 満18歳（4条）

▶親権者 ＝ 未成年の子に対して親権を行使する者（通常，未成年者の法定代理人となる）

▶未成年者単独での制限範囲外の行為の効果 ＝ 取り消すことができる

　成年年齢に達しない者を未成年者といいます。未成年者は，下記以外の法律行為を単独で行うには，親権者等の法定代理人の同意が必要です（法定代理人の同意権）。他方，法定代理人は，同意なく行われた法律行為を事後的に追認して完全に有効なものとすることができるほか（追認権：122条），未成年者に代わって未成年者を当事者とする法律行為を行うことができます（代理権）。未成年者が法定代理人の同意なく法律行為を行った場合，未成年者および法定代理人は，その行為を取り消すことができます（取消権：120条）。

　上記の例外として，未成年者は，単に権利を取得し，義務を免れる行為（5条1項ただし書），処分を許された財産の処分（5条3項），許可された営業に関する行為（6条1項）を，法定代理人の同意なく行うことができます。たとえば，下宿生が仕送りで飲食した場合や，小遣いで商品を買う場合などがこれにあたりま

す。未成年者は，法定代理人の同意がないことを理由として，これらの行為を取り消すことができません。また，未成年者は，自己に行為能力があると信じさせるために相手方を騙した（詐術を用いた）場合も，その行為を取り消すことができません（21条。他の制限行為能力者も同じです）。

（3）　成年後見制度

（a)法定後見制度——後見・保佐・補助　　判断能力が不十分な成年者については，その程度に応じて，本人，配偶者，4親等内の親族，検察官等の請求により，家庭裁判所が，後見・保佐・補助開始の審判をすることができます。これにより本人は行為能力を制限され，保護者に本人の財産を管理する権限が与えられます。Caseでは，瀧さんはまだ補助開始の審判を受けていないので，代金を払いたくなければ，意思無能力無効を主張しなければなりません。

　成年後見制度は，親族法（Chapter26）とも深くかかわります。そちらで再度詳しく説明します〔→72〕。

	成年被後見人	被保佐人	被補助人
要件	事理弁識能力（契約を締結するための判断能力）を欠くのが通常の状態である者	事理弁識能力が著しく不十分な者	事理弁識能力が不十分な者
保護者	成年後見人	保佐人	補助人
同意権	なし	13条1項に該当する行為 13条2項の審判により定められた行為	13条1項に該当する行為のうち，申立ての範囲内で家裁が定めるもの（ただし，本人の同意が必要）
追認権	日常生活に関する以外の行為	同上	同上
取消権	同上	同上	同上
代理権	財産に関するすべての法律行為	申立ての範囲内で家裁が定める特定の法律行為（ただし，本人の同意が必要）	申立ての範囲内で家裁が定める特定の法律行為（ただし，本人の同意が必要）
本人が単独でできること	日常生活に関する行為	13条1項・2項の対象となる行為以外のすべての行為（日常生活に関する行為を含む）	上記以外のすべての行為（日常生活に関する行為を含む）

（b)任意後見契約　　本人に十分な判断能力があるうちに，将来，判断能力が不十分な状態になった場合に備えて，あらかじめ自ら選んだ代理人（任意後見人）に，自己の生活，療養看護および財産の管理に関する事務について代理権を付与する契約のことを任意後見契約といいます〔→72〕。

【穴埋め問題で確認】
　自らの行為の性質を判断できる精神能力（①＿＿＿）を欠く者が締結した契約は②＿＿＿である。また，③＿＿＿を単独で有効にすることができる法律上の地位あるいは資格のことを④＿＿＿という。民法は，③＿＿＿時に①＿＿＿を欠いていたのかどうかに関係なく，判断能力の程度・状況に応じて④＿＿＿を定型的に制限し，その者が制限範囲外の③＿＿＿を行った場合には，これを⑤＿＿＿ことができるものとした。③＿＿＿の結果による利害得失を認識して経済合理性に則った意思決定をするに足る能力のことを⑥＿＿＿という。たとえば，この能力が著しく不十分な者について，家庭裁判所は，申立てにより⑦＿＿＿開始の審判を下す。

[メモ]

【9の解答】①拘束力　②自己決定に基づく自己責任　③意思能力　④無効　⑤取り消す　⑥原状回復

【Case 1】——その気もないのに契約をしても有効なんですか

　野々村さんは, アンティークの時計を収集するのが趣味で, とくに1960年代製造の甲を気に入っており, 研究会後の打ち上げの話のネタにしていた。ある打ち上げの際, 野々村さんは, 子どもの教育費で首が回らないと嘆いている瀧さんに対して, お金を用意できないと思って売る気もないのに, 30万円なら甲を売ってやってもよいとからかったところ, 瀧さんが買うと答え, その3日後, 30万円を持って野々村さんの研究室にやってきた。瀧さんは, 野々村さんが甲を手放したくないことを知っていたが, 渡辺さんが予算40万円で甲と同等の時計を探していると聞いていたので, 35万円で譲ると伝えて渡辺さんから代金を先に受け取っていたのであった。

【Case 2】——相手と通謀してうその契約を結んでも有効なんですか

　村田さんは, 谷江さんから2000万円を借りていたが, 弁済期を過ぎても返済できなかった。村田さんには, 先祖伝来の土地甲 (評価額5000万円) しかない。そうこうするうちに, 谷江さんが甲を競売にかけて債権を回収する準備を始めたことを聞きつけた村田さんは, 友人の瀧さんに相談したところ, 「甲を売ったことにして登記を移せば差押えはできなくなるから, いったん私に登記を移し, 返済の目途が立ったら戻してあげる」といわれたので, 甲を3000

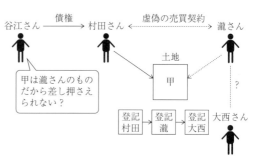

万円で売却する旨の契約を締結し, 登記を移した。瀧さんは, 事情を知らない大西さんに2000万円で甲を売却し, ただちに登記を移した。

1 心裡留保

(1) 意義と要件効果　　▶心裡留保による意思表示 = ①表示上の効果意思に対応した内心的効果意思が欠けていること

　　　　　　　　　　　　　▶②表意者が①につき悪意であるとき ⇒ 契約は有効 (93条1項本文)

　　　　　　　　　　　　　▶相手方が, その意思表示が表意者の真意ではないことを知り, または知ることができたとき (悪意または善意・有過失) ⇒ 契約は無効 (93条1項ただし書)

　表意者の真の納得がない以上, 自己決定に基づく自己責任を問えないようにも思われますが, 真意と異なる表示をしたことにつき, 表意者に大きな帰責性が認められます。表示を信頼した相手方を保護すべく, 原則としてその意思表示は有効となり, 相手方が悪意または善意・有過失の場合に限り無効となります。Case 1 では, 瀧さんは, 野々村さんの甲を売りたいという申込みが彼の真意に基づくものでないことを知っていますので, 例外的に甲の売買契約は無効となります。

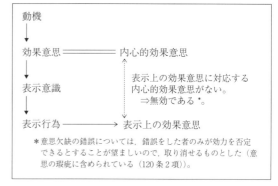

【意思の不存在・欠缺 (心裡留保, 虚偽表示, 表示錯誤)】

動機
↓
効果意思 ═══ 内心的効果意思
↓
表示意識　　表示上の効果意思に対応する
↓　　　　　内心的効果意思がない。
表示行為 → 表示上の効果意思　⇒無効である*。

*意思欠缺の錯誤については, 錯誤をした者のみが効力を否定できるとすることが望ましいので, 取り消せるものとした (意思の瑕疵に含められている (120条2項))。

(2) 第三者の保護　　▶心裡留保に基づく契約に新たに利害関係に入った第三者が, 当該契約が心裡留保に基づくものであることについて善意であるときは, (93条1項ただし書により契約が無効となる場合でも,) 表意者はこの者に対して契約の無効を対抗できない (93条2項)

　「対抗できない」とは, 次のことを意味します。まず, 売買契約が無効の場合 (取り消された場合も同様), 目的物の所有権は買主へは一度たりとも移転せず, 売主のもとにとどまります。したがって, 買主からの転得者は, 無権利者から譲り受けたことになりますので, 所有者にはなれず, 目的物を占有している場合に

は，売主から所有権に基づく返還請求を受けるのが原則です。しかし，転得者（「第三者」）が，売主・買主間の売買契約に心裡留保があることにつき善意の場合には，売主（「表意者」）は，売買契約の無効を転得者に対して主張する（「対抗する」）ことができず，この者との関係ではなお契約が有効なものとして扱われるのです。

Case 1 では，善意の渡辺さんからみて，野々村さんと瀧さんの甲の売買契約は有効なものとして扱われますので，渡辺さんは，甲の所有権を取得した瀧さんからその譲渡を受けたことになり，甲の所有者となります。他方，心裡留保に基づく契約の当事者である野々村さんと瀧さんの間では無効なままなので，野々村さんは，瀧さんに対して代金として30万円を支払うよう請求することはできません（もちろん，不当利得や不法行為に基づいて責任を追及していくことは可能です）。

この規定は，「真の権利者が自分以外の者が権利者であるかのような外観を作出したときは，それを信頼した第三者は保護されるべきであり，自らその外観を作った権利者は権利を失ってもやむをえない」という**表見法理**（権利外観法理ともいう）に基づくものであると考えられています。94条2項，95条4項，96条3項等も同じ法理に基づいています〔→12・13〕。

2 虚偽表示

(1) 意義と要件効果　▶虚偽表示 ＝ ①表意者が表示上の効果意思に対応した内心的効果意思が欠けていることを知りながら意思表示をすること
②①の表示を相手方と通謀して（示し合わせて）行うこと
⇒ 契約は無効（94条1項）

この場合も心裡留保の場合と同様，真意と異なる表示をしたことにつき，表意者に大きな帰責性が認められますが，相手方もそのことを知っていますので，この者は保護に値しません。したがって，常に無効となります。

(2) 第三者の保護　▶虚偽表示に基づく契約に新たに利害関係に入った第三者が，当該契約が虚偽表示に基づくものであることについて善意であるときは，表意者はこの者に対して契約の無効を対抗できない（94条2項）

Case 1 と同様，Case 2 においても，善意の大西さんからみて，村田さんと瀧さんの甲の売買契約は有効なものとして扱われ，大西さんは甲の所有者となります。これに対して，村田さんと瀧さんの間では無効なままなので，不当利得や不法行為の問題となります。

他方，大西さんが悪意の場合，大西さんは甲の所有者にはなれません。しかし，だからといって瀧さんと大西さんの契約も無効になるわけではありませんので，大西さんは瀧さんに対して，甲所有権移転債務が履行不能であることを理由に，債務不履行責任を追及していくことになります〔→23〕。

【穴埋め問題で確認】
表意者が表示行為に対応する①＿＿＿のないことを知りながら，相手方にそれを告げずに行う意思表示のことを②＿＿＿という。この意思表示は原則として有効だが，相手方が，その意思表示が表意者の真意ではないことにつき③＿＿＿または④＿＿＿のときは，無効となる。これは，本来表意者には表示上の①＿＿＿に対応する内心的①＿＿＿がなく，その効力を否定すべきところ，真意でないことを知って表示した表意者の利益を犠牲にして，意思表示を信頼した相手方を保護すべきだからである。これに対して，⑤＿＿＿の場合は，相手方も表意者が真意でないことを知っているため保護に値しないので，当然に無効となる。いずれの場合も，表意者は，⑥＿＿＿の第三者にその無効を⑦＿＿＿することはできない。

[メモ]

【10の解答】①意思能力　②無効　③法律行為　④行為能力　⑤取り消す　⑥事理弁識能力　⑦保佐

12 間違えたり騙されたりして結んだ契約はどうなりますか
▶錯誤・詐欺・強迫

【Case】──重大な勘違いで契約をしても有効なんですか

　大西さんは，神戸の夜景を一望できるマンションを探していたところ，村田不動産が神戸市灘区内で高層マンション甲（15階建て）を完成させたことを知った。大西さんは，村田不動産のマンションギャラリーを訪れ，従業員の野々村さんから物件の説明を受けた。交渉中，大西さんは眺望を最重要視していることを伝え，野々村さんも眺望が甲の最大の売りであると説明した。夜景を一望できるのは7階以上であったが，価格も6階までは4000万円以下なのに対し，7階以上は6000万円以上であった。大西さんは，現地を確認したところ，7・8階よりも9階以上の眺めが良いと感じ，野々村さんも眺望を最優先するなら9階以上にすべきと伝えた。結果，大西さんは901号室を8000万円で購入する旨の契約を締結した。その2年後，甲の南側でオフィスビル乙が建設され，眺望が完全に阻害された。

1　錯　誤　▶表示錯誤 ＝ 内心的効果意思と表示上の効果意思の間に不一致があり，表意者がそれを知らないこと

　(1)　意　義　表示錯誤には次の2種類のものがあります。言い間違いや書き間違いのように，表意者が考えていなかった表示手段を使用したために，意思の不存在が生じた場合を**表示上の錯誤**，表意者は考えたとおりの表示手段を用いたけれども，その表示手段のもつ意味を誤解していた（たとえば，ドルとユーロの円との交換比率が等しいと誤解して，1万円＝100ドルで買うつもりで，100ユーロ（実は1万6千円）で買う契約を締結した）ために，意思の不存在が生じた場合を**内容の錯誤**といいます。

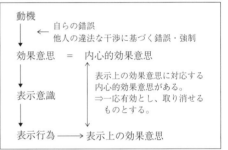

【意思の瑕疵（基礎事情の錯誤，詐欺・強迫）**】**

　▶**基礎事情錯誤 ＝ 内心的効果意思と表示上の効果意思の間に不一致はないが，表意者が法律行為の基礎とした事情に関する認識について誤認があること**

　平成29（2017）年改正前のいわゆる**動機の錯誤**に相当します。これにも，Case のような目的物の性質に関する錯誤（「眺望の良い901号室を買う」）と，それ以外の事情（たとえば，「近くに駅ができ，値上がりが期待できるので，901号室を買う」）に関する錯誤とがあります。このような前提事情は，必ずしも相手方が認識しているわけではないので，「その事情が法律行為の基礎とされていることが表示されていたとき」に限り，**基礎事情錯誤に基づく意思表示を取り消すことができる**と規定されました（95条2項）。

　(2)　要件・効果

	表示錯誤	基礎事情錯誤
95条1項	①錯誤の重要性 ②表意者に重過失がないこと	①基礎事情であることの表示 ②錯誤の重要性 ③表意者に重過失がないこと
95条3項 （表意者重過失）	相手方が表意者の錯誤につき悪意または善意・重過失	相手方が表意者の錯誤につき悪意または善意・重過失，または，共通錯誤
効果	表意者は契約を取り消すことができる。	表意者は契約を取り消すことができる。

　錯誤の重要性（「法律行為の目的及び取引上の社会通念に照らして重要なものであるとき」：95条1項柱書）は，錯誤がなければ表意者がそのような意思表示をすることはなく（主観的因果性），かつ，通常人であってもその意思表示をしなかったであろうといえる場合（客観的重要性）に，認められます。

　また，当事者が同じ内容で錯誤に陥っている場合（共通錯誤「同一の錯誤」：95条3項2号），契約の客観的解釈の例外として〔→8〕，当事者の考えた内容が表示上の効果意思となるので，それと内心的効果意思の間に不一致はありません。したがって，基礎事情錯誤のみが問題となります。

(3) 第三者の保護　　　▶錯誤に基づく契約に新たに利害関係に入った第三者が，当該契約が錯誤に基づくものであることについて善意・無過失であるときは，表意者はこの者に対して取消しによる契約の無効を対抗できない（95条4項）

93条2項や94条2項と同様，表見法理（権利外観法理ともいう）に基づく規定です〔→11・13〕。

2　詐欺・強迫
(1)　意義と要件効果

	詐欺	強迫
要件	①違法な欺罔行為 ②欺罔行為による表意者の錯誤 ③その錯誤による真意に反する意思表示 ④詐欺の故意：二段（二重）の故意 　・他人を騙して錯誤に陥らせる故意（②） 　・その錯誤に基づいて意思表示させる故意（③）	①違法な強迫行為 ②強迫行為による表意者の畏怖 ③その畏怖による真意に反する意思表示 ④強迫の故意：二段（二重）の故意 　・他人を強迫して畏怖させる故意（②） 　・その畏怖に基づいて意思表示させる故意（③）
効果	表意者は契約を取り消すことができる。	表意者は契約を取り消すことができる。

　セールストークなど，取引社会では一定の駆け引きや誇張は許されており，社会通念上許された限度を超えた違法な欺罔行為や強迫行為に基づく意思表示が取消しの対象となります。また，ある者の所有物を安く買うためにその犯罪行為を告発するとおどす行為のように，手段が正当であっても目的が不当であれば，違法な強迫行為となります（目的が正当であっても手段が不当な場合も同じです）。

(2)　詐欺と強迫の相違点（96条2項・3項）
　▶第三者の詐欺・強迫 ＝ 表意者は，第三者による詐欺につき相手方が悪意または善意・有過失のときに限り，契約を取り消すことができるのに対し，第三者による強迫があった場合は，常に契約を取り消すことができる

　▶第三者の保護 ＝ 表意者は，詐欺を理由とする契約の取消しを善意・無過失の第三者には対抗できないのに対し，強迫を理由とする契約の取消しは善意の第三者にも対抗できる

　詐欺を受けた表意者は，他人の違法な行為に基づく基礎事情錯誤がありますが，意思決定自体は任意に行っており，また，基礎事情に関して情報収集ミスや判断ミスがあることは否定できません。したがって，第三者による詐欺の相手方や，詐欺に基づく契約について利害関係に入った第三者を表意者よりも保護する必要が生じます。これに対して，強迫を受けた表意者は，意思決定の自由そのものが侵害されており，また，それゆえに表意者の自己責任を語る前提が欠けています。したがって，第三者による強迫の相手方や，強迫に基づく契約について利害関係に入った第三者よりも表意者を保護しなければなりません。

【穴埋め問題で確認】
　値上がりすると思ってある物を買ったが実はそうではなかった場合における，ある物が値上がりするという事情についての①＿＿のことを②＿＿①＿＿という。買主が契約を取り消すためには，その事情が②＿＿とされていることにつき，相手方に③＿＿されていること，その①＿＿が④＿＿であることが必要である。買主は，①＿＿につき⑤＿＿がある場合には，売主が買主の①＿＿につき⑥＿＿であるか，共通錯誤の場合でなければ，取り消すことができない。

［メモ］

【11の解答】①効果意思　②心裡留保　③悪意　④善意・有過失　⑤虚偽表示　⑥善意　⑦対抗

13 トラブルのある契約に巻き込まれたらどうすればいいですか
▶第三者の保護

【Case 1】——土地を他人名義で購入したらどうなりますか

　大西さんは，白須さんとの間で，土地甲を2000万円で購入する旨の契約を締結した。その際，大西さんは，「代金を今すぐ振り込むので，この契約書と登記申請書に署名捺印して，そのほか登記に必要な書類を欲しい」と伝え，白須さんは入金確認後，大西さんの言うとおりにした。大西さんは，税金対策のため，瀧さんと相談し，瀧さんが白須さんから直接購入したことにし，契約書等に瀧さんの署名捺印をするなどして登記を瀧さんに移した。その後，瀧さんは，大西さんに無断で事情を知らない野々村さんに甲を売却し，登記を移した。

【Case 2】——詐欺にあった土地を購入したらどうなりますか

　村田さんは野々村さんとの間で自己の所有する土地甲を2000万円で売却し，引渡しおよび登記の移転を終えた。その後，この売買契約が野々村さんの詐欺に基づくことを知った村田さんは，契約を取り消した。村田さんからの取り消しを受けた野々村さんは，甲を谷江さんに売却し，その登記を移した。

1　第三者保護規定のまとめ

意思無能力（3条の2）	第三者保護規定なし
制限行為能力（5条2項ほか）	第三者保護規定なし
強迫（96条1項）	第三者保護規定なし
錯誤（95条1項）	善意・無過失の第三者を保護（95条4項）
詐欺（96条1項）	善意・無過失の第三者を保護（96条3項）
消費者契約法に基づく取消し（消費契約4条ほか）	善意・無過失の第三者を保護（消費契約4条6項）
心裡留保（93条1項ただし書）	善意の第三者を保護（93条2項）
虚偽表示（94条1項）	善意の第三者を保護（94条2項）

　表意者の**帰責性**の大小に応じて，第三者をどの程度保護するのかが変わります〔→10～12〕。意思無能力・制限行為能力・強迫の場合には，表意者の帰責性を認めるべきではなく，第三者は一切保護されないのに対し，心裡留保・虚偽表示の場合には，表意者は虚偽の外観の作出について意思的な関与がありますから，その帰責性は大きく，第三者は善意であれば保護されます。錯誤・詐欺・消費者契約における不当な勧誘の場合には，表意者の意思的な関与はありませんが，情報収集ミス・判断ミスがありますので，一定の帰責性を認めることができ，第三者は善意・無過失の場合に限り保護されることになります。

2　民法94条2項類推適用
(1)　類推適用の意義
▶類推適用 ＝ 規定されている文言に含まれていない事項について，それと類似した別の事項について定めている法規を，規定されている事項と類似することを理由として適用すること

　たとえば，「牛の通行を許す」という規定のみがある場合，馬の通行については規定がないことになります（法の欠缺）。このとき，規定がないから馬の通行は許されないとする解釈を**文理解釈**，馬を牛と同じに扱うべき理由があるとして，馬の通行を許す解釈を**類推解釈**といいます〔→3〕。この「同じに扱うべき理由」を類推の基礎といいます。類推適用を行う場合には，この類推の基礎を説得的に論証する必要があります。

(2)　類推適用の必要性
Case 1では，大西さんと瀧さんとの間に虚偽の売買契約など虚偽表示はありませんので，野々村さんを94条2項によって保護することはできません。しかしたとえば，瀧さんが白須さんから買い受け，登記を移したのちに，瀧さんと通謀して転売したと仮装した場合には，野々村さんは94条2項によって保護されます。いずれの場合も，登記名義が所有者ではない瀧さんになっているという虚偽の外観について，所有者である大西さんの意思的な関与が認められるので，Case 1においても，善意の野々村さんを保護する必要があります。なお，目的物が動産の場合には，**即時取得**の制度が用意されています（192条）〔→49〕。

(3) 94条2項類推適用　　　▶要件 ＝ ①虚偽の外観が作出されたこと，②その作出について真の権利者に帰責性があること，③その外観を第三者が信頼したこと

　　　　　　　　　　　　　　▶効果 ＝ 真の権利者は，第三者に対して，外観が虚偽であることを主張できない

　94条2項は，「真の権利者が自分以外の者が権利者であるかのような外観を作出したときは，それを信頼した第三者は保護されるべきであり，自らその外観を作った権利者は権利を失ってもやむをえない」という表見法理を具体化したものと考えられています。不動産登記には公信力が認められていませんので〔→45・48〕，虚偽の登記を信頼して取引に入った者を保護するため，本条を類推適用するという形で議論が展開されてきました。真の権利者に虚偽表示に類する行為が認められ，第三者が虚偽の外観を信頼して利害関係に入った場合には，同条を類推する基礎が認められます〔→11〕。

3　錯誤・詐欺取消しと第三者

(1)　95条4項・96条3項で保護される第三者

　前述のように，契約が取り消されると，遡って無効となりますから，第三者は権利を取得できないのが原則です。しかし，これらの第三者保護規定は，取消しの遡及効によって権利を失う第三者を保護するためにあると考えることができます。したがって，同条項にいう「第三者」とは，取消し前に新たに法律上の利害関係に入った第三者のみをいうと解

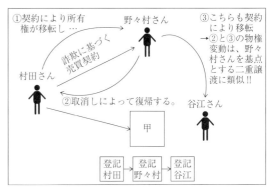

されています。すなわち，取消し後に利害関係に入った第三者は，同条項によっては保護されません。Case 2では，谷江さんは96条3項の第三者にはあたりません。

(2)　取消し後の第三者を保護する必要性・その論拠

　取消し後も登記が相手方名義になったままの状態で第三者が利害関係に入った場合に第三者を一切保護しないのは，第三者が関与しない取消しの前後でその保護に大きな違いを認めることになり妥当ではありません。また，取消し後は，表意者は容易に登記を自己のもとに戻すことができるにもかかわらず，そうしないのであれば，権利を主張できなくなってもやむをえないというしかありません。

　判例は，いったん有効に成立した契約が取消しによって効力を失うという実態を捉えて，目的物の物権は，いったん相手方のもとに移転した後，取消しにより表意者に復帰すると考えます（復帰的物権変動）。そして，この復帰的物権変動と，相手方の第三者に対する譲渡が，相手方を基点にあたかも二重譲渡類似の関係に立つとして〔→46〕，表意者と第三者を対抗関係とし，登記の具備によって権利の帰属を決めます。Case 2では，登記を具備した谷江さんが勝ちます。

　これに対して，有力説は，取消しの遡及効を貫徹します。相手方は第三者への譲渡時に無権利なので第三者も無権利となるが，表意者に，登記を取り戻せるのにそうしないという帰責性がある場合には，94条2項を類推して，善意の第三者のみが保護されると主張します。Case 2では，谷江さんが，野々村さんが甲の所有者でないことにつき善意であれば保護されます。ただし，野々村さんが村田さんの取消し後ただちに谷江さんに売却した場合には，村田さんに帰責性があるとはいえないでしょう。

【穴埋め問題で確認】
　契約が無効または取り消された場合，そこで意図された権利変動は生じないのが原則である。しかし，無効・取消し原因に表意者の①____が認められる場合につき，善意（または②____）の相手方または第三者が保護されることが，無効・取消し原因ごとに規定されている。しかし，そのような規定が適用されない場合でも，ⅰ）③____が作出されたこと，ⅱ）その作出について真の権利者に①____があること，ⅲ）その外観を第三者が④____したことが認められれば，真の権利者は，第三者に対して，外観が虚偽であることを主張できないと解されている。これを⑤____という。

【12の解答】①錯誤　②基礎事情　③表示　④重要　⑤重過失　⑥悪意または善意・有過失

14 無茶な契約でも約束したら守らないといけませんか
▶公序良俗

【Case】──こんなに不利な内容の契約も有効なんですか

　ホストクラブを個人経営している野々村さんは，所属している大学の後輩の村田さんに対して，「売り上げが下がっているので，テコ入れを図りたい。これまでしていなかった売り掛け（ツケ）を始めて，単価の高いボトルを開けさせてほしい。ついては，歩合給を30％から40％に引き上げるので，お客のツケ（売掛金債務）の保証人になってほしい」と頼んだ。

　村田さんが断ったところ，野々村さんから「それでは辞めてもらうほかないが，入店の際に貸し付けた200万円をただちに返済してほしい」と告げられたので，やむをえず契約書にサインした。村田さんは，がんばってドンペリを開けまくったが，3か月後に300万円の未収金が残った。

1　強行規定違反

（1）　強行規定と任意規定

▶強行規定 ＝ 法律の規定のうち，当事者がそれと異なる特約をしても，その特約が無効となるような規定のこと。とくに，不動産賃借人や消費者を保護するために，これらの者に有利な特約は有効だが，不利な特約を無効とする規定のことを，片面的強行規定という

▶任意規定 ＝ 法律の規定のうち，当事者がそれと異なる特約をした場合，その特約が優先し効力が排除される規定のこと

（2）　強行規定違反の契約の効力　　まず，当該強行規定において契約の効力についての定めがある場合は，それによります。たとえば，利息制限法1条は，高利の貸付けについて，約定の利率が元本額に応じた法定の利率を超える場合には，超えた範囲につき利息の合意が無効となります。さらに，利率が年109.5％を超える場合には，貸金業法42条1項が，元本部分を含めた契約全体が無効になることを定めています。

　ただし，このような規定がある場合はまれで，多くの強行規定には，違反した契約の有効性についての定めがなく，解釈によってその有効性を判断しなければなりません。現在では，後述の公序良俗違反の一場面として，無効の根拠は90条であると解されています。契約の有効性は，①当該強行規定の**目的**，②違反行為に対する社会の倫理的非難，③**取引の安全**，④当事者間の**公平**といった要素を総合的に判断して決定されています。このような判断のもとで契約の効力を否定する強行規定を効力規定，否定しない強行規定を取締規定と呼ぶことがあります。

【トイチ金融（10日で1割＋複利）】

・10日目→110万円（10万円の利子発生）
・20日目→121万円（11万円の利子発生）
・30日目→133万円（12万円の利子発生）
・40日目→146万円（13万円の利子発生）
・50日目→161万円（15万円の利子発生）
・100日目→259万円
・200日目→673万円
・300日目→1,745万円
・360日目→3,091万円←年3000％以上‼

2　公序良俗違反

（1）　意　義　　▶公の秩序（公序）＝ 国家社会の一般的利益
　　　　　　　　▶善良の風俗（良俗）＝ 社会の一般的道徳観念

　両者を合わせて，**公序良俗**といい，契約の社会的妥当性を判断する基準として用いられます。次頁の表のとおり，当該契約に直接関係する強行規定がない場合も対象となります。

（2）　類　型　　「公序良俗違反」という要件は，「信義則」（1条2項）や「権利濫用」（1条3項）と同様，明確には規定されていません。このように，包括的な文言で規定されている条項を**一般条項**といいます。「公序良俗違反」の内容を明確にするため，従来から裁判例を整理分類するという方法がとられています。代表的なものは，次の表のとおりです。

類　型	具体例
人倫（家族秩序・性道徳）に反する行為	愛人契約
犯罪に関する行為・違法行為	無限連鎖講（いわゆるネズミ講）
人格の尊厳・自由を損なう行為	芸娼妓契約（借金の返済のために，女子に芸妓・娼妓として働かせる契約）
暴利行為（他人の窮迫・軽率・無経験に乗じて不当な利益を収奪する行為）	過大な賠償額の予定，客の売掛金債務についてのホステスの保証
著しく射幸性（利益の発生が偶然に基づくこと）の強い行為	賭博行為
不当な差別行為	男女で異なる定年退職年齢を定める就業規則

　Case のような経営者と従業員の保証契約は，報酬が高額であること，ツケによって客から別途利益を得る目的もあることから，従業員が任意で締結したものであるとして有効とする裁判例もありますが，一般的には，経営者がその優越的地位を利用して，本来店（経営者）が負担すべき未収金を回収できない危険を従業員に転嫁するものであること，従業員はツケを断れない弱い立場にあること，辞めるときは未収金を完済しなければならず事実上転退職の自由が制限されることなどから，無効と判断されています。Case でも，野々村さんと村田さんの保証契約は，両者が大学の先輩・後輩の関係にあり，かつ，村田さんが野々村さんに対して借金を負っていることから，野々村さんが優越的な地位を利用したといえますので，無効と判断される可能性が高いと考えられます。

　(3)　**動機の不法**　　たとえば，賭博で負けたことによる債務を弁済するために，第三者からお金を借りたという場合，お金を借りるという契約自体には問題がありませんが，これを有効と認めてしまうと，借主に借りる権利を与えてしまうことになり（587条の2），賭博行為を助長することになります。したがって，このような契約の効力を否定する必要がありますが，他方，常に無効としてしまうと，不法な目的を知らず，契約が有効であると信頼した相手方を害することにもなります。それゆえ，一方の不法な動機に基づく契約は，相手方がその動機を知っている場合に限り無効となると解されています。

　(4)　**効　果**　　▶**公序良俗違反の効果 ＝ 無効**

　公序良俗違反の契約は**無効**です。野々村さんは，村田さんに対して，保証債務の履行を請求することはできません。また，当事者がすでに受領した給付は不当利得になりますが，このような給付を**不法原因給付**といい，原則として返還が認められません（708条本文）。これは，自ら不法に関与した者には裁判所の救済を与えないという基本理念（クリーンハンズの原則）に基づくものです。もっとも，村田さんが野々村さんに対して支払った分についても，同条本文によって返還が認められないとすると，保証契約を無効にした意味がなくなってしまいます。この場合には，受領者の野々村さんの不法性が村田さんのそれに比して著しく大きいとして，村田さんの返還請求が認められます（708条ただし書）。

【穴埋め問題で確認】
　法律の規定のうち，当事者がそれと異なる特約をしても，その特約が無効となる規定のことを，①＿＿という。この①＿＿に違反する契約の効力は，当該規定で明示されていない場合には，当該①＿＿の②＿＿，違反行為に対する社会の倫理的非難，③＿＿，当事者間の④＿＿といった要素を総合的に判断して決定される。このような場合を含め，契約の社会的妥当性を判断するルールが民法90条の⑤＿＿である。⑤＿＿違反の契約は，⑥＿＿である。

［メモ］

15 いらない商品を買ってしまったら返品できますか
▶消費者契約法

【Case 1】──デート商法に引っかかって購入した商品は返品できますか

恋愛経験の乏しい瀧さんは，研究会の打ち上げで知り合った中山さんに好意を抱いた。その後，食事に行くなどデートを重ねたが，ある日，瀧さんは中山さんから，「あなた腰痛がひどいと言ってたよね。私，友人と輸入会社も経営しているのだけど，ルーマニアで椎間板を修復するドリンクが開発され，日本でも販売できるようになったの。毎日1本飲むだけで，3か月もすれば元に戻るんだって。少し安くしてあげるから，買わない？1本1万円のところ5千円」と告げられた。瀧さんは，「それはうさんくさいよ。高いし」と断ったが，「私のことが信用できないの？もう私たちの関係はこれでおしまいね」と中山さんに迫られたので，やむなく30本購入した。

【Case 2】──更新料条項には従わなければいけませんか

京都市内でマンションを所有し，賃貸業を営んでいる村田さんは，谷江さんに対して，その1室甲を，期間2年，賃料月額7万円で貸すことにした。賃貸借契約書には，「契約を更新する場合には，賃借人は賃貸人に対して，以下の通りの更新料を支払うものとする。①期間を1年とする更新の場合には賃料の1か月分に相当する金額，②期間を2年とする更新の場合には賃料の2か月分に相当する金額」との特約が付されていた。その後，当初の期間の満了が近づいたある日，谷江さんは村田さんに2年の更新を申し出，14万円を支払った。しかし，更新してから2か月後，谷江さんは，転勤のため甲を引き払うことになった。

---

1 民法を適用して消費者を保護することの問題点

(1) **不当な勧誘によって締結した契約に対する詐欺・強迫取消し**　　事業者が消費者に対して詐欺・強迫によって契約を締結させた場合，消費者は民法上，詐欺・強迫を理由として契約を取り消すことができますが，そのためには，消費者は，事業者に「二段（二重）の故意」〔→12〕があったことを立証しなければいけません。

(2) **不当な契約条項**　　▶付合契約 ＝ 一方当事者（約款使用者）が作成した契約条件を，相手方がそのまま飲んで契約を締結するか，または締結しないかの自由しか有していない契約

▶定型約款 ＝ ある特定の者が不特定多数の者を相手方として行う取引であって，その内容の全部または一部が画一的であることがその双方にとって合理的なもの（定型取引）において，契約の内容とすることを目的としてその特定の者により準備された条項の総体

付合契約では，大量の定型的取引を迅速かつ効率的（＝安価）に行うことができる反面，相手方（とくに消費者）は，その目的物・主たるサービス内容や価格については関心があっても，その他の契約条件には関心がなく，そもそも認識していないこともままあるので，不利な内容の契約を締結させられることがあります。

平成29（2017）年の民法の改正により，不当な契約条項を規制する規定（548条の2第2項）が置かれましたが，あくまで独立・対等な当事者間における取引を前提としているため，相手方の不利となる条項を無効にすることは容易ではありません〔→2〕。

2 消費者契約法　　▶消費者契約 ＝ 消費者と事業者との間で締結される契約

▶消費者 ＝ 個人。ただし，事業としてまたは事業のために契約の当事者となる場合におけるものを除く

▶事業者 ＝ 法人その他の団体，および，事業としてまたは事業のために契約の当事者となる個人

▶事業 ＝ 自己の危険と計算において，一定の目的で同種の行為を反復継続的に行うもので，行為の営利性または当事者の専門性が認められるもの

(1) **消費者契約の意義・消費者契約法による消費者の保護**

消費者契約法は，**消費者と事業者**との間で締結される契約，すなわち**消費者契約**について，消費者と事業者との間の情報の質および量ならびに**交渉力**の格差に鑑み，①事業者の不当な勧誘に基づいて契約を締結させられた消費者に取消権を与え，②消費者の利益を不当に害する条項の効力を否定し，③同種の被害の発生・拡大を防止するため一定の消費者団体に事業者に対する差止請求を認めることにより，「消費者の利益の擁護を図り，もって国民生活の安定向上と国民経済の健全な発展に寄与することを目的と」して制定されました〔→2〕。

　(2)　**不当な勧誘に基づく取消し**　　まず，消費者は，事業者の**不当な勧誘**に基づいて締結してしまった消費者契約を取り消すことができます。具体的には，事業者が，重要事項について事実と異なることを告げたり，将来における変動が不確実な事項について断定的な判断を提供したりする場合（誤認惹起類型）や，消費者の住居や会社を訪問しているときに，退去するよういわれたのに退去しなかったり，逆に消費者が勧誘場所から帰るといっているのに帰らせなかったりする場合（困惑類型），消費者にとって通常の分量・回数・期間を著しく超える契約であることを知っているにもかかわらず，そのような分量等の契約を締結する場合（過量取引）について，当該契約を取り消すことができます（消費契約4条）。消費者契約法の改正により取消しが認められる場合が拡張されており，事業者が消費者の社会生活上の経験不足を利用して，人間関係（恋愛感情）を濫用したり（Case 1），霊感等による知見を用いて不安をあおったりして契約を締結させる場合も，困惑類型の1つとして取り消すことができます。

　もっとも，不当勧誘に基づく契約に新たに利害関係に入った第三者が，当該契約が不当勧誘に基づくものであることについて善意・無過失であるときは，消費者はこの者に対して取消しによる契約の無効を対抗することができません（消費契約4条6項）。

　(3)　**不当条項規制**　　次に，消費者契約法は，事業者の債務不履行または不法行為に基づく損害賠償責任を制限する条項や，消費者の解除権を制限する条項の効力を否定し（消費契約8条・8条の2），消費者が支払う損害賠償または遅延損害金の額を制限します（消費契約9条）。もっとも，このような**不当条項**を網羅的に規定することは不可能であり，将来どのような不当条項が出てくるかも分かりません。そこで，消費者契約法は，一般条項として，消費者の不作為を契約の申込みや承諾とみなす条項，および，民法や商法の任意規定が適用される場合に比べて，消費者の権利を制限したり，義務を加重したりする条項について，信義則（民1条2項）に反して消費者を一方的に害する場合には無効であると規定しています（消費契約10条）。

　Case 2における更新料条項の有効性について，更新料は対価性の乏しい給付であって賃借人を一方的に害するものであるとして無効であると判断する下級審裁判例も少なくありませんでしたが，最高裁は，「更新料は一般に，賃料の補充ないし前払，賃貸借契約を継続するための対価等の趣旨を含む複合的な性質を有するもの」として，「更新料の額が賃料の額，賃貸借契約が更新される期間等に照らし高額に過ぎるなどの特段の事情がない限り」，賃借人を一方的に害するものではなく有効であると判断しました〔→36〕。

【穴埋め問題で確認】
　ある特定の者が不特定多数の者を相手方として行う取引であって，その内容の全部または一部が画一的であることがその双方にとって合理的なものを①＿＿＿といい，その特定の者により準備された契約条項の総体を②＿＿＿という。このような契約は，③＿＿＿と④＿＿＿との間の契約（③＿＿＿契約）において利用される。③＿＿＿と④＿＿＿との間の情報の質および量ならびに⑤＿＿＿の格差により，③＿＿＿にとって不当な契約が締結されることがある。このような場合において，③＿＿＿を保護する法律が⑥＿＿＿である。

［メモ］

【14の解答】①強行規定　②目的　③取引の安全　④公平　⑤公序良俗　⑥無効

【Case】——履行は同時にして欲しいと主張できますか

　渡辺さんと瀧さんは，渡辺さん所有の土地を5000万円で瀧さんに売るという契約を締結した。その後，瀧さんは，代金を支払うことなく，土地の所有権移転登記を求めた。しかし，渡辺さんは，先に登記手続に協力した場合，後から代金を受け取ることができるか心配である。そこで，渡辺さんは，代金の受領と同時に登記手続に協力したいと考えているが，このような主張は認められるだろうか。

1　双務契約　▶双務契約 ＝ 当事者の双方が相互に対価的関係にある債務を負担する契約

(1)　意　義　　契約が有効に成立すると，契約の当事者は意思表示の内容に拘束されます。たとえば，絵画の売買契約では，売主は絵画を引き渡す債務を負担し，買主は代金を支払う債務を負担します。このように，当事者の双方が相互に対価的関係にある債務を負担する契約を**双務契約**といいます。双務契約の例として，売買契約のほか，マンションを借りる賃貸借契約，住宅建築の請負契約などがあります。

　これに対して，当事者の一方のみが債務を負担する契約を**片務契約**といいます。片務契約の典型例として，**贈与契約**があります。たとえば，「自動車をあげる」という贈与契約では，贈与をする者（贈与者）は自動車を引き渡す債務を負担しますが，贈与を受ける者（受贈者）は債務を負担しません。

(2)　特　徴　　▶双務契約の牽連性 ＝ 双務契約において両当事者の債務がある関係でつながっていること

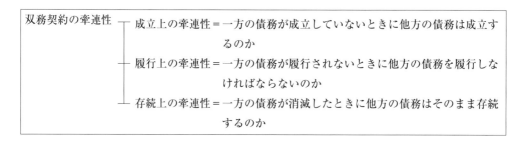

　双務契約における両当事者の債務は対価的関係にあるため，それらの間には特別な関係を認める必要があります。この関係のことを**牽連性**または**牽連関係**といいます。牽連とは，ある関係でつながっているという意味です。双務契約の牽連性には，成立，履行，存続の3つの牽連性があります。

　成立上の牽連性は，原始的不能の問題として412条の2第2項が規定しています。たとえば，すでに滅失した建物の売買契約を締結したとき，売主の債務（建物引渡債務）を履行することはできません。この場合，買主の代金支払債務はどうなるのでしょうか〔→17〕。

　履行上の牽連性は，同時履行の抗弁権の問題として533条が規定しています。**Case**では，瀧さんの代金支払債務が履行されないときに渡辺さんの登記移転債務を履行しなければならないのでしょうか。この点は次の2を参照してください。

　存続上の牽連性は，危険負担の問題として536条が規定しています。たとえば，建物の売買契約締結後に建物が滅失したとき，買主の代金支払債務はそのまま存続するのでしょうか〔→18〕。

　双務契約の特徴を理解するうえで，成立・履行・存続上の牽連性は大変重要です。具体的な問題場面をふまえながら，双方の債権債務がどうなっているのか，理解を深めるようにしてください。

2　同時履行の抗弁権

(1)　意　義　　▶同時履行の抗弁権 ＝ 相手方が債務の履行を提供するまで，自己の債務の履行を拒む権利

　双務契約の当事者は，相手方が債務を履行するまで自己の債務を履行しないと主張することができます。このような主張をする権利を同時履行の**抗弁権**といいます（533条）。「抗弁権」というのは，相手方の請求を拒む権利のことです。同時履行の抗弁権は，両当事者の債務が対価的関係にあるときに，自己の債務を履行

しないで相手方の債務の履行だけを請求するのは当事者の公平に反するという考えに基づく制度です。

　渡辺さんは，瀧さんが債務の履行を提供する（5000万円を支払う）まで，自己の債務（登記移転債務）の履行を拒むことができます。先に登記手続に協力した場合に，後から代金を受け取ることができるのか心配であれば，渡辺さんは，代金の受領と同時に登記手続に協力するという同時履行の抗弁権を主張すれば良いのです。

(2)　要　　件　　▶同時履行の抗弁権の要件 ＝ ①相対立する債務について，②相手方の債務が弁済期にあり，③相手方が履行を提供しないで履行を請求してきたこと

(3)　効　　果　　▶同時履行の抗弁権の効果 ＝ ①双務契約の当事者の一方は，自己の債務の履行を適法に拒絶することができる，②履行遅滞の責任を負わない

　同時履行の抗弁権を行使すると，自己の債務の履行を拒絶することができます。もし，瀧さん（原告）が土地の所有権移転登記を求める訴訟を提起したときに，渡辺さん（被告）が同時履行の抗弁権を行使した場合，裁判所はどのように判断するのでしょうか。裁判所は，瀧さんの請求を棄却するのではなく，「被告は，原告から5000万円の支払を受けるのと引換えに，原告に対し，土地の所有権移転登記手続をせよ」という形で判決を下すことになります。これを引換給付判決といいます。

　また，同時履行の抗弁権が認められると，履行遅滞の責任（412条）を負わないという効果が生じます〔→23以下〕。履行遅滞に陥ると相手方から契約を解除されたり損害賠償を請求されたりするおそれがありますが，それらを防ぐことができます。

　なお，当事者のどちらかの債務を先に履行することを合意していた場合に，先履行をすることに合意した債務者は同時履行の抗弁権を主張できません。先に履行することに合意して同時履行の抗弁権を主張しないことを明確にしているからです。代金支払いよりも移転登記手続を先にするとの特約があるときは，渡辺さんは瀧さんから代金の支払いを受けていない場合であっても，移転登記手続を拒むことはできません。

【穴埋め問題で確認】

1　双務契約　　双務契約とは，当事者の双方が①____的関係にある債務を負担する契約のことをいう。双務契約には，自動車を売るといった②____契約のほか，賃貸借契約，請負契約などがある。これに対して，贈与契約のように，当事者の一方のみが債務を負担する契約を③____という。双務契約においては，成立，④____，存続の局面で牽連性が問題となる。

2　同時履行の抗弁権　　同時履行の抗弁権とは，相手方が債務を履行するまで，自己の債務の履行を拒む権利である。他方が履行しないにもかかわらず一方だけを履行させるのは⑤____に反するからである。同時履行の抗弁権が認められると，引渡期限を過ぎたとしても，⑥____の責任を負わないという効果が生じる。具体的には，相手方から契約を⑦____されたり損害賠償を請求されたりするのを防ぐことができる。裁判において同時履行の抗弁権が主張された場合には，⑧____判決になる。

［メモ］

---

17 買った物が契約の前から壊れていたらどうなりますか
▶原始的不能，不能の分類

【Case】──存在しない別荘の売買は有効ですか

　谷江さんと中山さんは，谷江さん所有の軽井沢の別荘を3000万円で中山さんに売る契約を締結した。また，登記手続と代金支払は後日に行うことで合意した。しかし，その別荘は売買契約締結の前日に火災により焼失していた。そこで，中山さんは，別荘の引渡しを諦めて，その代わりに損害賠償を求めたいと考えている（現在，建築費の上昇により，同程度の別荘は3500万円で取引されている）。中山さんの請求は認められるだろうか。

1　履行不能の分類　　▶履行不能 = 債務の履行が不能なこと

　(1)　**意　義**　　履行不能は，引き渡すべき目的物が滅失したという**物理的不能**の場合に限られません。債務の履行が不能であるかどうかは，①契約その他の債務の発生原因および②取引上の社会通念に照らして判断されます（412条の2第1項）。①は，契約の内容，性質，目的，契約締結に至る経緯などを考慮するという趣旨です。また，②は，その種の取引において一般的に共有されている社会常識を考慮するという趣旨です〔→23〕。

　履行不能の例として，Case のような物理的不能の場合のほかに，目的物の取引が法律で禁止されたとき，土地の売主が目的物を第三者に譲渡して移転登記をしたときなどがあります。

　(2)　**履行不能と履行請求**　　債務の履行が不能であるときは，債権者は，その債務の履行を請求することはできません（412条の2第1項）。債務の履行が不能である以上，その履行請求を認めることに意味はないからです。これは，債務の履行請求権には一定の限界があることを確認する規定です。

　(3)　**原始的不能とは**　　▶原始的不能 = 法律行為の成立以前に，債務の履行が不能なことが確定していること

　谷江さんと中山さんは別荘の売買契約を締結しましたが，売買契約成立前の時点ですでに別荘が焼失しており，別荘を引き渡すことはできないという状態になっています。このように契約成立の前に履行不能が確定している場合を原始的不能といいます。

　(4)　**後発的不能とは**　　▶後発的不能 = 法律行為の成立後の事情により，債務の履行が不能になること

　Case とは順番が異なり，売買契約成立の後に別荘が焼失することも考えられます。このように契約成立後の事情により債務の履行が不能になる場合を後発的不能といいます。後発的不能は，原始的不能の対となる概念です。

2　原始的不能の法的取扱い　　▶原始的不能の契約は無効であると考えられてきた

　(1)　**成立上の牽連性**　　双務契約の牽連性には，成立上の牽連性・履行上の牽連性・存続上の牽連性の3つがあります〔→16〕。Case のような原始的不能の場面では，成立上の牽連性が問題となっています。具体的には一方の債務（別荘の引渡債務）が成立していないときに他方の債務（3000万円の支払債務）は成立するのかという問題です。この点について，平成29（2017）年改正前と改正後の変遷をみていくことにします。

　(2)　**改正前の取扱い──無効構成**　　改正前の民法には明確な規定が存在しませんでしたが，解釈上，原始的不能の契約は無効であるとされてきました。最初から履行することができないような契約は無意味であると考えられたからです。

　しかし，原始的不能の原因が当事者の一方に存在するような場合にはどうでしょうか（たとえば，谷江さんの防火管理に不備があったため，火災が発生し別荘が焼失したような場合）。契約を無効として扱うと債権者は契約上の責任を追及することができなくなります。そこで，原始的不能の契約を有効として扱うべきという批判がなされてきました。

　(3)　**改正後の取扱い──有効構成**　　▶履行不能と損害賠償請求 = 履行不能の場合は債務不履行による損害賠償を請求することができる（412条の2第2項）

　412条の2第2項は，「契約に基づく債務の履行がその契約の成立の時に不能であったことは，第415条の

規定によりその履行の不能によって生じた損害の賠償を請求することを妨げない」と定めています。同項の「第415条の規定」は、債務不履行による損害賠償に関する規定であり、412条の2第2項は、原始的不能の契約の場合にも契約上の義務違反があったときの問題として取り扱っています。この点で、改正後の民法は、原始的不能の場合であっても契約は有効であるとの考え方を前提としているということができます。

3　Caseのまとめ

　谷江さん所有の別荘は火災により焼失しているため、これを引き渡すことは不可能です。したがって、中山さんは別荘の引渡しを請求することはできません（412条の2第1項）。

　原始的不能の場合であっても、債権者は、債務の履行に代わる損害賠償の請求をすることができます（412条の2第2項）。そこで、中山さんは、別荘の引渡しに代わる損害賠償として、別荘の時価相当額（3500万円）の支払いを請求することが考えられます。もっとも、中山さんは売買代金3000万円を支払う債務を負担しています。したがって、それらの差額である500万円の限度で損害賠償が認められることになります〔→26〕。

　これに対して、谷江さんは、火災による別荘の焼失が自己の責めに帰することができない事由によるものであることを立証して、損害賠償義務を免れることができます（415条1項ただし書）。自己の責めに帰することができない事由として、第三者の放火により別荘が焼失した場合などが考えられます。

【穴埋め問題で確認】
1　履行不能の分類　　債務の履行が不能なことを履行不能という。履行不能は、引き渡すべき目的物が滅失したという①＿＿の場合に限られない。履行が不能であるかどうかは、②＿＿その他の債務の発生原因および取引上の社会通念に照らして判断される。③＿＿とは、法律行為の成立以前に、債務の履行が不能なことが確定していることをいう。これに対して、④＿＿とは、法律行為の成立後の事情により、債務の履行が不能になることをいう。
2　原始的不能の法的取扱い　　平成29（2017）年改正前の民法の下では、解釈上、原始的不能の契約は⑤＿＿であるとされてきた。これに対して、改正後の民法は、原始的不能の契約が⑥＿＿であることを前提としている。履行不能の場合に、債権者はその債務の履行を⑦＿＿することはできないが、原始的不能であることに基づく⑧＿＿賠償を請求することができる旨の規定が置かれている（412条の2第2項）。

［メモ］

【16の解答】①対価、②売買、③片務契約、④履行、⑤公平、⑥履行遅滞（「債務不履行」でもよい）、⑦解除、⑧引換給付

18 買った物が受け取る前に壊れていたらどうなりますか
▶特定物債権・種類債権，危険負担

【Case】──中古自動車の損壊

　村田さんと大西さんは，5月15日，村田さん所有の中古自動車を代金150万円で大西さんに売る合意をした。引渡しは6月1日を予定していたが，5月20日に発生した事故で自動車は完全に壊れてしまった。そのため引渡しは履行不能となった。以下の場合，法的にどのような処理がなされるのだろうか。
　①落雷により自動車が損壊した。
　②大西さんが自動車の試乗をしたところ，運転ミスにより電柱と衝突して自動車を損壊させた。

1　特定物債権と種類債権

(1)　特定物債権　▶特定物 ＝ 取引において当事者が特に指定した物

　　　　　　　　▶特定物債権 ＝ 特定物の引渡しを内容とする債権

　　　　　　　　▶特定物債務 ＝ 特定物の引渡しを内容とする債務

　特定物債権は，取引において当事者が特に指定した物の引渡しを内容とする債権です。村田さん所有の中古自動車は，当事者が特に指定した物なので特定物に当たります。大西さんは，売買契約により自動車の引渡しを内容とする特定物債権を取得します。これに対して，村田さんは，売買契約により自動車の引渡しを内容とする特定物債務を負います。

　　　　▶善良な管理者の注意義務 ＝ その人の職業や社会的地位等から考えて一般的に要求される程度の注意義務のこと

　特定物の引渡しの場合，債務者は，その引渡しをするまで善良な管理者の注意をもってその物を保存しなければなりません（400条）。この義務のことを善管注意義務といいます。村田さんは，自動車の引渡しをするまでその保存について善管注意義務を負います。また，特定物の引渡しをするときは，契約等に照らしてその引渡しをすべき時の品質を定めることができないときは，その引渡しをすべき時の現状でその物を引き渡さなければなりません（483条）。

(2)　種類債権　▶種類物 ＝ 一定の種類に属する物

　　　　　　　　▶種類債権 ＝ 一定の種類に属する物の一定量の給付を目的とする債権（不特定物債権ともいう）

　　　　　　　　▶種類債務 ＝ 一定の種類に属する物の一定量の給付を目的とする債務（不特定物債務ともいう）

　ビール1ダースの引渡し，米60kgの引渡しを目的とする債権などが種類債権の例です。どのような品質の物を給付すべきかは，契約の性質または当事者の意思によって決まるのが通常です。それでも決めることができないときは，債務者は，中等の品質を有する物を給付しなければなりません（401条1項）。

　債務者が物の給付をするのに必要な行為を完了し，または債権者の同意を得てその給付すべき物を指定したときは，以後その物が債権の目的物となります（401条2項）。これを種類物の特定といいます。たとえば，米60kgの注文を受けた業者が，指定された日時・場所に所定量の米を持参すれば，その米が債権の目的物となります。

　特定物の場合には，全く同じ物は存在しないため，その物が何らかの理由で滅失すると，履行することができなくなります（履行不能）。これに対して，種類物は，一定の種類に属する物です。たとえば，ある銘柄のアイスクリームを一定量給付することを約したところ，債務者が工場で製造していたアイスクリームを温度管理ミスで溶かしてしまったとしても，同銘柄のアイスクリームを製造することはできます。このような特定物と種類物の性格の相違から，法的に異なった取扱いがなされているのです。

2　危険負担　▶危険負担 ＝ 双務契約における一方の債務を履行することができなくなった場合，

　　　　　　　　　　　　　　その債権者は自己の債務の履行を拒絶できるかという問題のこと（536条）

(1)　意　義

　双務契約の牽連性には，すでに説明した成立上の牽連性（→17），履行上の牽連性（→16）のほかに，存続上の牽連性があります。Caseでは，一方の債務（村田さんの中古自動車引渡債務）が消滅したときに他方の債

務（大西さんの代金支払債務）はそのまま存続するのかが問題となっています。この点と関連するものとして危険負担という制度があります。

（2）**双方に帰責事由がない場合**　　▶ 当事者双方の責めに帰することができない事由による場合 ＝ 債権者は，反対給付の履行を拒むことができる（536条1項）

　存続上の牽連性に関して，民法は，一方の債務が消滅したときに他方の債務はそのまま存続するとの考え方を採用しています。したがって，村田さんの中古自動車引渡債務が消滅しても，大西さんの代金支払債務は消滅せず存続します。代金支払債務を消滅させるためには契約を解除する必要があります。それでは，契約の解除がなされる前に，村田さんが大西さんに対して代金150万円の支払いを求めた場合，大西さんはどのような手段をとることができるでしょうか。Case①の場合，落雷による自動車の損壊ですから，どちらの当事者にも帰責性はありません。このように，当事者双方の責めに帰することができない事由によって債務を履行することができなくなったときは，債権者（履行不能となった債務の債権者を指します）である大西さんは，反対給付の履行（代金150万円の支払い）を拒むことができます。これを履行拒絶権といいます。

（3）**債権者に帰責事由がある場合**　　▶ 債権者の責めに帰すべき事由による場合 ＝ 債権者は，反対給付の履行を拒むことができない（536条2項）

　債権者に帰責事由がある場合，債権者は，反対給付の履行を拒むことができません。債権者が履行不能の原因を作り出した以上，反対給付の履行拒絶を認めるのは妥当でないからです。Case②の場合，大西さんの運転ミスで自動車が損壊しています。債権者（大西さん）の責めに帰すべき事由で自動車の引渡しが履行不能となっています。そのため，債権者（大西さん）は，反対給付の履行（代金150万円の支払い）を拒むことができません。

【穴埋め問題で確認】

1　**特定物債権と種類債権**　　取引において当事者が特に指定した物を①＿＿＿という。①＿＿＿の引渡しの場合，債務者は善良な管理者の注意をもって，その物を保存しなければならない義務を負っている。この義務のことを②＿＿＿という。これに対して，一定の種類に属する物の一定量の給付を目的とする債権を③＿＿＿という。③＿＿＿の場合，債務者が物の給付をするのに必要な行為を完了するなどすれば，以後その物が債権の目的物となる。これを④＿＿＿という。

2　**危険負担**　　危険負担とは，⑤＿＿＿契約における一方の債務を履行することができなくなった場合，その債権者は自己の債務の履行を拒絶できるかという問題である。双方に帰責事由がない場合，債権者は，反対給付の履行を拒むことが⑥＿＿＿。これに対して，債権者に帰責事由がある場合，債権者は，反対給付の履行を拒むことが⑦＿＿＿。

［メ　モ］

【17の解答】①物理的不能，②契約，③原始的不能，④後発的不能，⑤無効，⑥有効，⑦請求，⑧損害

【Case】——銀行が窃盗犯に預金を払戻したら無効になりますか

　野々村さんはA銀行に50万円の普通預金を保有していたところ，何者かに預金通帳と印鑑を盗まれた。その犯人は，盗んだ預金通帳と印鑑をA銀行の窓口に持ち込み，野々村さんになりすまして預金の全額を引き出した。被害に気づいた野々村さんは，窃盗の犯人に対する弁済（預金の払戻し）の無効を主張して，自己に対する50万円の払戻しをA銀行に求めたいと考えている。この請求は認められるだろうか。

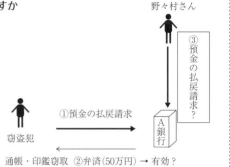

1　弁　済

(1)　意　義　　▶弁済 ＝ 債務の本旨に従った給付をし，債権を消滅させる行為

　弁済は，物品の引渡し，代金の支払い，役務の提供など，債権の内容を実現させることを意味します。弁済と履行の意味は同じですがニュアンスは異なります。履行は債権の内容である給付を実現させるという行為を指すのに対して，弁済はそれによって債権が消滅するという効果に主眼を置いています。弁済は，債権の本来的な消滅原因です（473条）。

　また，弁済の場所について，特定物の引渡しは債権発生の時にその物が存在した場所，その他の弁済は債権者の現在の住所とされています（484条1項）。ほかにも，弁済の時間（484条2項），弁済の費用（485条）といった弁済に関する規定が置かれています。484条2項は，「法令又は慣習により取引時間の定めがあるときは，その取引時間内に限り，弁済をし，又は弁済の請求をすることができる」と規定しています。また，485条は，「弁済の費用について別段の意思表示がないときは，その費用は，債務者の負担とする。ただし，債権者が住所の移転その他の行為によって弁済の費用を増加させたときは，その増加額は，債権者の負担とする」と規定しています。これらは任意規定ですので，契約で異なる定めをすることもできます。

(2)　代物弁済　　▶代物弁済 ＝ 本来の給付に代えて他の給付をすること

　代物弁済をするためには，債権者と弁済者との間で合意をする必要があります。本来の給付をすることが原則である以上，債権者の合意なく他の給付で本来の給付に代えることは，債権者の利益を害するおそれがあるからです。この合意を代物弁済契約といいます。また，代物弁済による債務消滅の効果は，本来の給付に代わる他の給付をしたときに生じます（482条）。たとえば，50万円の債務に代えて所有する絵画の譲渡をもって代物弁済をする場合，その絵画を引き渡すことによって債務は消滅します。

2　弁済の当事者

(1)　第三者弁済　　▶第三者弁済 ＝ 第三者が債務者に代わって弁済すること

　債務の弁済は，第三者もすることができます（474条1項）。これを第三者弁済といいます。第三者弁済の例として，保証人や窮状（きゅうじょう）を見かねた友人などが，本人の代わりに借金を返済する場合をあげることができます。

　しかし，債務の性質が第三者弁済を許さないとき，または当事者が第三者弁済を禁止・制限する旨の意思表示をしたときは，第三者は弁済をすることができません（474条4項）。債務の性質上，第三者弁済が許されない例として，芸術作品の創作，有名演奏家による演奏などがあります。また，弁済をするについて正当な利益を有する者でない第三者は，原則として債務者または債権者の意思に反する弁済をすることができません（474条2項・3項）。

(2)　弁済による代位　　▶弁済による代位 ＝ 債務者のために弁済をした者が，債権者に代位すること（499条）

　債権者に代位した者は，債権の効力および担保としてその債権者が有していた一切の権利を行使すること

ができます（501条1項）。また，同項の規定による権利の行使は，債権者に代位した者が自己の権利に基づいて債務者に対して求償をすることができる範囲内に限り，することができます（同条2項）。たとえば，保証人は，主たる債務者に代わって弁済をしたときに求償権を取得しますが（459条等），その求償権を確保するため，債権者に代位することができます。

(3) 受領権限のない者に対する弁済 ▶受領権者 ＝ 債権者および法令の規定または当事者の意思表示によって弁済を受領する権限を付与された第三者のこと

▶受領権者としての外観を有する者 ＝ 受領権者以外の者であって，取引上の社会通念に照らして受領権者としての外観を有する者

Case では，野々村さんの預金通帳と印鑑を盗んだ犯人は，野々村さんの預金50万円の払戻しを受領する権限を有していません。したがって，A 銀行のした弁済は無効になるのが原則です。

受領権者としての**外観**を有する者に対する弁済は，その弁済をした者が善意であり，かつ，過失がなかったときに限り，その効力を有します（478条）。たとえば，預金通帳と印鑑の持参人は，正当な受領権限を有する預金者にみえるので，「受領権者としての外観を有するもの」にあたります。このとき，銀行が善意・無過失であれば，その者に対する預金の払戻しは有効となります。弁済が有効と認められると預金債権は消滅することになります。なお，善意とは，預金払戻しの権利を持つ者ではないことを知らないということです。

A 銀行が窃盗の犯人を過失なく受領権者と信じて弁済をしたときは，野々村さんは A 銀行から50万円の払戻しを受けることができなくなります。その場合には，野々村さんは，窃盗の犯人に対して不法行為に基づく損害賠償を請求するほかありません。

受領権者としての外観を有する者の例として，債権者の代理人であると偽って債権を行使する者（詐称代理人），受取証書の持参人などをあげることができます。

上記では，A 銀行が善意・無過失の場合の法的取扱いを説明しました。A 銀行が善意であっても過失があった場合（善意・有過失）または悪意の場合には A 銀行の払戻しは無効です。したがって，野々村さんは A 銀行から50万円の払戻しを受けることができます。

A 銀行	払戻し
善意・無過失	有効
善意・有過失	無効
悪意	無効

【穴埋め問題で確認】

1 **弁済** 弁済は，債権の本来的な①____原因である。これに対して，②____は，債務の内容である給付を実現するという行為を指す概念である。③____とは，本来の給付に代えて他の給付をすることをいう。

2 **弁済の当事者** 債務の弁済は，第三者もすることができるが，債務の④____が第三者弁済を許さないときなどには，第三者は弁済をすることができない。債務者のために弁済をした者が，債権者に代位することを⑤____という。

ほかにも，弁済の当事者に関して，受領権限のない者に対する弁済の効力をどう考えるのかが問題となる。弁済受領権限がない者に対する弁済でも，取引上の社会通念に照らして受領権者としての⑥____を有する者に対する弁済は，弁済者が⑦____であり，かつ，⑧____がなかったときに限り，有効となる。

［メモ］

【18の解答】①特定物，②善管注意義務，③種類債権（不特定物債権），④種類物の特定，⑤双務，⑥できる
　　　　　⑦できない

20 売った物を届けたのに相手が不在だったら
　　▶弁済の提供，受領遅滞，弁済供託

【Case】——貸主が借金の返済を受け取らなかったらどうなりますか

　渡辺さんは，中山さんから無利息で10万円を借り受けた。

　①渡辺さんは，返済期日に10万円を用意して中山さんの自宅を訪れたところ不在であった。

　②中山さんは，貸したのは20万円だからその全額でなければ受け取らないと言っている。

1　弁済の提供

　(1)　意　義　　▶弁済の提供 ＝ 債務者が給付の実現に必要な準備をして債権者に協力を求めること

　　　　　　　　　　弁済の提供には，現実の提供と口頭の提供がある

　　　　　　　▶弁済の提供の効果 ＝ 債務者は，弁済の提供の時から，債務を履行しないことによって生ずべき責任を免れる

　(2)　現実の提供　　▶現実の提供 ＝ 債務者が，債務の本旨に従い，債権者が受領しさえすれば弁済となる程度にまで現実に給付行為を行って，債権者にその受領を求めること

　債務者は，弁済の提供の時から，債務を履行しないことによって生ずべき責任を免れます（492条）。弁済の提供は，債務の本旨に従って現実にしなければならないのが原則です（493条本文）。これを現実の提供といいます。**Case**①のように，返済期日に10万円を用意して中山さんの自宅を訪れれば，**現実の提供**をしたといえます。しかし，現実の提供をしたとしても，債権者が不在の場合など，弁済ができない場合もあります。その場合に，弁済ができなかったことによって生じる責任を債務者に負わせるのは酷です。このような理由から492条は，債務者の責任を免れさせる規定を置いているのです。したがって，訪問の時に中山さんが不在で返済期日に弁済できなかったとしても，渡辺さんは債務不履行（この例の場合，履行遅滞）の責任を負うことはありません。

　Caseでは借金の返済場面を取り上げましたが，ほかにも，売った物や製作依頼を受けた洋服を届けたのに相手が不在だった場合など，さまざまな場合が考えられます。

　(3)　口頭の提供　　▶口頭の提供 ＝ 弁済の準備をしたことを債権者に通知してその受領を催告すること

　債権者があらかじめ弁済の受領を拒んでいるとき，または債務の履行について債権者の行為を要するときは口頭の提供でよいとされています（493条ただし書）。**Case**②では，債権者である中山さんは，あらかじめ10万円の受領を拒んでいます。したがって，渡辺さんは，10万円の返済の準備をしたことを中山さんに通知してその受領を催告すれば，弁済の提供をしたことになり，その時から債務を履行しないことによって生ずべき責任を免れます。

　なお，弁済の提供の効果は，債務を履行しないことによって生ずべき責任を免れるものであって，債権自体を消滅させるわけではない点に注意が必要です。したがって，**Case**①および②の場合，弁済の提供が認められたとしても，債権者（中山さん）の債権は消滅しません。

2　受領遅滞

　(1)　意　義　　▶受領遅滞 ＝ 債務者が弁済の提供をしたにもかかわらず，債権者が，その受領を拒み，またはその受領をすることができないこと

　1では弁済の提供を説明しましたが，債権者がその受領を拒みまたはその受領をすることができないことを受領遅滞といいます。

　(2)　受領遅滞の効果　　民法は，受領遅滞の効果として，注意義務，履行費用，履行不能の3つの問題に分けて規定を置いています。弁済の提供をした債務者，受領遅滞をした債権者間のバランスを図り，債務者の責任を軽減する必要があるからです。

　第1に，注意義務についてです。債務の内容が特定物の引渡しであるときは，債務者は目的物の保存について善管注意義務を負います〔→18〕。しかし，債権者が受領を拒み，または受領をすることができないと

きに債務者に重い負担を課すのは公平の観点から妥当ではありません。そのため，債務者は，弁済の提供をした時からは，自己の財産に対するのと同一の注意をもって物を保存すれば足りるとされています（413条1項）。これは善管注意義務と比べて軽い注意義務ですから，債務者の責任は軽減されていることになります。第2に受領遅滞によって履行の費用が増加した場合には，その増加額は債権者の負担となります（同条2項）。第3に受領遅滞中の履行不能について当事者双方に帰責事由がないときは，その履行不能は債権者の帰責事由によるものとみなされます（413条の2第2項）。

3　弁済供託

(1)　要　件　　　▶弁済供託 ＝ 法令の規定により，金銭や物品等を供託所または一定の者に寄託すること

　　　　　　　　　▶弁済供託の要件 ＝ ①弁済の提供をした場合において，債権者がその受領を拒んだとき，②債権者が弁済を受領することができないとき，③過失なく弁済者が債権者を確知することができないとき，のいずれかに該当すること（494条1項・2項）

　　　　　　　　　▶供託所 ＝ 金銭などを預かり，その保管をする機関であり，全国の法務局や地方法務局などに設置されている

(2)　効　果　　　▶弁済供託の効果 ＝ 弁済者が供託をした時に，その債権は，消滅する（494条1項）

　Case②では，債権者である中山さんは，あらかじめ10万円の受領を拒んでいます。前述しましたように，この場合には，口頭の提供で足りるとされています。しかし，弁済の提供は，債権自体を消滅させるわけではなく，債務不履行責任を否定するものにすぎません。

　渡辺さんとしては，10万円を弁済して中山さんの貸金債権を消滅させたいと考えるのが一般的です。弁済供託は，債権を消滅させる点に特徴があります。渡辺さんは，口頭の提供をすることにより弁済供託の要件①をみたした上で，法務局などに設置されている供託所で10万円を供託して中山さんの貸金債権を消滅させることができます。

　弁済の目的物または競売代金が供託された場合に，債権者は，供託物の還付を請求することができます（498条1項）。これを供託物還付請求権といいます。

　なお，債務者が債権者の給付に対して弁済をすべき場合には，債権者は，その給付をしなければ，供託物を受け取ることはできません（同条2項）。

【穴埋め問題で確認】
1　**弁済の提供と受領遅滞**　　弁済の提供とは，債務者が給付の実現に必要な準備をして①＿＿＿に協力を求めることをいう。弁済の提供は，②＿＿＿の提供が原則である。これに対して，口頭の提供は，債権者が，弁済の準備をしたことを債権者に通知してその受領を③＿＿＿することによって，弁済の提供を行うことである。債権者があらかじめ弁済の受領を拒んでいるとき，債務の④＿＿＿について債権者の行為を要するときに，口頭の提供による提供方法が認められている。
　　また，受領遅滞の効果として，⑤＿＿＿の財産に対するのと同一の注意をもって，その物を保存すれば足りる，履行の⑥＿＿＿増加額は債権者の負担となるなどの規定が置かれている。
2　**弁済供託**　　供託は，弁済の提供をした場合において，債権者がその受領を拒んだとき，債権者が弁済を受領することができないとき，過失なく弁済者が債権者を⑦＿＿＿することができないとき，のいずれかに該当する場合にすることができる。供託者が供託をしたときに，その債権は，⑧＿＿＿する。供託された場合に，債権者は供託物の⑨＿＿＿を請求することができる。

［メモ］

【19の解答】①消滅，②履行，③代物弁済，④性質，⑤弁済による代位，⑥外観，⑦善意，⑧過失

21 複数の人で結んだ契約（債権・債務）はどうなりますか
▶多数当事者の債権債務関係

【Case】——債権者や債務者が複数いたらどういう関係になりますか

①谷江さんと瀧さんは，共同で白須さんから100万円を借り受けた。その際，谷江さんは70万円，瀧さんは30万円を返済することを白須さんと約束した。

②谷江さんと瀧さんは，共同で白須さんから100万円を借り受けた。その際，谷江さんと瀧さんは，どちらも全額100万円について返済の責任を持つことを白須さんと約束した。

③谷江さんと瀧さんは，白須さんとの間で，白須さんが所有しているマンションの一室を借りる契約をした。

---

1 多数当事者の債権債務関係　　▶多数当事者の債権債務関係 ＝ 同一の給付を目的とする債権関係において，数人の債権者または債務者がいる場合のこと

　契約などの成立によって発生する債権・債務については，債権者，債務者ともに1人ずつの場合もあれば，債権者または債務者が複数となる場合もあります。後者の場合を多数当事者の債権債務関係といいます。数人で金銭を借りる Case ①および Case ②のほかにも，マンションの一室を数人で借りる Case ③，1台の車を数人で購入するなど，さまざまなケースが考えられます。

　2以下では，多数当事者の債権債務関係の場合として，分割債権・債務，連帯債権・債務，不可分債権・債務を順に説明していきます。なお，債務引受けも，多数当事者が関係しますので，次の〈補足〉で整理しておきます。

〈補足〉　　▶債務引受け ＝ 債務をその同一性を保持したままで引受人に移転する契約のこと

　　　　　▶免責的債務引受け ＝ BのAに対する債務をCが引き受けてAに対する債務者となり，Bが債務を免れること（472条以下）

　　　　　▶併存的債務引受け ＝ BのAに対する債務を存続させながら新たにCが債務を負うこと（470条・471条）

2 分割債権・債務　　▶分割債権 ＝ 数人の債権者が分割して実現することのできる給付（可分給付）を目的とする債権を有すること

　　　　　　　　　　▶分割債務 ＝ 数人の債務者が分割して実現することのできる給付を目的とする債務を負担すること

　多数当事者の債権債務関係については，分割債権・分割債務が原則とされています。Case ①は，分割債務の例です。白須さんは，谷江さんに対して70万円の返済，瀧さんに対して30万円の返済を求めることができますが，この負担割合を超えて返済を求めることはできません。なお，別段の意思表示がなく，負担割合が不明のときには，各債権者または各債務者は，それぞれ等しい割合で権利を有し義務を負うことになります（427条）。

3 連帯債権・債務

(1) 連帯債権　　▶連帯債権 ＝ 債権の目的がその性質上可分である場合において，法令の規定または当事者の意思表示によって数人が連帯して債権を有すること

　各債権者は，すべての債権者のために全部または一部の履行を請求することができ，債務者は，すべての債権者のために各債権者に対して履行をすることができます（432条）。ABCがDに対して100万円を貸し付け，当事者間でABCの貸金債権を連帯債権とした場合，債権者Aはすべての債権者のためにDに100万円の返還請求ができますし，Dはすべての債権者のためにAに対して100万円の返済をすることができます。

(2) 連帯債務　　▶連帯債務 ＝ 債権の目的がその性質上可分である場合において，法令の規定または当事者の意思表示によって数人が連帯して債務を負担すること

　Case ②では，谷江さんと瀧さんは，100万円の貸付けについて連帯債務を負っています。債権者（白須さん）は，その連帯債務者の1人に対し，または同時にもしくは順次にすべての連帯債務者に対し，全部また

は一部の履行を請求することができます（436条）。

　具体的には，白須さんは，谷江さん1人に対して100万円全額の返済を求めることも，谷江さんと瀧さんに対して同時に100万円の返済を求めることも，谷江さんに60万円の返済を求め，次に瀧さんに40万円の返済を求めることも自由に選択できます。白須さんへの支払額が100万円に達すれば，連帯債務全体が消滅します。また，たとえば，谷江さんが100万円全額を返済すれば，谷江さんは瀧さんに対して負担部分に応じた額の支払い（谷江さんと瀧さんの負担部分が均等である場合は，50万円）を請求できます（442条）。これを連帯債務者間の**求償権**（きゅうしょうけん）といいます。

　なお，他の連帯債務者に通知しないで弁済をした連帯債務者の求償を制限する規定が置かれています（443条）。

4　不可分債権・債務

（1）**不可分債権**　▶不可分債権 ＝ 数人の債権者が同一の不可分給付を目的として有する債権のこと

　Case③では，性質上，マンションを分割して引き渡すわけにはいきません。数人の債権者（谷江さんと瀧さん）が同一の不可分給付（マンションの引渡し）を目的として有する債権なので，**不可分債権**となります。不可分債権については，連帯債権の規定が準用されます（428条）。各債権者はマンションの一室の引渡しを請求することができ，単独でそれを受領することができます。

（2）**不可分債務**　▶不可分債務 ＝ 数人の債権者が同一の不可分給付を目的として負う義務のこと

　友人数名で共有している自動車を売買する場合，数人の債務者（友人数名）が同一の不可分給付（車の引渡し）を目的として負う義務なので，**不可分債務**となります。不可分債務については，連帯債務の規定が準用されます（430条）。各債務者は車の引渡しをする義務を負い，債務者の1人がその債務を履行したときは，すべての債務者の債務が消滅します。

5　保証債務

　民法典では，保証は多数当事者の債権債務関係の中で規定されていますが（446条以下），本書ではChapter19「債権の担保制度」の中で詳しく説明します〔→56〕。

【穴埋め問題で確認】
1　**多数当事者の債権債務関係**　　多数当事者の債権債務関係とは，同一の①___を目的とする債権関係において，数人の債権者または債務者がいる場合のことである。これについては，②___債権・債務が原則である。そのほかにも，連帯債権・債務，③___債権・債務がある。
2　**連帯債務**　　連帯債務は，債務の目的がその性質上④___である場合を対象としており，債権者は，その連帯債務者の1人に対し，または⑤___にもしくは⑥___にすべての連帯債務者に対し，履行を請求することができる。連帯債務者の1人が弁済した場合，その連帯債務者は，ほかの連帯債務者に対して⑦___する権利を有する。③___債権・債務については，連帯債権・債務の規定が⑧___される。

［メモ］

22 お互いに借金を負っていれば実際に現金を支払わずに済みますか
▶相殺の意義，要件（相殺適状など）

【Case】——お互いの債務を消滅させる簡潔な方法はありますか

大西さんは，野々村さんに対して100万円の貸金債権を有している。他方，野々村さんは，大西さんに対して100万円の売買代金債権を有している。それぞれが自己の債務を弁済してもよいが，それ以外の方法はないだろうか。

大西さん　　貸金債権（→ 自働債権）　　野々村さん

相殺

売買代金債権（→ 受働債権）

1　相殺とは
▶相殺 ＝ 一方の意思表示によって対当額について債務を消滅させること

▶自働債権 ＝ 相殺をしようとする側の債権者の債権

▶受働債権 ＝ 相殺をされる側の債権者の債権

(1) 相殺の機能　　相殺には，以下の3つの機能があります。

第1に，**簡易な決済機能**です。大西さんは，野々村さんに対して100万円の貸金債権を有しており，野々村さんは，大西さんに対して100万円の売買代金債権を有しています。この際に，それぞれが自己の債務の履行として100万円を弁済し合うのは煩雑です。相殺の意思表示によって債務を免れることにより簡易な決済が可能となります。

第2に，**公平維持機能**です。相殺を認めないと，かりに野々村さんに資力がなければ，大西さんは売買代金債務として100万円を支払わなければならないのに対して，野々村さんからは貸金債権を回収できず不公平な結果となるからです。

第3に，相殺の**担保的機能**です。たとえば，銀行の総合口座では，定期預金残高の一定割合を借りることができます。銀行から貸し付けられた債務の返済ができなくなった場合には，銀行は，顧客に対する貸金債権と顧客が有する預金債権を相殺することにより，貸金債権を回収したのと同様の帰結を導くことができます。これを相殺の担保的機能といいます。

相殺をしようとする側の債権者の債権を自働債権，相殺をされる側の債権者の債権を受働債権といいます。**Case**に即していえば，大西さんが相殺の意思表示をした場合，大西さんの貸金債権を**自働債権**，野々村さんの売買代金債権を**受働債権**といいます。これに対して，野々村さんが相殺の意思表示をした場合，野々村さんの売買代金債権が自働債権，大西さんの貸金債権が受働債権となります。

(2) 相殺と相殺契約　　▶相殺 ＝ 相手方に対する一方的な意思表示によって行われる単独行為

▶相殺契約 ＝ 当事者間で，お互いの債務を消滅させることを目的とする契約

相殺は相手方に対する一方的な意思表示によって行われます。これに対して，当事者間で相殺をする旨の契約（相殺契約）をすることもできます。相殺契約と区別するために，一方的な意思表示による相殺を法定相殺ということもあります。相殺と相殺契約は単独行為か契約かという相違があります。**2**では法定相殺を対象に説明します。

2　相殺の要件・効果

相殺の要件は，積極的に必要とされる一般的要件（**相殺適状**）と，当該事由に該当すると相殺が認められないとされる消極的要件（相殺禁止事由）があります。

(1) 一般的要件　　▶相殺適状 ＝ 相殺をすることができる状態のこと

相殺適状であるといえるためには，次の4つの要件をみたしている必要があります（505条1項）。第1に，2人が互いに債務を負担することです。第2に，双方の債務が**同種の目的**を有することです。たとえば，金銭債権と特定物債権とを相殺することはできません。第3に，双方の債務が**弁済期**にあることです。相殺の相手方（野々村さん）は，自働債権の弁済期が到来するまで弁済しなくてよいので，自働債権の弁済期が到来している必要があります。他方，受働債権（自己の債務）の弁済期が到来していない場合でも，相殺でき

ると考えられています。相殺する側の債権者（大西さん）は受働債権の期限の利益（136条2項）を放棄することができるからです。第4に，双方の**債務の性質**が相殺を許さないものではないことです。たとえば，双方がお互いの似顔絵を描くという債務を負っている場合のように，現実に履行されないと意味がない債務であれば，相殺は許されません。

> ▶**相殺の方法** ＝ 相殺は，当事者の一方から相手方に対する意思表示によってする（506条1項）

> ▶**相殺の効力** ＝ 相殺の意思表示は，相殺適状時にさかのぼって効力を生じる（506条2項）

相殺適状が生じても自動的に相殺が行われるのではありません。一方の当事者が相殺の意思表示をする必要があります。両債権は，相殺の意思表示によって，相殺適状時にさかのぼって対当額で消滅します。これを相殺の遡及効（そきゅうこう）といいます。

> ▶**相殺と時効** ＝ 時効によって消滅した債権がその消滅以前に相殺適状であった場合には，その債権者は，相殺をすることができる（508条）

(2) 消極的要件 ▶**相殺禁止事由** ＝ 相殺によって自己の債務を免れることが認められない事由のこと

相殺禁止事由にあたる場合として，次のものがあります。

第1に，相殺禁止・制限特約がある場合です（①）。それでは，相殺禁止・制限特約のある債権を譲り受けた第三者との関係はどうなるのでしょうか。この点については，相殺禁止・制限特約は，第三者がこれを知り，または重大な過失によって知らなかったときに限り，その第三者に対抗することができるとされています（505条2項）。

第2に，不法行為等により生じた債権を受働債権とする場合（509条）です（②）。人の生命または身体の侵害による損害賠償の債務を受働債権とする相殺は禁止されています（509条2号）。被害者に現実の給付を受けさせる必要性が高いからです。また，不法行為の誘発防止などの観点から，悪意による不法行為に基づく損害賠償の債務の債務者は，相殺をもって債権者に対抗することができません（509条1号）。

第3に，差押禁止債権を受働債権とする場合（510条）です（③）。現実の給付を受けることを確保する必要性が高いからです。差押禁止債権の例として，扶養請求権や年金の受給権などがあります。

第4に，差押えを受けた債権を受働債権とする場合（511条）です（④）。

相殺禁止・制限特約を付けた当事者の意思（①），現実の給付を受けさせる必要性（②・③），差押債権者との利益調整の必要性（④）などの理由から，相殺禁止事由とされているのです。

【穴埋め問題で確認】

1 **相殺の機能** 相殺の機能には，簡易な①＿＿＿機能，②＿＿＿維持機能，③＿＿＿的機能がある。相殺をしようとする側の債権者の債権を④＿＿＿という。

2 **相殺の要件・効果** 相殺適状であるといえるためには，2人が互いに債務を負担すること，双方の債務が⑤＿＿＿の目的を有すること，双方の債務が⑥＿＿＿にあること，双方の債務の⑦＿＿＿が相殺を許さないものではないことという4つの要件をみたしている必要がある。両債権は，相殺の意思表示によって，相殺適状時に対当額で消滅する。

相殺は，相手方に対する一方的な意思表示によって行われる⑧＿＿＿である。また，相殺禁止事由にあたる場合として，⑨＿＿＿等により生じた債権を受働債権とする場合，扶養請求権等の⑩＿＿＿禁止債権を受働債権とする場合などがある。

［メモ］

【21の解答】①給付，②分割，③不可分，④可分，⑤同時，⑥順次，⑦求償，⑧準用

23 商品を買った相手が代金を支払わなければどう対処しますか
▶債務不履行・履行遅滞・履行不能

【Case 1】——購入した車を引き渡してもらえないときはどのような主張ができますか

中山さんは，2月1日に，野々村さんとの間で，野々村さんが自宅で所有する自動車甲を代金200万円で購入する旨の売買契約を締結し，代金支払いおよび甲の引渡しを，ともに4月1日とすることにした。

①中山さんは，4月1日に野々村さんの口座へ200万円の振込を行ったが，野々村さんは甲を引き渡そうとしなかった。

②1月20日に，野々村さんの自宅の裏山で土砂崩れが生じ，自宅ともども甲が押しつぶされていた。

③3月1日に，野々村さんの自宅の裏山で土砂崩れが生じ，自宅ともども甲が押しつぶされた。

【Case 2】——他人に売られた物を取戻せと売主にいえますか

瀧さんは，渡辺さんとの間で，自己の所有する土地甲を代金2000万円で売却する旨の契約を締結した。その後，事情を知らない大西さんが，甲を2500万円で買いたいと申し込んできたので，瀧さんは喜び勇んでこれに応じ，ただちに登記を大西さんに移した。

1 債務不履行の意義　▶債務不履行 = 債務者が債務の本旨に従った履行をしないこと

かつては，ドイツ法の影響のもと，債務不履行には履行遅滞・履行不能・不完全履行（積極的債権侵害）という3つの法定の要件があると解されていました（三分体系）。しかし，現在では，415条の文言通り，債務の本旨に従った履行がないこと（履行できない場合も含む）をもって一元的に解する立場が有力です。この立場は，「債務の本旨」すなわち債務の本来の趣旨を，法律の規定・契約の内容・取引慣行等から明らかにし，債務者の実際の行為がそれに合致しないことをもって債務不履行があると考えます。もっとも，履行遅滞と履行不能は，歴史的にも確立した概念であり，民法典でも履行請求権（412条の2）・損害賠償（415条）・危険負担（536条）・解除（541条・542条）などでその区別がなされていること，またそれら以外の債務不履行が多様であることから，なお整理概念として用いられています。本書でもこの3つを分けて説明します。

2 履行遅滞　▶履行遅滞 = 債務者が債務を履行することが可能であるのに，履行すべき時期（履行期）が来ても履行しないこと

Case 1①が，履行遅滞の例です。いつ履行遅滞に陥るかについては，412条に即して判断されます。412条は，履行期（期限）の有無・内容により，次の3つに分けています。

	履行期	履行遅滞発生時
確定期限のある債務 （事実の発生およびその時点が確実な場合）	期限の到来時	期限の到来時
不確定期限のある債務 （事実の発生は確実だがその時点が不確実な場合）	期限の到来時	債務者が，期限の到来を知った時，または期限到来後に債権者から履行の請求を受けた時
期限の定めのない債務	債務発生時	債務者が履行の請求を受けた時

契約から生じる債務（約定債務）の履行期の有無・内容は，契約の解釈により定まるほか，各契約類型で特則がある場合もあります（例：売買につき573条，消費貸借につき591条など）。

これに対して，法律に基づき生じる債務（法定債務）は，原則として，期限の定めのない債務として成立するので，債務者が債権者から履行の請求を受けた時から履行遅滞となりますが，不法行為に基づく損害賠償義務（709条）〔→59〕は，債権者からの請求がなくても，損害発生と同時に履行遅滞になると解されています。

また，履行期を徒過していても，債務の履行が債権者の協力を必要とする場合で，債権者がその協力をしないときや，債務者が同時履行の抗弁（533条）や留置権（295条）〔→16・55〕を主張できるときは，履行遅滞となりません。

履行遅滞が債務者の責めに帰することができる事由（帰責事由）による場合には，債権者は債務者に対し

て，損害賠償を請求することができます（415条）〔→26・27〕。また，債務者の帰責事由の有無を問わず，所定の事由が付け加わると，債権者は，契約を解除できます（541条・542条）〔→28〕。

3 履行不能　▶履行不能 = 債務の履行が不可能な状態にあること。物理的に履行できる場合であっても，法的に不能と判断されることもある

すでに詳しくみたように〔→17〕ある状態が履行不能と評価されると，債権者は，債務者に対して履行を請求できなくなります（412条の2第1項）。債務の対象が不存在であったり，滅失したりした場合はもちろんですが（物理的不能：Case 1②③），物理的には履行が可能な場合でも，「取引上の社会通念（取引上の社会の常識）」をふまえたうえで，当該契約の趣旨に照らして不能とされる場合があります。たとえば，売買契約の締結後に，目的物の取引が法律で禁止された場合や，特定物売買において，目的物が湖底に落ちて，引き揚げるためには代金額と比べて莫大な費用を要する場合がこれにあたります。Case 2のように，目的物の二重譲渡〔→46〕が行われた場合，一方の買主（大西さん）が対抗要件（不動産の場合には登記）を備えると，目的物（甲）の所有権はこの者に帰属します。このとき，他方の買主（渡辺さん）に対する売主（瀧さん）の所有権移転債務は，甲が存在している以上，売主が所有権を取得した買主から取り戻すことにより，履行される可能性がないわけではありません。しかし，常識的な判断として，対抗要件まで取得した買主が売主の交渉に応じる可能性は高くありません。したがって，一方の買主が所有権を取得した時点で，他方の買主に対する売主の所有権移転債務は不能となったと評価することができます。また，平成29（2017）年改正により，債務者が債務の履行を拒絶する意思を明確に表示したときも，もはや債務の履行が期待できないとして，不能に準じた処理が行われると規定されました（415条2項2号・542条1項2号）。

履行不能に債務者の帰責性がある場合には，損害賠償（415条）〔→26・27〕の問題となり，そうでない場合には危険負担（536条1項）〔→18〕の問題となります。また，債務者の帰責事由の有無を問わず，解除（542条1項1号）も問題となります〔→28〕。

平成29（2017）年改正前には，契約締結時にすでに債務を履行できないことが確定していた場合（原始的不能：Case 1②），契約は無効であると解するのが伝統的な考え方でした。しかし改正により，不能は契約の有効性に影響しないと定められましたので（412条の2第2項），不能の発生時期を問わず，上記のとおり，それに債務者の帰責性がある場合には損害賠償，そうでない場合には危険負担の問題となります。

【穴埋め問題で確認】
　債務の履行が可能であるのに履行すべき時期に履行しないことを①＿＿＿という。期限の定めのない債務の場合には，債務者が②＿＿＿を受けた時から①＿＿＿となる。
　これに対し，債務の履行が不可能な状態にあることを③＿＿＿という。③＿＿＿に債務者の④＿＿＿がある場合には⑤＿＿＿が，ない場合には⑥＿＿＿が問題となる。契約締結時にすでに③＿＿＿であった場合（⑦＿＿＿）でも，このことは変わらない。

［メモ］

【22の解答】①決済　②公平　③担保　④自働債権　⑤同種　⑥弁済期　⑦性質　⑧単独行為　⑨不法行為
　　　　　　⑩差押

24 約束したこと以外にも債務者には守るべきことがありますか
▶その他の債務不履行・効果概観

【Case 1】──約束していない事柄についても債務不履行が問題となる場合がありますか

　谷江さんは，私立瀧高校でサッカー部に所属していたところ，練習試合中に落雷により負傷した。天気予報は突発的な雷雨の可能性を伝えており，試合前から曇り空になっていたが，顧問の村田先生は試合を中止しなかった。

【Case 2】──契約の成立前でも債務不履行が問題となる場合がありますか

　渡辺さんが分譲マンションを建設して買主の募集を始めたところ，歯科医院を開設したい白須さんがこれに応じ，交渉が始まった。ある程度交渉が進んだ段階において，白須さんから，マンションの電気容量に関する問い合わせを受けたので，渡辺さんは，その意向を確かめないまま追加の工事を施した。その後も交渉が続いたが，白須さんは，購入資金の毎月の支払額が多額であることなどを理由に，マンションの買取りを断った。

---

1 不完全履行

（1）給付義務・付随義務　　▶給付義務 ＝ 契約における中心的な義務（例：売買における目的物引渡債務・代金債務）
　　　　　　　　　　　　　　▶付随義務 ＝ 給付義務の実現を準備・配慮・補助する関係にある義務

　付随義務には，目的物を適切に保管する義務や目的物の使用方法を説明する義務など，給付に関連するものと，債務の履行（給付の受領）にあたり互いの生命・身体・財産に損害を加えない義務という，給付に関連しないものとがあります。後者はとくに保護義務と呼ばれています。

（2）給付義務の履行が不完全な場合　　▶債務者の給付はあるが，それが要求された水準をみたさない場合には，債務不履行となる

　医師の診療行為が不適切であったために患者に損害が生じた場合など，契約の解釈により債務者の給付が一定の水準を要求されるものであるにもかかわらず，実際の給付がその水準に達していない場合がこれにあたります。平成29（2017）年改正により，目的物に欠陥があるなど，その品質が契約内容に適合しない場合（562条1項，改正前は瑕疵担保責任の問題（旧570条））も，給付が一定の水準に達していない場合の1つとして，債務不履行と解されることになりました〔→33〕。

（3）付随義務違反の場合　　▶付随義務違反も債務不履行だが，損害賠償による救済が中心となる

　付随義務違反も債務不履行と評価されますが，給付義務違反に比してその違反が重大でなかったり，また履行の強制になじまなかったりすることも多いので，債権者の救済は，主に損害賠償によることになります。

　会社の従業員に対する保護義務や，Case 1のような学校（瀧高校）の生徒（谷江さん）に対する保護義務などは，とくに安全配慮義務と呼ばれています。保護義務違反の場合には，不法行為に基づく損害賠償責任も発生しますが，旧法では3年の短期消滅時効が定められていたため，債務不履行責任によって被害者を救済する必要がありました。しかし，平成29（2017）年改正により，時効期間がともに主観的起算点から5年，客観的起算点から20年となりましたので，債務不履行責任を認める要請は小さくなりました〔→59・66〕。

2 契約成立前の責任　　▶契約成立前でも，交渉当事者に信義則上の注意義務が課され，債務不履行責任が発生することもある

　契約交渉中は，まだ契約上の義務は発生していませんが，交渉過程において誠実に行動するという信義則上の義務を両者に課し，その義務違反を債務不履行と認める考え方もあります。合意間近になった段階で，一方が正当な理由もなく契約締結を拒否したために他方が損害を受けた場合がこれにあたります（Case 2）。

3 債務不履行の効果 (債権者の救済手段)

(1) 履行の強制 (414条)　▶履行の強制 ＝ 債務の本来の内容を債務者の意思にかかわらず実現すること

　▶強制執行 ＝ 履行の強制のための手続で，執行機関（執行官または執行裁判所）が，国家権力の行使として，私法上の請求権の強制的実現を図る手続のこと

　私人が権利実現のために実力を行使することは，原則として許されず（自力救済禁止の原則・自力執行禁止の原則），債権者は法の定める手続によらずに債務者に履行を強制することはできません。そこで，国家権力が債権の内容の実現を最終的に保障する必要があります。他方で，履行の強制は，債務者の意思に反するので，無制約な強制は債務者の人格権を侵害することになります。民法414条と民事執行法は，債権の実現可能性の保障と債務者の人格・意思の尊重とを調整して，その内容・方法を定めています〔→25〕。

(2) 損害賠償 (415条)　▶金銭賠償原則 ＝ 損害賠償は，損害を金銭で評価して，その金銭を支払わせる方法を原則とする

　▶履行に代わる損害賠償 ＝ 債務が履行されたのに等しい経済的地位の回復を目的とする損害賠償

　▶履行とともにする損害賠償 ＝ 債務が履行されたとしてもなお残る損害の回復を目的とする損害賠償

　生じた損害を埋め合わせて損害がなかったのと同じ状態にすることを損害賠償といいます。建物賃借人の不適切な使用により備品が壊れてしまった場合，賃借人が賃貸人に対して修理費用または代替物の購入費用を金銭で支払うことが金銭賠償となります。これに対して，債務不履行がなければあったであろう状態に戻すことを原状回復といい，賃借人自らが備品を修理したり，代替物を購入したりすることになります。原状回復は，実際には困難・不可能な場合も少なくはなく，わが国では金銭賠償が原則となっています (417条)。

　履行に代わる損害賠償は塡補賠償ともいい，目的物の価格相当額の賠償がこれにあたります。履行とともにする損害賠償の典型例は，履行遅滞における遅延損害金 (遅延賠償) で，給付義務が未履行の場合には，その履行の請求とともに損害賠償の請求をすることになります。

　平成29 (2017) 年改正法では，履行に代わる損害賠償は，415条2項が定める場合に限り認められます。債務者の履行拒絶の場合や解除権が発生したにすぎない場合が含まれていることから，履行請求権が消滅していなくても履行に代わる損害賠償が認められることが明らかになりましたが，他方で，履行請求権が存続している場合には，債権者はまず本来の履行を受けるべきであり，履行に代わる損害賠償は例外であると解することができます。詳細は後に説明します〔→26・27〕。

(3) 解除 (契約の場合：540条以下〔→28〕)　▶解除 ＝ 契約当事者の一方だけの意思表示（解除権の行使）によって，契約関係を消滅させること

　解除は，相手方の債務不履行により給付が得られない一方当事者に，相手方との間に生じた契約の拘束力（自己の反対給付義務）からの解放を認める制度です。解除した当事者は，自己の反対給付義務が既履行の場合には，その返還を相手方に求めることができ（原状回復），未履行の場合には，反対給付義務は消滅して，相手の履行請求を拒絶できます。履行が不可能または期待できない場合と履行が可能だが履行されていない場合とで要件が異なります。詳細は後に説明します〔→28〕。

(4) 代償請求 (422条の2)　保険会社に対する保険金請求権や第三者に対する不法行為に基づく損害賠償請求権など，履行不能の原因と同じ原因によって債務者が利益を得たとき，債務の目的物に代わるその利益を債権者が債務者に請求する権利のことを代償請求権といいます。

【穴埋め問題で確認】

　契約成立によって，その中心的な義務である①＿＿＿のほか，その準備・配慮・補助する関係にある義務である②＿＿＿も発生する。とくに，債務の履行（給付の受領）にあたり互いの生命・身体・財産に損害を加えない義務を③＿＿＿という。

　債務不履行があった場合における債権者の救済手段は，④＿＿＿，⑤＿＿＿，⑥＿＿＿，代償請求である。

【23の解答】①履行遅滞　②履行の請求　③履行不能　④帰責性　⑤損害賠償　⑥危険負担　⑦原始的不能

25 契約の相手方に約束を守らせるにはどうすればいいですか
▶履行の強制

【Case 1】──買主に強制的に代金を支払わせることはできますか

　谷江さんは，大西さんとの間で，大西さんが自宅で所有する自動車甲を代金500万円で購入する旨の売買契約を締結した。大西さんは谷江さんに甲を引き渡したが，谷江さんは代金を支払おうとしない。大西さんが谷江さんの資産状況を調べてみたところ，甲がすでに野々村さんに売却されており，谷江さんには担保の目的となっていない分譲マンションの一室乙（評価額1500万円）しかないことが分かった。

【Case 2】──他人の物を勝手に処分することはできますか

　瀧さんは，コインパーキングを運営するため，白須さんとの間で，白須さんが所有する土地甲を期間5年，賃料月額20万円で賃借した。瀧さんは，甲の引渡しを受けた後，購入した機器を甲に設置して事業を開始した。契約期間が満了し，瀧さんは甲を更地にして返還しなければならないはずであったが，設置した機器を撤去するための費用を出すことを渋り，そのままにして行方をくらました。

---

1 債権の効力──給付保持力・請求力・執行力

給付保持力	債権者は，債務者（または第三者）の給付を保持することができる。
請求力	債権者は，債務者に対して，その履行を請求することができる。 ・訴求力：請求力のうち，裁判において請求できる効力のこと
執行力	債権者は，債務者による任意履行がない場合には，強制執行手続をとって国家の手によって債権の内容を実現することができる。 ・貫徹力：債権の内容をそのまま実現できる効力のこと ・摑取力：債務者の責任財産（強制執行の対象物として，ある請求の実現の用に供される財産のこと。一般財産ともいう。）への強制執行によって債権の満足を実現できる効力のこと

　債権に**給付保持力**があるため，債権者は，債務者が債務の履行として行った給付を，不当利得としてではなく適法に（債権が法律上の原因となって）保持することができます。また，債権に**請求力・訴求力・執行力**があるため，債権者は債権の実現を図ることができます。

　債権には，原則として，表のすべての効力が備わっていますが，例外的に，訴求力や執行力を欠く債権も存在します。たとえば，不訴求の合意（訴えを提起しないという合意）や不執行の合意（強制執行しないという合意）があった場合や，破産手続で免責された債権などがこれにあたります。

2 履行の強制（意義〔→24〕）

（1）**要　件**　　▶債務不履行 ＝ 債務が履行されていないという客観的な事実で足りる

　　　　　　　　▶債務名義 ＝ 強制執行によって実現される請求権の存在および範囲を表示し，法律によって執行力が付与され，執行の基礎となる公の文書

　債務不履行は，損害賠償と異なり（415条），債務が履行されていないという客観的な事実があれば足り，それが債務者の帰責事由によるものである必要はありません〔→26〕。

　債務名義は，執行機関が債権（債務）の存在を確認するために必要なもので，確定判決などがこれにあたります（民執22条）。また，確定判決を含め，債務名義の種類によっては，裁判所書記官や公証人に，「債権者白須真理子は，債務者瀧久範に対し，この債務名義により強制執行をすることができる。」といった文書（執行文）を債務名義に添付してもらってはじめて，債権者は強制執行の申立てができます。

（2）**直接強制**　　▶直接強制 ＝ 公権力をもって，債務者の意思にかかわらず債権の内容を実現する方法

　これには，次の2つの方法があります。まず，物または金銭の引渡債権に用いられるもので，執行官が目的物の占有を債務者から剥奪して，債権者に引き渡す方法のことを**引渡しの強制**といいます。次に，金銭債権に用いられるもので，執行裁判所が目的物について競売手続を開始して，その売却代金を債権者に引き渡

す方法（配当）のことを**責任財産への執行**といいます。

Case 1 では，大西さんは後者の方法により，乙を競売にかけて，その売却代金から甲の代金債権を回収することになります。

（3）代替執行　▶**代替執行 = 他人に目的の行為を行わせてその費用を債務者から取り立てる方法**

行為債務について直接強制を認めることは，債務者の人格権を不当に侵害することになるので，この場合に直接強制は認められません。行為債務のうち，債務者以外の第三者でも実現可能なものについては，**代替執行**によることになります。すなわち，債権者が，裁判所から費用取立ての授権と代替履行の授権を受け，これに基づいて債務内容を実現し，それにかかった費用を債務者から取り立てるという方法がとられるのです。

Case 2 では，白須さんは，業者に頼んで，瀧さんが放置した機器を瀧さんの承諾なく撤去することができ，業者に対して支払った料金を瀧さんに請求することができます。

（4）間接強制　▶**間接強制 = 債権者に対して一定の金額を支払うことを債務者に命じることによって，債務の履行を強制する方法**

たとえば，野々村さんが隣人の村田さんに対して，「午後8時以降はエレキギターを演奏しない」という債務を負っていたが守らないという場合，裁判所が，「野々村さんは，午後8時以降にエレキギターを演奏したときは，1回につき2000円を村田さんに支払え」と命じ，これにより野々村さんに心理的圧迫を加えることを通して債務の内容を実現させる方法がこれにあたります。債務者本人によって履行される必要のある行為債務には，直接強制や代替執行が使えないので，この方法によることになります（もっとも，芸術家に絵を描いてもらう債務など，債務者の自由な意思に基づいて履行されるべきものについては，間接強制すら認められません）。他方，直接強制や代替執行が使える場合でも，間接強制によることができます。

【動産の引渡しの強制】

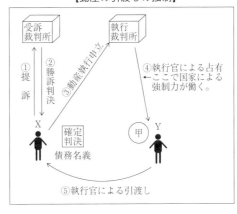

【穴埋め問題で確認】
　債権は，大きく3つに分けて，請求力，①＿＿，執行力を持っている。執行力のうち，債務者の一般財産への強制執行によって債権の満足を実現できる効力を②＿＿という。債務が任意に履行されない場合には，債権者は，原則として法の助力を得てのみ債権の内容を強制的に実現することができる。その強制履行の方法としては，以下の3種類がある。まず，③＿＿は，債務者の意思にかかわらず，国家機関が債権の内容を実現するものである。これは，④＿＿債務に適した強制方法である。次に，⑤＿＿は，第三者に債権の内容を実現させて，その費用を国家機関が債務者から取り立てる方法である。この方法を取りうるのは，⑥＿＿債務のうち，債務者以外の者でも債権の内容の実現が可能な代替的作為債務に限られる。最後に，⑦＿＿は，債務を履行するまでの間，裁判所が債務者に対して一定の金銭の支払義務を課することによって，債務者を心理的に圧迫して債権の内容を実現させようとするものである。

［メモ］

【Case】——購入したワインを届けてくれないときはお店に損害の賠償を請求できますか

　渡辺さんは，インターネット上で，輸入食品の販売を営むムラタ商店から，希少なワイン甲を100万円で購入することにし，契約内容を確認したうえで，申込みの送信をした。契約内容には，甲の配送について，タキ運輸が行うこととされていた。ムラタ商店は，渡辺さんに承諾の返信を行ったうえで，タキ運輸に甲の配送を依頼し，甲を引き渡した。ムラタ商店は，運送業者を選定するにあたり，いくつかの業者からプレゼンを受けたうえで，自身も業務内容を調査して，タキ運輸を選定した。また，個々の商品の配送についても，その取り扱い方を記した文書をタキ運輸に交付するなど細心の注意を払っていた。しかし，タキ運輸の運転手は，トラックで甲を配送中，わき見運転をしていたために交通事故を起こし，甲が割れてしまった。

1　要件の概要

　債務不履行に基づく損害賠償請求権については，主に次の要件が問題となります。本トピックおよび次のトピックでそれぞれ説明します。

①債権の発生原因（債務が成立していること＝契約が成立していること）

②本旨不履行（履行遅滞・履行不能・不完全履行〔→23・24〕）

③損害（債権者に生じた不利益と観念される事実）

④債務不履行と損害との間の事実的因果関係

⑤債務不履行と事実的因果関係のある損害が，賠償範囲に含まれること

⑥賠償範囲に含まれた損害の金銭的評価

⑦債務不履行につき，債務者に免責事由がないこと

2　損害（要件の概要③）　　▶損害 ＝ 債務不履行によって債権者に生じた不利益な事実

　ドイツ法を参考に，また金銭賠償原則を基礎に，債務不履行がなければ債権者が置かれたであろう利益状態と，債権者の現実の利益状態との差を金額で表したものと解する差額説が通説でした。しかし，「因果関係」・「賠償範囲」・「金銭的評価」の問題を区別する有力説からは，不利益な事実そのものを損害と理解することになります。本書では，以下の表のとおり，個々の具体的な不利益となる事実を損害として説明します。

財産的損害	財産上の不利益	売買の目的物である自動車を受領できなかったために，買主が代替物を購入した，またはレンタカーを借りたという事実など
非財産的損害 （精神的損害）	精神的な苦痛ないし不利益	医師の医療過誤によって患者の生命・身体等が侵害された場合における，患者の精神的苦痛など
積極的損害	既存の財産の減少	売買の目的物である土地建物を受領できなかったために，買主が引渡しまでホテルに滞在したという事実など
消極的損害	得べかりし利益の喪失 （逸失利益）	売買の目的物である機械を受領できなかったために，買主が工場を操業できず収益を得ることができなかったという事実など

3　因果関係（要件の概要④）　　▶事実的因果関係 ＝ 債務不履行がなければ損害が発生しなかったであろうという
関係（「あれなければこれなし」という関係＝不可欠条件公式）

　損害賠償の対象となる損害は，債務不履行との間に事実的因果関係がなければなりません。しかし，そのような損害がすべて損害賠償の対象になるわけではなく，それら損害のうちどこまでが損害賠償の対象となるのかを別途判断しなければなりません〔→27〕。

4 帰責事由（要件の概要⑦）

(1) 免責事由 ▶債務不履行が，契約その他の債務の発生原因および取引上の社会通念に照らして債務者の責めに帰することができない事由（免責事由）による場合に限り，債務者は損害賠償責任を免責される

　通説は，不法行為に基づく損害賠償責任（709条）と同様，過失責任の原則〔→2・57〕から，帰責事由を「債務者自身の故意または過失ならびに信義則上これと同視すべき事由」と解してきました。過失責任の原則は，人びとの行動の自由を保障すべく，損害を回避する注意を怠ったこと（＝過失）を損害賠償責任の根拠と捉えますが，契約の場合には，約束した債務を履行しないということそれ自体を責任の根拠と解すべきです。このような立場から415条1項ただし書が平成29（2017）年改正により追加されました。したがって，債務者は，免責事由がある場合に限り，例外的に損害賠償責任を免責されます。たとえば，当該債務不履行が，戦争・内乱・大災害のような**不可抗力**に基づく場合や，**債権者の帰責事由**に基づく場合がこれにあたります。これに対し，医師の診療債務のように，一定の結果（物の引渡しなど）を実現することが債務内容ではなく，結果の実現に向けて最善を尽くすことである場合，最善を尽くさなければ債務不履行となり，免責されません（反対に，不可抗力により最善を尽くすことができなかった場合，そもそも債務不履行とは評価されません）。

　また，債務者が履行遅滞責任を負っている間に，当事者双方の無責の事由によってその債務の履行が不能となった場合は，不能につき債務者に帰責事由があったものとみなされます（413条の2第1項）。他方，債権者が受領遅滞中に〔→20〕，当事者双方の無責の事由によってその債務の履行が不能となった場合は，不能につき債権者に帰責事由があったものとみなされます（413条の2第2項）。

　このほか，金銭債務は，債務者のもとから金銭がなくなっても世の中にはありますから履行不能にはならず，履行遅滞になるにすぎませんが，不可抗力による免責は認められません（419条3項）。

(2) 履行補助者による不履行 ▶履行補助者による不履行の場合も，契約その他の債務の発生原因および取引上の社会通念に照らして債務者の免責事由の有無を判断する

　債務者が，自己の債務を履行するために使用する他人のことを**履行補助者**といいます。債務者は，他人である履行補助者の行為を原因として債務不履行が生じたときに債務不履行責任を負うのかについて大きな争いがありますが，上記のとおり，約束した債務を履行しないということそれ自体を責任の根拠と解するなら，履行補助者の行為を債務者自身の行為の一部と考えて，(1)で述べた判断枠組みで考えるべきこととなります。

　Caseでは，ムラタ商店の渡辺さんに対する甲引渡債務は履行不能となり，いくら履行補助者の使用について相当な注意を払っていたとしても，それが不可抗力や渡辺さんの帰責事由に基づくものでない以上，ムラタ商店は渡辺さんに対する債務不履行責任を免れません（ムラタ商店は別途タキ運輸に対して債務不履行責任を追及していくことになります）。

　もっとも，債務の履行のために他人を使用することが禁じられている場合は，履行補助者を使用すること自体が債務不履行となります。免責事由を問題とする余地もありません。

【穴埋め問題で確認】
　債務不履行に基づく①＿＿＿賠償請求が認められるための要件は，415条1項によると，ⅰ）②＿＿＿の存在，ⅱ）③＿＿＿不履行，ⅲ）①＿＿＿，ⅳ）債務不履行と①＿＿＿との間の④＿＿＿，ⅴ）債務者に⑤＿＿＿がないことである。ここで④＿＿＿とは，①＿＿＿を債務不履行によって債務者が受ける不利益となる⑥＿＿＿と解したうえで，これと③＿＿＿不履行との間に，「当該債務不履行がなければ①＿＿＿が発生しなかったであろう」といえる関係，すなわち，事実的④＿＿＿と解すべきである。

［メモ］

【25の解答】①給付保持力　②摑取力　③直接強制　④引渡　⑤代替執行　⑥行為　⑦間接強制

Chapter 8 契約の不履行1

27 契約の相手から被った損害はどこまで賠償してもらえますか
▶債務不履行に基づく損害賠償請求権の内容

【Case】——購入した車を売主が届けてくれないときに，いくらの賠償請求が可能ですか

　大西さんは，谷江さんとの間で，谷江さんが自宅で所有する自動車甲を代金200万円で購入する旨の売買契約を締結し，代金の支払いおよび甲の引渡しをともに7月1日とすることにした。谷江さんは，ガレージで甲を保管していたが，6月25日に，寝タバコにより，甲を自宅ともども焼失してしまった。

　①大西さんは，甲と同等の自動車を他から調達するためには，少なくとも220万円が必要であった。

　②大西さんは，7月1日時点で甲を取得していれば，230万円で転売できるはずであった。

　③大西さんは，7月2日から甲に乗って旅行に出かける予定であったが，1日1万円でレンタカーを借りた。

　④大西さんは，甲を取得することができなくなったことを知り，精神的ショックを受け，2週間寝込んだ。

　⑤大西さんは，④が原因で，2週間仕事を休んでしまった。

1　賠償範囲の確定（要件の概要⑤〔→26〕）

(1)　議　論　▶事実的因果関係・賠償範囲・金銭的評価を分ける

　債務不履行と事実的因果関係にある損害をすべて損害賠償の対象とすると，賠償範囲があまりにも広くなってしまいます。そこで，損害賠償の範囲を合理的な範囲で制限する必要があります。判例通説は，この問題を，不法行為に基づく損害賠償と共通の問題と捉え，損害の金銭的評価と合わせて，すべて因果関係の問題としました。そのうえで，債務不履行と相当因果関係のある損害のみが債務不履行と因果関係のある損害として賠償されることにしました〔→59〕。そして，「相当」性の判断基準となるのが416条であると考えたのです。

【損害賠償の範囲】

　しかし，このように解すると，相当因果関係という基準のもとで，④事実的因果関係，⑤賠償範囲，⑥金銭的評価という異なる問題が分離されずに判断されてしまいます。また，⑦帰責事由の判断と同様，不法行為の場合と共通の理論を用いる必要はありません。そこで，上述の3つの問題を個別に判断し，⑤賠償範囲の問題については端的に416条を適用するのが妥当です。

(2)　416条の適用　▶通常損害 ＝ 債務不履行によって通常生ずべき損害は，すべて賠償範囲に含まれる
▶特別損害 ＝ 特別の事情によって生じた損害は，当事者がその事情を予見すべきときに限り，賠償範囲に含まれる

　まず当該損害が通常損害と特別損害のいずれなのかを判断しなければなりません。これは，一般的・抽象的に決まるのではなく，契約類型，当事者の属性，目的物の性質，契約目的などを総合的に考慮して判断します。たとえば，Caseにおいて，売買契約では，①代替物購入の費用は通常損害に含まれますが，②転売益は検討が必要です。すなわち，大西さんが自己使用のために甲を購入した場合には，転売は予定されていないので特別損害に含まれますが，大西さんが中古車ディーラーであって転売目的で購入していたのであれば，通常損害に含まれます。逆に，自己使用の場合に限り，③代替物賃借の費用が通常損害に含まれるでしょう。また，財産の取引の場合には，原則として精神的損害（慰謝料）の賠償は認められません（④ひいては⑤）。

　そして，当該損害が特別損害と判断された場合には，それが当事者にとって予見すべきものであったかどうかを判断します。債務不履行時を基準に，債務者の予見可能性の有無を判断すると解されています。

2 金銭的評価—賠償額の算定 (要件の概要⑥〔→26〕)

(1) 物の引渡債務 ▶全額評価の原則 = 債権者にできるだけ債務不履行がなかった場合と同様の経済的地位を回復させるように損害の金銭的評価を行うことを原則とする

　目的物の価格が変動する場合，填補賠償額はいつの時点を基礎に算定されるのでしょうか。判例は，下の表のとおり，相当因果関係の要件において判断します。金銭的評価を別個に判断する立場は多岐に分かれますが，債権者が目的物を受領できていれば現在において保有しているであろう利益を賠償させるべきとの考えから，現在の時価（口頭弁論終結時の時価）を原則としつつ，債務不履行後の債権者のなしえた行動・取引の性質・目的物の種類・価格変動の状況等を考慮して決する立場が有力です。

①原則は，履行不能時の時価
②目的物の価格が騰貴しつつあるという特別事情があり，これについて債務者が履行不能時に予見可能であった場合には，騰貴（値上がり）した価格
③ただし，債権者がその騰貴した価格まで目的物を持ち続けておらず，騰貴前に処分したであろうと予想された場合は除外
④いったん騰貴しその後下落した場合，騰貴時の価格（中間最高価格）を基準にするためには，その時点で債権者が処分することにより利益を確実に取得したと予想されたことが必要
⑤価格が現在なお騰貴し続けている場合には，債権者に転売意思がなくとも，騰貴価格により賠償請求可能

(2) 金銭債務

　金銭債務に対する遅延損害は，特約がない限り，債務者が履行遅滞責任を負った最初の時点の法定利率によって計算されます（419条1項本文）。例外として，たとえば，年10％の利息で金銭を借りた者が返済期を過ぎても返済しなかった場合，返済期以降は約定の利息は発生せず，遅延損害金が発生しますが，これは年10％で計算されます（1項ただし書）。いずれにせよ，債権者は損害額を証明する必要はありません（2項）。

(3) 個別損害項目積上げ方式 ▶賠償範囲に含まれた損害をそれぞれ金銭で評価し，その額を合算して損害賠償額を定める

　この方式は，相当因果関係論に立った裁判実務ですが，本書の立場でも用いることができます。

3 その他の問題

(1) 損害額の調整──中間利息の控除・過失相殺・損益相殺

中間利息の控除	将来の一定額の金銭の支払い（とくに逸失利益）を目的とする債権について現在の価額を算定する場合において，その利益を取得すべき時までの利息相当額を控除すること（417条の2）
過失相殺	債務不履行またはそれによる損害の発生・拡大に関して債権者に過失があった場合において，これを考慮して損害賠償責任を免除またはその金額を減額すること（418条）
損益相殺	債務者が損害を被った原因と同一の原因によって利益を受けた場合に，その損害からその利益を控除すること

(2) 損害賠償額の予定

　当事者間で賠償額をあらかじめ定めておくことができます（420条）。債権者は，債務不履行の事実を証明しさえすれば，損害の発生や損害額を立証しなくても，予定賠償額を請求できます。

(3) 損害賠償による代位

　債務者が損害賠償としてその債務の目的である物または権利の価額の全部を支払ったとき，債務者が債権者に代わってその物または権利を法律上当然に取得します（422条）。

【穴埋め問題で確認】

　債務不履行と①＿＿＿因果関係のある損害のうち，何が賠償範囲に含まれるのかは，416条によって決まる。まず当該損害が②＿＿＿と③＿＿＿のいずれにあたるのかを判断する。③＿＿＿は，④＿＿＿時を基準に，⑤＿＿＿が予見できるものであったときに賠償範囲に含まれる。賠償範囲に含まれる損害にそれぞれ⑥＿＿＿を加え，その額を合算する（⑦＿＿＿方式）。

【26の解答】①損害　②債務（債権）　③本旨　④因果関係　⑤免責事由　⑥事実

28 いつまで契約に縛られるのですか
▶解除の意義と要件

【Case 1】——代金を払ってもらえなければ，売った物を返してもらえますか

　渡辺君は，村田君に自転車・甲を売却して引き渡した。しかし村田君は，期日になっても代金を支払わない。渡辺君が甲を返すよう求めることはできるだろうか。

【Case 2】——他の部屋を借りることはできますか

　4月から社会人になる中山さんは，白須さんとの間でマンションの一室を借りる賃貸借契約を結んだ。ところが，期日になっても，白須さんが部屋を引き渡さない。4月が近づいてきたので，中山さんは，別の部屋を借りることにしたい。

1　解除の意義

(1)　解除とは何か　　▶解除 = 契約当事者の一方からの意思表示によって契約関係を終了させること

　契約を締結すると，原則として，当事者はお互いにその契約に拘束されます。たしかに，たとえば騙されて契約をした場合のように，契約に拘束力が認められない場合もあります。しかしこれは，契約の初めから，その有効性を認められない事情が存在する場合です〔→9〜15〕。

　それでは，そのような事情がなく契約が有効であれば，契約当事者はもう契約から離脱することはできないのでしょうか。そうではありません。有効な契約を締結した後でも，当事者を契約に拘束し続けるべきでない場合はあります。民法は，一定の場合において，契約当事者の一方が，**一方的な意思表示**によって，契約の拘束力を失わせることができるようにしました。これを解除といい，解除する権利のことを解除権といいます。

　解除が認められる典型的な場面は，契約の相手方が債務を履行しないときです。ここで契約の拘束力を失わせることには，次のような意味があります。Case 1で，渡辺君は，村田君に対して代金を支払うよう請求する権利がありますが〔→25〕，村田君に十分な財産がなければ実際に支払わせることはできません。このような場合，契約の拘束力を失わせる権利を渡辺君に認め，甲を渡辺君が取り戻せば，渡辺君は代金を受け取れないことによる不利益を避けることができます。Case 2では，中山さんは，白須さんが部屋を引き渡さないため引越しができません。別の部屋を借りるとしても，白須さんとの契約が残り続けるなら，中山さんは2つ部屋を借りることになってしまいます。このような場合，中山さんが白須さんとの契約から解放されれば，心おきなく別の部屋を借りることができます。

(2)　解除の区分　　解除権が与えられる場面はいくつかあります。大きな区別としては，①契約当事者が解除権の発生事由を取り決める**約定解除**と，②民法に解除の要件が定められている**法定解除**があります（540条1項）。さらに後者は，債務不履行解除とそれ以外に分かれます。

　法定解除の中心は，債務不履行を理由とした解除です。これは，あらゆる契約で認められます。他方，個々の契約類型に特別な解除事由が定められていることもあります。たとえば請負契約では，請負人に債務不履行がなくても注文者は仕事完成前はいつでも（場合によっては損害賠償をしたうえで）契約を解除できますし（641条），委任契約ではどちらの当事者からもいつでも解除ができます（651条）。これらは任意解除と呼ばれます。以下では（29も含めて），法定解除のうち債務不履行による解除について説明していきます。

(3)　解除と似ている制度　　以下の制度は解除と似ていますが異なります。区別できるようにしておきましょう。①契約当事者が合意によって契約を解消する場合や（＝合意解除），②一定の事由が発生すると自動的に契約が終了すると定める契約条項（＝解除条件）は，一方当事者に解除権を与えるものではないので，解除ではありません。また，③継続的な契約関係では，一方的な意思表示で契約が解除されても，原状回復などの効果が将来に向かってだけ発生する場合があります（620条）。条文上は解除と表現されますが，通常の解除と区別するために解約告知と呼ばれることがあります。

2　解除の要件

(1)　催告の要否　　債務不履行があっても，すぐに契約関係を解消する必要がないなら，債務者に猶予を与えてもよいはずです（もし損害が生じたなら，損害賠償を請求することはできます）。そこで，債務不履行による解除は，まず債務者に対して履行の催告をするのを原則とし（＝催告解除），いくつかの場面に限り催告不要となっています（＝無催告解除）。

(2)　催告解除の要件　　▶催告解除 ＝ 債務不履行解除のうち，相当の期間を定めた履行の催告と，その期間の経過を要するもの。債務不履行が軽微な場合は解除できない

(a)　債務不履行　　まず，債務者が履行遅滞の状態になっていたり，履行が契約に適合していないことが必要です。ただし，債務者が同時履行の抗弁権を主張できる場合は（533条）〔→16〕，履行遅滞にはなりません。

(b)　催告　　債務不履行があってもただちに解除できるわけではありません。債権者は，債務者に対して「相当の期間」を定めて履行の催告をする必要があります。なお，541条の文言上は，定められた期間が相当な長さでなければならないようにも読めます。しかし，定められた期間が短いことは，催告の有効性を損なうとは考えられていません。問題は，次にみるように，相当な期間が実際に経過したかどうかです。

(c)　相当な期間の経過　　催告後，履行がされないまま**相当な期間**が経過して初めて解除することができます。催告時に定められた期間が相当な長さといえない場合も同じです。「相当」であるかどうかは，契約の内容等の客観的状況に照らして履行に必要な期間であるかによって判断されます。

(d)　債務不履行が軽微でないこと　　催告がされ，相当の期間が経過したとしても，その経過時点における債務不履行が，「その契約及び取引上の社会通念に照らして**軽微であるとき**」には，解除できません。たとえば，履行されていない部分が数量的にわずかであり，その部分がなくても大した影響がないような場合は，契約解消まで認める必要がないからです。債務不履行が「軽微」であるかどうかは事案ごとに判断せざるをえませんが，たとえ契約の目的が達成できる場合でも，「軽微」といえない場合はあります。

(3)　無催告解除（542条）　　催告をしても無意味である場合には，催告をすることなくただちに解除することができます。ただし，以下のように，契約の全体を解除できる場合と，一部のみ解除できる場合とがあります。

(a)　無催告で全部解除できる場合（1項）

①履行不能（1号）	債務の全部の履行が不能であるとき（＝履行不能）
②履行拒絶（2号）	債務者が，債務の全部の履行を拒絶する意思を明確に表示したとき（＝履行拒絶）
③残存部分での契約目的不達成（3号）	債務の一部について，履行不能または履行拒絶がある場合において，残存する部分のみでは契約をした目的を達することができないとき
④定期行為における時期の経過（4号）	契約の性質または当事者の意思表示により，特定の日時または一定の期間内に履行をしなければ契約をした目的を達することができない場合において，債務者が履行をしないでその時期を経過したとき
⑤契約目的の達成に足りる履行が見込まれないこと（5号）	以上の4つの場合以外に，債務者が債務の履行をせず，債権者が催告をしても契約をした目的を達するのに足りる履行がされる見込みがないことが明らかなとき

(b)　無催告で一部解除できる場合（2項）

①一部履行不能	債務の一部の履行が不能であるとき
②一部履行拒絶	債務者が，債務の一部の履行を拒絶する意思を明確に表示したとき

【穴埋め問題で確認】

1　解除とは契約当事者の一方の①＿＿＿により契約を終了させるものであり，当事者の合意で終了させる②＿＿＿と区別される。解除事由について，契約で決める場合を③＿＿＿，法律の規定が定める場合を④＿＿＿という。

2　解除するには，原則として，履行期の経過後に債務者に⑤＿＿＿をし，⑥＿＿＿が経過しなくてはいけない。ただし，債務不履行が契約および取引上の社会通念に照らして⑦＿＿＿であるときには解除できない。

【27の解答】①事実的　②通常損害　③特別損害　④債務不履行　⑤債務者　⑥金銭的評価　⑦個別損害項目積上げ

29 契約をなかったことにするとはどういうことですか
▶解除の効果（基本的効果，履行請求権等との関係），解除権の消滅

【Case 1】——車は渡してしまった

　渡辺君と村田君は，渡辺君が所有する自動車・甲を村田君に100万円で売却する契約を締結し，甲は即日引き渡され，代金は月々10万円の分割払いとされた。ところが，村田君は20万円支払った後は代金を支払わなくなった。渡辺君は，催告の後，契約を解除した。すでに履行の終わった部分はどうなるだろうか。

【Case 2】——第三者に渡ってしまった

　Case 1で，渡辺君が解除の意思表示をする以前に，村田君が瀧君に甲を売却していた場合はどうか。

1　解除の基本的効果　　▶原状回復＝契約が解除されると，各当事者は，契約に基づいて給付されたものを返還する義務を負う

　解除権が行使されると契約の拘束力が失われることになりますので，解除の効果として，契約が初めからなかったのと同じ状態を作り出す必要があります。その結果，履行の状況に応じて，次にみる2つの効果が認められることになります。なお，契約が初めからなかった状態にするということは，要件がみたされた時点（解除時）よりも効果の発生時点（契約関係の消滅）を遡らせることを意味します。これを一般に，**遡及効**といいます。

　上述のとおり，解除は，基本的には，契約が初めからなかった状態を生じさせるものです（ただし，後述の損害賠償の内容に注意）。そこから，まず，どちらの当事者についても，自分の債務についてまだ履行していない部分については，履行する義務がなくなります。

　次に，同じくどちらの当事者についても，契約に基づいて受け取ったものがある場合には，それを相手方に返還する義務が生じます（＝原状回復）（545条1項本文）。契約当事者がお互いに原状回復義務を負う場合は，原状回復義務の履行は同時履行の関係に立ちます（546条）〔→16〕。また，契約がなかった状態に戻すということは，給付した金銭や物を所持していれば得られたはずの運用利益を含めて元に戻すということなので，金銭を返還する場合は利息を，物を返還する場合は果実や使用利益を，それぞれ返還する必要もあります（545条2項・3項）。

　以上によれば，Case 1では，契約を解除した渡辺君は，村田君に対して，甲の返還と，甲を用いることで生じた使用利益の返還をするよう請求することができます。他方で，村田君もまた，渡辺君に対して，自分の支払った代金相当額20万円と利息を支払うよう請求することができます。

2　履行請求権・損害賠償請求権との関係　　▶解除は，履行請求とは両立しないが，損害賠償請求とは両立しうる

　債務が履行されない場合，一般に，債権者は債務者に対して履行の請求と損害賠償の請求をすることができます（414条・415条）〔→25〜27〕。債権者に与えられたこれらの権利と，解除との関係を整理しておく必要があります。

　(1)　**履行請求権との関係**　　まず，解除は契約がなかった状態にするものなので，当然のことですが，履行請求と解除とは両立しません。解除権を行使すれば，履行請求権は消えることになります。

　(2)　**損害賠償請求権との関係**　　これに対して，解除と損害賠償請求とは両立しえます。たとえばAという人が，転売目的で，その目的を知るBから車を100万円で買ったとします。ところがこの車が故障していたために転売ができなかったとすると，Aには，転売により得られたはずの利益分の損害が生じます。Bが本旨に従った履行をしてさえいれば損害は生じなかったのですから，Aは，たとえ契約を解除しても，Bに対してこの損害の賠償を求めることができます（545条4項）。

　なお，解除が契約を初めからなかったことにするものであるなら，損害賠償によって，契約が実現していれば得られたはずの利益（＝履行利益）を得ることができるのは矛盾しているともいえます。しかし，履行すべき債務を債務者が履行しなかったという事実は消えないのですから，この矛盾をどう説明するかはさておき，履行利益の賠償が認められることについて異論はありません。

3　第三者との関係　　▶解除前に現れた第三者には原状回復請求できない

　(1)　第三者の保護　　Case 2 では，渡辺君による契約の解除が，その契約の当事者ではない第三者の瀧君に対してどのような影響をもつのかが問題となります。渡辺君は，瀧君に対しても甲を返還しろと請求することができるでしょうか。民法は，この問題について，解除に基づく原状回復によって第三者を害することはできない旨を規定しています（545条1項ただし書）。つまり，渡辺君は瀧君に対して甲を返還せよとは主張できません。解除されるまでは渡辺君と村田君の間の契約は存在していますし，そもそもそこで債務不履行が生じるか，生じたとして解除権が行使されるかは未確定なことですから，渡辺君と村田君との契約の存在を前提に取引に入った瀧君を害するべきでないとの価値判断が基礎にあります。そのため，瀧君との関係においては解除の遡及効を生じさせないことにしたわけです。

　(2)　第三者の登場時期（解除後の第三者）　　ただし，上記のような処理がされるのは，渡辺君が解除をする前に村田君が瀧君に甲を売却した場合であることに注意してください。かりに，渡辺君が解除をした後に，村田君が瀧君に甲を売却したとしましょう。ここでは，渡辺君によって解除権が行使された時点ですでに甲の所有権は村田君から渡辺君へと戻っています（＝復帰的物権変動と呼ばれます）。ここで，まだ渡辺君が村田君から甲の引渡しを受けていなければ，村田君から瀧君へと甲を売却することもできると考えられています。渡辺君と瀧君のどちらが勝つかは，どちらが先に引渡しを受けるかによって決まります。このような決着の付け方は，物権変動における二重譲渡の場面と同じです〔→46〕。

4　解除権の消滅

　解除権者は，いつまでも解除権を持ち続けるわけではありません。解除権が消滅し，解除することができなくなることもあります。そのような場面は大きく2つあります。

　(1)　催告による消滅　　債務不履行があっても，解除権が行使されるかどうかは，解除権者の意思次第です。そうすると，解除の相手方はいつまでも不安定な地位に置かれることになります。このような場合に備え，解除権の行使が可能な期間が決められている場合があります。約定解除〔→28〕であれば，当事者間で解除権の行使期間を決めておくことができますし，法定解除でも，解除権の行使期間が条文で定められている場合があります（566条など）。

　これに対して，上記のような期間の定めがない場合，解除の相手方は，解除権者に対して**解除するかどうか答えるよう催告することができます**。相手方は，確答までの相当の期間を定めて解除権者に催告をし，期間内に解除権者から解除の通知を受けなければ，**解除権は消滅する**ことになります（547条）。

　(2)　解除権者による目的物の損傷等による解除権の消滅　　解除権は，解除権者の行為によって消滅してしまうこともあります。それは，①解除権者が，故意または過失によって，契約の目的物を（i）著しく損傷したか（ii）返還不能にした場合と，②解除権者が，契約の目的物を加工または改造によって他の種類の物に変えた場合です（548条本文）。解除をすれば解除権者自身も原状回復義務を負いますので，故意または過失によって原状回復義務を果たせない状態にしてしまったならば，もはや解除することは認めることができません。ただし，解除権者が（債務不履行の事実を知らないなど）自分に解除権があることを知らなかった場合には，例外として解除権は消滅しません（同条ただし書）。

【穴埋め問題で確認】
1　解除権を行使すると，すでに履行した部分については相互に①＿＿＿の義務が生じる。債務不履行の場合に債権者に与えられる手段のうち，②＿＿＿と解除は両立しないが，③＿＿＿と解除は両立する。解除権の行使によって④＿＿＿を害することはできない。
2　解除権の行使期間について定めがない場合，解除の相手方は，確答までの相当の期間を定めて解除権者に解除するかどうか⑤＿＿＿をすることができる。期間内に解除権者から解除の通知を受けなければ，解除権は⑥＿＿＿する。

【28の解答】① (一方的) 意思表示　②合意解除　③約定解除　④法定解除　⑤催告　⑥相当の期間　⑦軽微

30 債権者は債務者の持つ権利を代わりに行使できますか
▶保全制度の意義，債権者代位権

【Case 1】——債務者の財産が消える

　大西さんは渡辺さんに対して1000万円の債権・甲をもっている。渡辺さんは，中山さんに対して1200万円の債権・乙をもっているが，それ以外に目ぼしい財産はない。渡辺さんは乙債権を行使せずに放置しており，消滅時効の完成が目前である。

【Case 2】——債務者が登記に協力しない

　大西さんは，渡辺さんから土地・丙を譲り受けた。丙は渡辺さんが中山さんから譲り受けたものだが，登記は中山さんに残ったままである。大西さんは，丙について所有権の移転登記をしたいが，そのためには，まず渡辺さんが所有権移転登記をする必要がある。

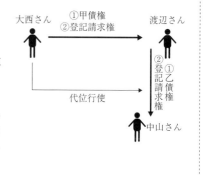

1 責任財産の保全 　▶責任財産 ＝ 金銭債権の強制執行において執行の対象となる財産

　(1) 債権回収の仕組み 　Case 1 の大西さんは渡辺さんの債権者です。債権者は，債務者が自ら債務を履行しないとき，債務者の財産に対する強制執行を通じて債権を回収することができます（414条，民執43条以下）。しかし，それによって債権全額の回収ができるかは，最終的には債務者の財産状況にかかっています。たとえば，渡辺さんに大西さん以外の債権者もいて，債権者全員の債権総額が渡辺さんの財産の総額を上回る場合，渡辺さんの財産に強制執行がされたとしても，各債権者は債権額の割合に応じてしか弁済を受けることができません（＝債権者平等の原則）〔→51〕。

　(2) 責任財産 　債務者の財産に対して強制執行がされるとき，その財産のうち誰かの担保物権〔→51以下〕によって支配されている部分は，その担保権者の優先的な取り分になります。担保物権を持たない債権者（＝一般債権者）は，それ以外の部分（なお，差押禁止財産も除きます。民執131条以下・152条以下）を当てにするしかありません。この残った部分のことを責任財産と呼びます（一般財産と呼ぶこともあります）。責任財産は，すべての一般債権者にとって債権回収の最後の拠りどころです。

　責任財産の大きさは，債務者の行動次第で増減します。債務者が責任財産の維持や増加に努めずにいれば，一般債権者の債権回収の割合は減ります。責任財産も債務者の財産ですから，それをどうするかは原則的には債務者の自由ですが，その一方で，債務者は，最後はこの責任財産によって債権者に責任を果たすべき立場にあります。そこで民法は，債権者が債務者の行動に介入し，責任財産の保全を可能にする2つの権利を債権者に与えました。ここではまず，そのうちの1つである債権者代位権について説明します。

2 債権者代位権の意義 　▶債権者代位権 ＝ 債権者がその債権（被保全債権）を保全するため，債務者が第三者に対してもつ権利（被代位権利）を代わって行使する権利

　Case 1 の乙債権は，渡辺さんの責任財産です。渡辺さんにはほかに目ぼしい財産がありませんから，大西さんはそこから債権回収するしかありません。そのための方法としては，乙債権への強制執行という手段もありますが，強制執行には手間や時間がかかります。もし渡辺さんが中山さんを訴えたり弁済の催告をすれば，時効は完成しませんし〔→65〕，中山さんから弁済を受けられる可能性もあります。しかし，乙債権を行使するかどうかは，渡辺さんの意思に委ねられています。

　乙債権が時効消滅したとしても，ほかに渡辺さんの責任財産が十分にあるなら，大西さんの債権回収にとって問題はありません。しかし，乙債権が消滅することで弁済に足る財産がなくなってしまうならば（＝無資力），甲債権の回収に支障が出ます。甲債権を守るには，渡辺さんの責任財産を保全する必要があります。このように，債権（ひいては最後の拠り所である責任財産）を保全するために必要がある場合に民法は，債権者に，債務者に属する権利を行使することを認めました（423条1項）。これを債権者代位権といいます。

3 債権者代位権の要件　　▶要件＝①保全の必要性，②被保全債権の履行期到来，③被代位権利が一身専属権・差押禁止権利でないこと

　保全を必要とする債権（甲債権）のことを**被保全債権**といいます。保全が必要な場面にはさまざまなものがありますが，金銭債権においては主として債務者の無資力がこれにあたります。

　被保全債権は，履行期が到来していなければいけません（423条2項本文）。履行期到来前の段階では，保全の必要性があるかわからないからです。ただし，時効などによる債務者の権利の消滅を防ぐこと（＝保存行為）は，履行期を待っていては間に合いませんので，履行期到来前でもできます（同項ただし書）。

　代位行使される権利（乙債権）のことを**被代位権利**といいます。登記請求権や解除権など，債権以外も被代位権利になりえます。しかし，たとえば離婚請求権のように，特定人だけが行使するか決められる権利（＝一身専属権）や，債務者の生活に必要などの理由で差押えを禁じられた権利（民執152条など）は，被代位権利になりません（423条1項ただし書）。

4 債権者代位権の行使

　上記の要件がみたされると，Case1の大西さんは中山さんに対して乙債権を行使できます。ただし，あくまで乙債権は渡辺さんのものであり，大西さんはいわば乙債権の管理者のような立場に立ちます。大西さんが甲債権を保全するために，中山さんに弁済を請求するとします。甲債権の額は1000万円ですから，乙債権1200万円全額を行使する必要はありません。被代位債権の部分的行使が可能な場合，債務者に代わって行使できる範囲は，債権の保全に必要な範囲に限られます（423条の2）。

　大西さんによる乙債権の行使は，渡辺さんに代わって行うものです。そうであるならば，本来的には，大西さんが中山さんに求めることのできる内容は渡辺さんへの支払いであり，大西さんは，その後に強制執行を通じて甲債権を回収することになるはずです。しかし，それでは，渡辺さんが受領を拒否したり，財産を散逸させるおそれが捨てきれません。そこで，被代位権利が金銭の支払いか動産の引渡しを目的とするときには，債権者は被代位権利の債務者に対して自己への支払い・引渡しを求めることができます（423条の3）。これによって大西さんが1000万円を中山さんから受け取った場合，法的には大西さんはそれを渡辺さんに返さなければいけません。ところが，大西さんは，渡辺さんがもつこの返還請求債権と，自身の甲債権とを相殺〔→22〕することができます。もし渡辺さんに大西さん以外の債権者がいる場合，大西さんは，相殺することで，事実上，ほかの債権者よりも優先的に債権を回収できることになります。

5 登記請求権の保全

　債権者代位権が必要となる場面の多くは，被保全債権が金銭債権であって，債務者の権利を行使しなければ債務者が無資力になる場合です。そこでは，責任財産の保全が被保全債権の保全につながりました。他方，そうではない場合もあります。Case2では，大西さんが渡辺さんに対して登記請求権を有しています。しかし，渡辺さんが中山さんに登記請求をしないために大西さんは丙の所有権移転登記をすることができません。もしこのまま登記できなければ，第三者が現れた場合に対抗できなくなってしまいますので〔→46〕，大西さんの登記請求権を保全するために，渡辺さんの中山さんに対する登記請求権を大西さんが代位行使することが認められています（423条の7）。ここでは，渡辺さんの責任財産がどれだけあるかは関係がありません。このように債務者の無資力を要件とせずに債権者代位権を行使できる場面を，判例はほかにも認めています（最判昭50・3・6民集26・3・203など）。

【穴埋め問題で確認】
　担保物権を持たない債権者を①____という。一般債権者にとって債権回収の最後の拠りどころは，債務者の②____である。それが全債権を弁済するに足りない状態を③____という。これにより債権者が自己の債権④____を保全する必要がある場合，債権者は，債務者に属する権利（⑤____）を行使することができる。この権利を⑥____という。

【29の解答】①原状回復　②履行請求権　③損害賠償請求権　④（解除前の）第三者　⑤催告　⑥消滅

31 債権者は債務者が処分した財産を取り戻せますか
▶詐害行為取消権

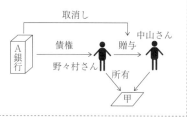

【Case】――債務者の財産がなくなった

A銀行は，野々村さんに対して1000万円の債権を有している。野々村さんは，時価1500万円相当の土地・甲を所有しており，それが唯一の財産である。野々村さんは，A銀行に債務を弁済する前に，甲を中山さんに贈与した。

1 詐害行為取消権の意義 ▶詐害行為取消権 ＝ 債務者が債権者を害することを知ってした行為について，債権者がその取消しをすることのできる権利

(1) 詐害行為取消権の概要 Case のA銀行は，野々村さんが債務を履行しない場合，甲への強制執行により債権を回収できるはずでした。ところが，甲が中山さんに贈与されたことでそれはできなくなり，しかも野々村さんは無資力となってしまいました。ここでは，債権者代位権の場合と同じように〔→30〕，野々村さんの責任財産を保全しないとA銀行が債権回収できなくなります。

債務者である野々村さんの行為は，積極的に自分の責任財産を減らし，その結果，債権者であるA銀行を害するものです。ここで民法は，債権者に，債務者の行為（＝詐害行為）を取り消して責任財産を回復するための請求権を認めています。これを**詐害行為取消権**といいます。

(2) 詐害行為取消権の目的 詐害行為取消権は，責任財産の保全を可能にしますが，責任財産を減少させる行為（＝財産減少行為）以外にも債権者を害する行為はあります。具体的には，①不動産を現金化して隠したり処分したりしやすくすることや（＝相当価格処分行為），②一部の債権者に弁済して債権者間の平等を失わせる行為（＝偏頗(へんぱ)行為）がそれにあたります。とくに②の場面では，詐害行為取消権は，責任財産の保全だけでなく債権者間の平等を実現する機能も担っているといえます。

(3) 請求の相手方 詐害行為取消しを請求する相手方は，債務者（野々村さん）ではなく受益者（中山さん）です（424条の7第1項1号）。受益者から甲を譲り受けた転得者がいる場合は，転得者が相手方になります（以下，この場面は省略）。詐害行為の取消しは，債務者だけでなく受益者にも影響があるので，要件の充足をしっかり判断するために，必ず裁判の場で行使しなければいけません（424条1項本文）。

2 詐害行為取消権の要件 ▶要件 ＝ ①詐害行為前に債権の発生原因があること，②保全の必要性，③詐害行為の存在，④受益者の悪意

詐害行為取消しを求める債権者の債権（＝被保全債権）は，詐害行為よりも前に発生の原因がある必要があります。これは，①事後的に生じた原因で債権を取得した者を保護する必要はないこと，②債権の発生自体は詐害行為後でも，その発生原因（たとえば保証委託契約の締結）が詐害行為前であるなら（保証人の求償権の発生〔→56〕），詐害行為取消権の行使ができることを意味します。ただし，債権者代位権と異なり，被保全債権の履行期の到来は必要ありません。詐害行為取消しでは，常に裁判所が介入するので，保全の必要性の客観的判断ができるからです。なお，詐害行為取消権は責任財産の保全を目的とする制度ですので，金銭の支払い以外の特定の目的を持つ債権は被保全債権になりません。債権者代位権が登記請求権の保全のためにも用いることができるのとは対照的です〔→30〕。ただし，もともと特定物債権であっても，それが損害賠償請求権に転化すれば，被保全債権になりえます（最判昭和36・7・19民集15・7・1875）。また，強制執行によって実現できない債権は，責任財産を保全する意義がなく，被保全債権になりません。

詐害行為取消権は責任財産の保全のためにあるので，詐害行為時に（または詐害行為によって）債務者が無資力となっている必要があります。

債務者の行為が詐害行為だといえるには，a債権を害する行為の存在（客観的要件）と，b債務者の認識（主観的要件）とが必要です。もっとも，具体的な判断基準は場面によってさまざまです。民法は，一般原則で

ある財産減少行為（424条）と，それ以外の特則（424条の2～424条の4）に分けて要件を定めました。一般原則では，その行為で**責任財産**が減少すること，債務者が，債権者を害することを知ってその行為をしたことが要件となります（特則については後述）。なお，たとえば離婚のように財産権を目的としない行為は，それにともなう財産分与によって責任財産を減少させたとしても，詐害行為取消しの対象とはなりません（424条2項）。

　詐害行為取消しでは，権利を奪われる受益者への影響も考える必要があります。債権者を害することについて受益者が善意の場合，取消しはできません（424条1項ただし書）。

3　詐害行為取消権の行使

　(1)　**行使の方法**　詐害行為取消権は，受益者を相手に裁判上で行使します。債務者には，訴訟開始の告知で足ります（424条の7第2項）。被告は受益者だけですが，判決の内容は債務者やほかの債権者にも効力を有します（425条）。請求の具体的内容は，①債務者のした行為の取消しと，②受益者に移転した財産を債務者の責任財産へと返還させることです（426条の6前段）。受益者の中山さんが甲をすでに売却した等の理由で現物返還できない場合，価額の償還を請求できます（同後段）。

　(2)　**行使の範囲**　詐害行為が可分のものである場合，取消しの範囲は，債権者の債権の額を限度とします（424条の8）。債権者個人の権利保障としてはそれで十分だからです。

　(3)　**債権者自身への支払い・引渡し**　詐害行為取消権は責任財産の保全を目的とするものなので，受益者に対しては，本来的には，債務者の責任財産への返還を求めることになります。しかし，返還請求の内容が金銭の支払いか動産の引渡しの場合，債権者自身への支払い・引渡しを請求することが認められています（424条の9本文）。その理由は債権者代位権の説明で述べたのと同じです〔→30〕。また，債権者が金銭の支払いを受けた場合，相殺によって事実上の優先弁済を受けることができるのも同様です。

　(4)　**受益者の権利**　詐害行為取消しが認められると，受益者は取得した財産を失うことになります。詐害行為による最終的な不利益を受益者に負担させるのはおかしいので，受益者には，債務者に対してその財産を取得するためにした反対給付（対価）の返還を請求することが認められています（425条の2）。

　(5)　**期間制限**　詐害行為取消しの訴えは，詐害行為の事実を債権者が知ってから2年を経過すると，提起できなくなります。また，詐害行為の時から10年を経過したときも同様です（426条）。

4　財産減少行為以外の場面　　▶客観的な詐害性が弱いほど，主観的な悪性が強いものである必要がある

　財産減少行為以外に詐害行為となりうる行為として，以下の場面が定められています。

態様	客観的要件	主観的要件
債務者が，受益者から相当の対価を得てする処分行為（424条の2）	その行為が，不動産を金銭に換価するなど，債務者が隠匿・無償供与等の債権者を害する処分（「隠匿等の処分」）をするおそれを現に生じさせるものであること	・行為時に，債務者が，隠匿等の処分をする意思を有していたこと ・行為時に，受益者が，債務者に隠匿等の処分をする意思があることを知っていたこと
複数の債権のうち特定の債権について，担保を供与しまたは消滅させる行為（424条の3第1項）	その行為が，債務者が支払不能（弁済期のきた債務を一般的・継続的に弁済できない状態）の時に行われたこと	その行為が，債務者と受益者とが通謀して他の債権者を害する意図をもって行われたこと
上記の行為が，債務者の義務ではない場合（424条の3第2項）	その行為が，債務者が支払い不能になる前30日以内に行われたこと	同上

【穴埋め問題で確認】
1　詐害行為取消権は，債務者が①＿＿＿を減少させて②＿＿＿となるなど，債権者を害する行為を取り消して逸出財産を返還させる権利である。請求の相手方は，（転得者がいなければ）③＿＿＿である。財産減少行為の場合，財産の減少だけでなく，債権者を害することについて債務者や受益者の④＿＿＿が要件となる。
2　債務者が責任財産を相当価格で処分する行為も，⑤＿＿＿のおそれが現にある場合は，詐害行為となりうる。また，特定の債務者にのみ弁済等をする行為（すなわち⑥＿＿＿）も，同様に詐害行為となりうる。

【30の解答】①一般債権者　②責任財産　③無資力　④被保全債権　⑤被代位権利　⑥債権者代位権

【Case】——売主は買主に代金を支払うように言えますか

　瀧さんは新しい自転車が欲しくなったので，それまで乗っていた自転車を渡辺さんに売ることにした。ところが，瀧さんは自転車を渡辺さんに引き渡したものの，渡辺さんは瀧さんに一向にお金を払おうとしない。瀧さんは渡辺さんにどのような文句をいうことができるか。

瀧さん：売主　目的物引渡請求権　渡辺さん：買主

1　売買契約の意義・法的性質・効力

　(1)　**意　義**　　▶売買 = 当事者の一方がある財産権を相手方に移転することを約し，相手方がこれに対してその代金を支払うことを約することによって成立する契約

　売買とは，当事者間での「売りましょう」「買いましょう」という**意思表示**の合致によって成立する法律行為です（555条）。

　(2)　**法的性質**　　売買契約の法的性質は，双務・有償・諾成契約です。つまり，売買契約によって売主・買主は相互に請求権を取得することになりますし，これらは対価的な牽連関係にあります。

　売買契約の成立に書面等は必要なく，口頭でも成立する諾成契約です。「契約書」は契約の成立を証明するための重要な証拠として作成されます。また，売買の規定はほかの有償契約に準用されますので（559条），有償契約の原則的規定ということができます。

　(3)　**効　力**　　売買契約が成立することによって，主に，売主は買主に対して代金請求権を取得し，買主は売主に対して目的物引渡請求権を取得します。

　Case の瀧さんは自転車を目的物とする売買契約の「売主」であって，渡辺さんは「買主」となります。売買契約の成立によって瀧さんは渡辺さんに対して代金請求権（一定の金銭の額によって表示されます）を取得することになりますので，瀧さんは渡辺さんに対して「（一定の）お金を払って！」と請求することができます。

　万が一，渡辺さんが瀧さんに任意にお金を支払わない場合は，瀧さんは裁判所に申し立てて，「渡辺さんは瀧さんにお金を支払いなさい」という判決を書いてもらうことができます。

　この判決に基づいて（難しい言葉を使うと「債務名義」といいます），瀧さんは渡辺さんの財産を裁判所に頼んで差押えてもらうことができ，差押えた財産を売却してお金に換えることで，瀧さんの渡辺さんに対する代金請求権は最終的に実現されることになるのです〔→23〕。

2　現代における売買契約

　現代社会において，売買は最も重要な契約といっても過言ではありません。一般の日常生活の観点からは，朝起きてから寝るまで売買契約を締結せずに済む日はないほどです。

　たとえば，スーパーマーケットに行って卵や牛乳を買うのも売買契約ですし，トイレットペーパーを買うのも売買契約です。

　また，企業取引の観点からも，売買契約は非常に重要な契約といえます。なぜなら製品の原材料を仕入れるのも通常は売買契約ですし，そのようにして製造された物を取引先に販売するのも一般的には売買契約だからです。

3　手付（てつけ）　　▶手付 = 契約に際して授受される内金以上の意味が込められた一定の金銭等のこと

　(1)　**手付の種類など**　　手付には，①証約手付，②解約手付，③損害賠償額の予定としての手付，④違約手付などの種類があるとされています。①証約手付とは，契約成立の証拠の性質を有する手付のことです。②解約手付とは，買主は手付を放棄することによって契約関係から離脱することができ，また，売主は受け

取った手付の倍額を買主に償還して契約関係から離れることができるというものです。③**損害賠償額の予定としての手付**とは，当事者に債務不履行があった場合に，その損害を賠償するためのものとして授受される手付のことです。④**違約手付**とは，損害賠償とは別に没収される一定の金銭の意味での手付です。

(2) **解約手付**　手付がこれらのうちどれに該当するかは当事者のその手付に込めた趣旨によりますが，民法は，手付が授受された場合，解約手付と推定しています（557条1項）。

ただし，解約手付による契約関係からの離脱は，相手方が契約の履行に着手するまでになされる必要があります（557条1項ただし書）。この履行の着手の意義をめぐっては，判例・学説においていくつかの点が争われてきました。

(3) **履行の着手**　まず，履行に着手の意義ですが，これについて，判例は，「客観的に外部から認識し得るような形で履行行為の一部をなし，または履行の提供のために欠くことのできない前提行為をした」ことと定義しています（最判昭40・11・24民集19・8・2019）。次に，平成29（2017）年改正前は，履行に着手した当事者から，履行に着手していない当事者に対し，手付に基づいて売買契約を解除することができるかが争点になりました。判例は，557条の趣旨を，履行に着手した当事者を保護するための規定であるとし（換言すれば，履行に着手していない当事者の，契約履行に対する期待の保護ではない），履行に着手した当事者による解除の主張を認めました（前掲昭和40年判決）。改正法は，この判例を裏書きするかたちで「相手方が契約の履行に着手した後」と改めています。

4　売買の予約　　▶売買の予約 ＝ 売買に際し，当事者に売買契約を締結させる権利を付与すること

売買契約締結に際して，当事者に売買を成立させる権利を付与することがあります。このような合意のことを，売買の予約といいます。売買の予約が成立しますと，**予約完結権**が発生します。この予約完結権を行使することによって，売買契約の成立が認められるのです。双方の当事者に予約完結権を付与してもあまり意味はありませんので，どちらか一方の当事者に予約完結権が付与されることが多く認められます。

売買の一方の予約については，債権担保のために「再売買の予約」として用いられるとされています。すなわち，売主は不動産を買主に売ることによって売却代金を取得しますが，売主が一定の金銭を後に買主に支払うことによって再度当該不動産を買える権利を認め，この権利を行使することで当該不動産を取り戻せるというものです。

【穴埋め問題で確認】

売買契約は，当事者間での「売る」「買う」という①＿＿＿の合致によって成立する法律行為である。

売買契約の締結に際し，②＿＿＿と呼ばれる金銭等が授受されることがある。②＿＿＿には，証約②＿＿＿，③＿＿＿②＿＿＿などの種類があるとされている。民法は，③＿＿＿②＿＿＿と推定している。

売買の一方の予約とは，当事者の一方に④＿＿＿を付与することである。

［メモ］

---

33 買った物が粗悪品だったらどのように対応しますか
▶契約不適合（権利の瑕疵，物の瑕疵）

【Case】──購入した自転車に問題があれば，売主にどのような主張ができますか

　瀧さんは，甲自転車店から新たに中古のロードバイク（スポーツ走行ができる自転車）を買ったものの，試乗してみると，フレームの強度に問題があって，怖くて乗る気がしない。こういう場合，瀧さんは甲自転車店にどのような文句をいうことができるだろうか。

　あるいは，渡辺さんが貸自転車屋を営もうと12台の自転車を乙自転車店に注文したところ，乙自転車店は渡辺さんに対して11台しか自転車を引き渡さなかった場合はどうだろうか。

---

1 権利の瑕疵，物の瑕疵の意義──契約不適合

> ▶権利または物の瑕疵 ＝ 売買の目的物について，他人の物であった，一部が他人の物であった，数量不足があった，他人の担保権が設定されていた，他人の用益権が設定されていた，物に物理的な不具合があったなどの問題（「瑕疵」とはキズのこと）

　権利または物の瑕疵について，平成29（2017）年改正前の民法では売主の担保責任の問題とされ，学説については法定責任説と契約責任説の対立があったのですが，改正法は権利の瑕疵，物の瑕疵を契約不適合の概念に改めて，契約責任とする立場を採用することを明らかにしました（562条）。逆にいうと，法定責任説は放棄されたということになります。本書は入門書ですので詳細には踏み込みませんが今後は契約責任（債務不履行）の一種として扱われることだけ理解してください。

　Caseにおける瀧さんは，改正前民法に基づくのであれば，瑕疵担保責任の問題となりますし（旧570条），改正後は契約適合性の問題となります。また，渡辺さんについては，改正前でしたら売主の数量不足の担保責任の問題となりますし（旧565条），改正後でしたら，瀧さんの事案と同様，契約適合性の問題として扱われます。

2 契約不適合の効果　　▶契約不適合 ＝ 種類・品質・数量の点で契約の内容に適合しないこと

　契約不適合とは，平成29（2017）年改正法によって一般の債務不履行責任にほかならないことが明確にされたのですから，目的物に契約不適合がある場合，買主は，売主に対し，①追完，②代金減額，③損害賠償，④解除を求めることが可能です〔→23〕。

　①の追完とは，目的物が契約内容に適合するよう履行の追加を求めることをいいます。より具体的には，修理や代物請求（代わりの物との交換）のことです。

　②の代金減額請求権は形成権であって，契約の一部解除と同様の機能を有します。

　③の損害賠償とは，契約不適合によって買主に損害が発生した場合，その賠償を求めることをいいます。その内容は，改正法は契約責任説を採用したのですから契約が履行された場合の利益（履行利益）に及ぶはずですが，改正前の判例には法定責任説と親和性を有するものがあり，なお明らかでない部分も残されています（履行利益に対し，契約が有効だと信じた利益のことを，**信頼利益**といいます）。

　さらに，買主は契約を④解除することもできます。ただ，他方で，売主の帰責事由を要件としないものの，契約不適合が買主の責めに帰すべき事由によるものである場合は解除ができません。

　以上から，**Case**における瀧さんは，甲自転車店に対して，自転車のフレームの強度に問題があったのであれば，旧法に基づくと570条の瑕疵担保責任を理由として契約の解除あるいは損害賠償を請求することになります。改正法に基づく場合は，自転車のフレームの強度に問題があったことが契約適合性を欠くのであれば，追完，代金減額や解除，損害賠償を請求することになります。

　渡辺さんの事案についてですが，自転車を乙自転車店に12台注文したにもかかわらず，11台しか届かなかったのであれば，改正前の民法によると，数量不足の担保責任（旧565条）の問題となり，契約目的達成不能の場合は解除，そうでなければ，代金減額と損害賠償を請求することができることになります。

　改正法に基づくとすると，瀧さんの事案と同様，契約適合性の問題となり（562条以下），追完請求や代金

減額請求，あるいは541条による解除が考えられる救済方法ということができます。ここでいう追完とは足りなかったあと1台の自転車を届けてもらうことを含みます。

3　契約不適合（売主の担保責任）にかかる重要判例

　契約適合性の問題をめぐっては（平成29（2017）年改正前では主に売主の瑕疵担保責任），これまで次のような注目すべき判例が現れており，改正後も重要な意義を有するものと思われます。

　まず，不特定物に瑕疵がある場合，改正前ではどのような処理がなされるかが問題となりました。この点について，判例は「不特定物を給付の目的物とする債権において給付せられたものに隠れた瑕疵があった場合には，債権者が一旦これを受領したからといって，それ以後債権者が右の瑕疵を発見し，既になされた給付が債務の本旨に従わぬ不完全なものであると主張して改めて債務の本旨に従う完全な給付を請求することができなくなるわけのものではない」と判示しています（最判昭36・12・15民集15・11・2852）。

　次に，土地の売買において実際の土地の面積が予定された面積よりも少なかったという事案において，売買契約当時の価格ではなくその後値上がりした価格に基づいて損害賠償請求ができるかが争われた事案において，最高裁は「土地の売買契約において，売買の対象である土地の面積が表示された場合でも，その表示が代金額決定の基礎としてされたにとどまり売買契約の目的を達成するうえで特段の意味を有するものでないときは，売主は，当該土地が表示どおりの面積を有したとすれば買主が得たであろう利益について，その損害を賠償すべき責めを負わないものと解するのが相当である」と判示しました（最判昭57・1・21民集36・1・71）。

　さらに，土地がふっ素によって汚染されており，売買契約当時ふっ素は規制されていなかったものの，売買契約締結後に法律によって規制され，買主は土壌汚染対策費用を支出したという事案があります。

　この事案において，売買契約の目的とされた土地に瑕疵があるかどうかが争われました。最高裁は「本件売買契約締結当時の取引観念上，それが土壌に含まれることに起因して人の健康に係る被害を生ずるおそれがあるとは認識されていなかったふっ素について，本件売買契約の当事者間において，それが人の健康を損なう限度を超えて本件土地の土壌に含まれていないことが予定されていたものとみることはできず，本件土地の土壌に溶出量基準値及び含有量基準値のいずれをも超えるふっ素が含まれていたとしても，そのことは，民法(旧)570条にいう瑕疵には当たらない」と述べ，売買契約締結時に法律上の規制が課されていなかったのであれば，瑕疵にはあたらないと判示しています（最判平22・6・1民集64・4・953）。

【穴埋め問題で確認】
　売買契約の目的物になんらかの不具合があることを，平成29（2017）年改正法は，①＿＿＿の問題とする。この①＿＿＿の概念につき，とりわけ目的物に物理的な不具合があることを，改正前は，②＿＿＿担保責任と呼んでいた。①＿＿＿に問題があると，買主は，売主に対して，③＿＿＿の請求，④＿＿＿の請求，⑤＿＿＿の請求，⑥＿＿＿が問題となる。⑤＿＿＿の範囲については，①＿＿＿とは売主の債務不履行にほかならないのであるから，⑦＿＿＿のみならず，⑧＿＿＿の賠償に及ぶと思われるが，この点については明らかでない部分も残されている。

［メモ］

【Case】──貸したお金を返してくれと主張できますか

　瀧君は，彼女とテーマパークでデートをする約束をしたものの お金がなく，渡辺さんに借りることにした。渡辺さんは瀧君にお金を貸すことを了承したが，10日で1割の利息を条件とした。瀧君は，アルバイトをすれば簡単に返せると思ってこれを受け入れたものの，その後ケガをしてアルバイトをすることができなくなってしまい，渡辺さんにお金を返すことができない。渡辺さんは，瀧君に対して，どのような主張をすることができるか。また，瀧君は，どのような反論をすることができるか。

消費貸借契約

瀧君：借主　　　　　　　　　　　渡辺さん：貸主

消費貸借契約に
基づく貸金返還請求権

1　消費貸借契約の意義・法的性質・効力

▶消費貸借 = 当事者の一方が，種類，品質および数量の同じ物をもって返還することを約して，相手方から金銭その他の物を受け取ることによって効力を生じる契約（587条）

　消費貸借契約は，従来は**要物契約**とされてきましたが，平成29（2017）年改正民法によって**書面でする消費貸借**が認められ，これによると諸成契約とすることが認められました（587条の2）。

　消費貸借契約について，民法は無償契約であることを原則としていますが，特約によって利息の合意をすることができます（589条）。現実の社会においては，むしろこちらの方が原則であるといえます。

　利息の特約を認めると，Caseのように借主が貸主から高利の約束を強いられる場合が発生しますので，利息をどのように規制するかという問題が発生します。

　消費貸借契約の法的性質は片務契約です。書面でする消費貸借の場合は諸成契約とされます。また，利息の特約がなければ無償契約となりますが，利息の特約をすると有償契約となります。

　金銭を目的とする消費貸借契約が成立すると（金銭消費貸借契約といいます），貸主は借主に対し貸金返還請求権を取得します。書面でする消費貸借の場合は，借主は貸主に対してお金を貸してくれと求めることができます。

　ただし，借主が貸主からお金を受け取る前に当事者の一方が破産手続開始決定を受けると消費貸借契約は効力を失い，お金の引渡しを求めることができません（587条の2第3項）。

2　利息債権

▶利息債権 = 主に金銭消費貸借契約が締結されるに際し，元本（がんぽん）の返還のみならず，これに対し一定の割合によって計算される金額を支払うことが約束される場合に発生する債権

　元本に対して一定の割合によって計算される利息債権そのものを基本権たる利息債権といい，これによって発生した具体的な利息債権のことを支分権たる利息債権といいます。なお，当事者間でとくに定めがなかった場合，利息については法定利率に基づくことになりますが（404条），平成29（2017）年改正前は固定利率とされていたのが，改正法では**変動利率**に改められたことに注意が必要です。

3　利息制限法

▶利息制限法 = 当事者間の約定により発生する利息等を規制するための法律

　利息制限法は，利息を元本に応じて規制しています。すなわち，元本が10万円未満の場合は20％，元本が10万円以上100万円未満の場合は18％，元本が100万円以上の場合は15％と規定しています。また，金銭を目的とする消費貸借に関して債権者の受ける元本以外の金銭は，礼金，割引金，手数料，調査料その他いかなる名義をもってするかを問わず，利息とみなされます（利息制限法3条）。

　ただ，この法律は民事上の規制であって，これに違反しても刑罰が課されることはありません。刑事罰をもって利息を規制しているのは出資法でして，現在は金銭貸付業者について20％ですが，かつては40.004％あるいは29.2％であって，この間の利息をどう規律するかが重要な課題とされていました。この民事上の規

制と刑事上の規制の間の金利はグレーゾーン金利と呼ばれていました。このグレーゾーン金利での貸付を一定の条件の下で認めていたのが，次の貸金業法です。

4　貸金業法

　貸金業に関する法律として貸金業法があります。この法律は，貸金業を営もうとする者につき登録制とするとともに，かつては，一定の要件の下で利息制限法を上回る利息の受け取りを認めていました。いわゆるアメとムチですね。貸金業法はグレーゾーン金利での貸付を認めるための条件として，貸付に際し契約書を交付することと，貸金の返済を受けるたびに領収証を交付し，返済が債務者の任意によってなされることなどを要件としていました。これらについて，5 で述べるとおり，最高裁は非常に厳しい判断を示し，重要な法規範が裁判所によって形成されることになりました。

　現在ではこの貸金業法は改正（削除）され，出資法の上限が20％とされることによってこのグレーゾーンは基本的に消滅することとなりました。

5　過払金問題

　このように，利息をめぐっては，利息制限法，出資法，貸金業法が関係するため，利息制限法による規制に違反するものの出資法には違反せず，貸金業法によって受領が認められているようにみえるグレーゾーンでの貸し付けをめぐって過払金の返還を求める訴訟が多数提起されることになりました。

　その中でも，最判平15・7・18民集57・7・895が，形式的には独立している一連の取引の過払金をほかの債務に充当することを認めたことで過払金の返還を請求する訴訟が大規模に提起されることになり，大手消費者金融会社が倒産するといった事態も発生しました。過払金返還請求権の消滅時効は10年とされるため（最判平21・1・22民集63・1・247），今後はこのような事態も終息する方向に向かうのではないかと思われます（なお，消滅時効期間が平成29（2017）年改正法では5年とされたことにつき，消滅時効の項目〔→66〕を参照してください）。

　以上より，瀧君が渡辺さんからお金を借りるにあたって，10日で1割という利息は利息制限法に違反します（このような10日で1割という約定のことを「トイチ」といいます〔→14〕）。また，あまりに高額の利息を約定した場合は，暴利行為として90条（公序良俗）によって無効とされることもありえます〔→14〕。

【穴埋め問題で確認】
　消費貸借とは，当事者の一方が，種類，品質および数量の同じ物をもって返還することを約して，相手方から①＿＿＿その他の物を受取ることによって効力を生じる契約である。消費貸借契約は，目的物の受取りによって成立する②＿＿＿契約であるが，平成29（2017）年改正法によって③＿＿＿する消費貸借が認められた。

[メモ]

【33の解答】①契約不適合（契約適合性），②瑕疵，③追完，④代金減額，⑤損害賠償，⑥解除，⑦信頼利益
　　　　　　⑧履行利益　（③④⑥は順不同）

35 お金はないけれど，今すぐ新車が欲しいときはどうしますか

▶割賦販売，ローン提携販売，リース

【Case】——ローンを組んで新車を購入するにはどうすればいいですか

瀧君は，いますぐ新しいクルマが欲しくなったが，高くてすぐには買うことができない。そこで，分割払いで購入することに決めた。瀧君が自動車の販売店に赴くと，営業マンから分割払いでのクルマの購入には，ローン提携販売，あるいはリースでの方法があると教えてもらった。これらにはどのような違いがあるのだろうか。また，万が一購入した自動車に欠陥があった場合，瀧君は自動車の分割払い代金の支払いを拒むことができるのだろうか（当然瀧君は拒否できないと困りますよね）。

また，クルマの購入に際しクレジットカードをつくれば自動車の購入代金の値引きに応じてくれるとのことである。クレジットカードとはどのようなものなのだろうか。

【ローン提携販売】

売買契約
保証委託契約

瀧君：買主 / 自動車販売店：売主，保証人

金銭消費貸借契約 / 保証契約

ファイナンス業者：貸主

---

1 意義・法的性質・効力 ▶割賦販売 ＝ 大まかには，分割払いによって商品を売る取引のこと

(1) **割賦販売** 詳細な定義は**割賦販売法**によってなされていますが，割賦販売については，割賦販売法によって規制がなされています。割賦販売の大まかな定義としては，商品等の対価を2月以上かつ3回以上に分割して受領する取引のことをいいます（割販2条）。

割賦販売については，売主が買主に信用供与する自社割賦と，第三者が買主に信用供与する第三者割賦に分かれます。第三者による信用供与については（信販会社などがこれを専門とします），個別信用購入あっせんと，包括信用購入あっせんに分かれます。後者の**包括信用購入あっせん**が，いわゆるクレジットカード取引といわれるものです。

(2) **ローン提携販売** ローン提携販売とは，売主以外の第三者が買主に対して購入代金を貸付けるものです。買主の債務につき，売主が保証するとされています。これについても売買の目的物につき何らかの契約不適合があった場合〔→33〕，信用供与者に支払いを拒むことができるか問題となります。

(3) **リース** ▶リース ＝ 目的物を売主（サプライヤーという）からリース業者が購入し，これを利用者（ユーザーという）に有償で貸し付ける取引のこと→ 中途解約はできない

リースとは，リース業者が売主から目的物を購入し，購入した目的物をリース業者がユーザーに貸し付けるというものです。これは，典型契約である売買契約と賃貸借契約が複合したものとみることも可能ですが，リース契約という非典型契約あるいは無名契約であると評価することも可能です。経済的な観点からは，リース取引は割賦販売と異ならないということができます。

今般の民法改正で，これを民法典に規定して典型契約とすることも検討されましたが，結局これは見送られることになりました。

(4) **まとめ** 以上より，現金が手元にないものの，いますぐ新車が欲しい瀧君としては，①ローン提携販売か，②リースを利用することが可能です。

①のローン提携販売を用いた場合，瀧君と自動車販売店との間で売買契約が成立し，ファイナンス業者から瀧君が金銭消費貸借契約によって借入れを行うことになります（消費貸借契約は基本的に要物契約ですが，お金はファイナンス業者から販売店に直接支払われる点に注意）。典型的なローン提携販売によりますと，瀧君のファイナンス業者に対する借入債務を，販売店が保証することになります（保証料の授受がなされる場合もあるようです）。

最近では，残価ローンというものもあります。これは，あらかじめローン終了後の目的物の残存価格（残価）を最終回の支払い金額とすることによって，各回の支払額を抑えようとするものです。契約終了時に

は，［1］一括して金銭で支払うか，［2］残価部分を改めて分割返済する，［3］自動車を返却することによって最終回の支払いを行うことが予定されることが多いというものです。注意点としては，利息は残価部分も含めた借入金全額をもとに計算されることです（残価を除いた各回の支払部分の合計ではありません）。

　これに対して，②瀧君がリースを用いることを選択すると，リース業者が販売店から自動車を買い取り，これを瀧君に貸し付ける形をとります。この場合，有体物としての自動車は一度もファイナンス業者に引き渡されることはありません。販売店から瀧君に直接自動車が引き渡され，瀧君が物件受領書という書面をリース業者に提出することによって，リース業者から販売店に代金が支払われるのです。ここで，自動車が引き渡されないにもかかわらず，瀧君が物件受領書をリース業者に提出するとどうなるかについては，次の「2　法的問題点」で扱います（どうして瀧君がそんなことをするのかについても，そこで述べます）。

2　法的問題点

(1)　抗弁の接続　　割賦販売，あるいはリース取引によって取得した目的物に瑕疵（契約不適合）があった場合，ファイナンス業者からの請求につき，利用者は，目的物に瑕疵（契約不適合）があることを理由に支払を拒むことはできるでしょうか。割賦販売，あるいはローン提携販売などにおいて，売主に対する主張を信用供与者に対しても主張できるとすることを，**抗弁の接続**といいます。これに関して，最高裁では，抗弁の接続は法によって創設された規定であるとされました（最判平2・2・20判時1354・76）。

(2)　空リースと錯誤　　リース取引等におけるリース料をユーザーのために保証した保証人が，リースの目的物が引き渡されていないこと等を理由に，錯誤に基づいて保証契約を無効（あるいは取消）と主張することはできるでしょうか。

　実際にリース取引が行われないにもかかわらず，ユーザーからリース業者に物件受領書が発行され，これに基づいて代金がリース業者からサプライヤーに支払われることを，「空（から）リース」といいます。これは，サプライヤーがユーザーに依頼することによって，金融目的でなされます。このような問題について（クレジットの事案ですが），最高裁は連帯保証人による錯誤無効（平成29（2017）年改正後は取消し）の主張を認めました（最判平14・7・11判時1805・56）。

【穴埋め問題で確認】
　商品を分割払いで購入することは，①＿＿＿によって規制がなされている。いわゆるクレジットカードによる取引は，②＿＿＿という。
　商品（目的物）になんらかの欠陥があった場合，割賦販売法によって，売主だけでなくファイナンス会社に対してもその欠陥を理由として支払いを拒めるということを，③＿＿＿という。

［メモ］

【34の解答】①金銭，②要物，③書面

36 借地に建てた家を売りたいのですが，どうすればいいですか
▶賃貸借契約の意義，当事者の債権債務関係，賃借権の譲渡・転貸，期間・更新

【Case】──土地を借りて建てた家を他人に売ってもいいですか

渡辺君は頑張って働いて大阪に一軒家を新築できるまでになった。ただ，予算が足らなくて，建物の敷地は田中君から借りることにした。ところが，家が完成してからまもなく東京に転勤することが決まった。せっかく新築した一軒家だったが，これを泣く泣く瀧くんに売却することにした。

これに対して怒ったのが田中君だった。というのも，土地を貸したのは几帳面な渡辺君に対してであって，瀧君に対してではないというものだった。

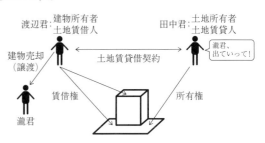

怒った田中君は建物の買主である瀧君にその土地から出ていけということができるだろうか。もし田中君が瀧君に出ていけといえるとすると，今度は瀧君がかわいそうだが（ローンを組んで家を購入したかもしれません），どうにかならないものだろうか。

1 意義・法的性質・効力

▶賃貸借 ＝ 当事者の一方が（これを賃貸人という），他方の当事者に対し（これを賃借人という），ある物の使用収益をさせることを約束し，相手方がこれに対して賃料を支払うことと引渡しを受けた物を終了後に返還することを約束することによって成立する契約（601条）

賃貸借契約の性質は，双務・諾成・有償契約です。賃貸借契約が成立することによって賃貸人は賃借人に対し**賃料請求権**を取得し，賃借人は賃貸人に対し目的物を使用収益させるよう請求することができます。

2 当事者間の債権債務関係

(1) **賃貸人の賃借人に対する請求権** 賃貸人は賃借人に対し賃料請求権を有します。民法の規定によれば賃料は後払いとされていますが（614条），実際は特約によって前払いとされることが多いと思われます。つまり，614条の規定は任意規定であるということができます。

(2) **賃借人の賃貸人に対する請求権** 賃借人は賃貸人に対し目的物を使用収益させるよう請求することができます。これは使用貸借とは異なり，目的物を積極的に利用できる状態にすることを含みます。すなわち，賃借人は賃貸人に対し目的物が壊れた場合は目的物を修繕するよう請求することができます（606条）。ただし，賃借人は賃貸人に対し賃借権の登記をするよう請求することはできません。

3 賃借権の無断譲渡・転貸　▶賃借権の無断譲渡・転貸 ＝ 賃借人は賃貸人の許可を得ることなく賃借権を第三者に譲渡したり，転貸したりすることができないこと

賃貸人の同意なく賃借権の無断譲渡，あるいは転貸が行われた場合は賃貸人は賃貸借契約を解除することができます（612条）。解除には催告を必要としません。

ただ，この規定によると，冒頭の **Case** のように，転勤が決まった渡辺君が家を瀧君に売った場合，いわゆる従たる権利として賃借権も同時に瀧君に移転することになってしまいますから，賃借権を賃貸人である田中君に無断で譲渡したことになり，田中君は賃貸借契約を解除できることになります。そうすると，瀧君はせっかく買った家を取り壊して田中君に土地を返還しないといけなくなってしまいます。これでは瀧君は非常に困ります。他方でまた，このようなことでは渡辺君のような人から家を買う人がいなくなってしまい，渡辺君も困ることになってしまいます。

そこで判例は，賃借権の無断譲渡あるいは転貸がなされた場合でも，当事者間の信頼関係を破壊しない特段の事情がある場合は，賃貸人は賃貸借契約を解除することができないとの規律を確立するに至っています。これを**信頼関係破壊**の法理といいます。

4　期間・更新

(1)　賃貸借の期間　　▶賃貸借の期間 ＝ 50年を超えて契約することができない（604条1項）

　民法典が規定する賃貸借契約には，このような期間制限があります。ただし建物を所有する目的での土地の賃貸借等については借地借家法に特別の規律があることに注意をしてください。

(2)　賃貸借の更新　　▶賃貸借の更新 ＝ 当事者間の合意によって更新できる（604条2項）。ただし，その期間は更新の時から50年を超えることはできない（604条2項ただし書）

　賃貸借契約の期間を定めた場合であっても，これを更新することができます（604条2項）。更新の期間は当事者の合意によることになりますが，この場合でも更新の時から50年を越えることができません。

(3)　黙示の更新　　▶黙示の更新 ＝ 賃貸借の期間が満了した後賃借人が賃借物の使用または収益を継続する場合において，賃貸人がこれを知りながら異議を述べないときは，従前の賃貸借と同一の条件で更に賃貸借をしたものと推定される（619条）

　賃貸借期間経過後も賃借人が利用し続けるのに賃貸人が異議を述べないと更新が認められることがあります。これを黙示の更新といいます（619条）。619条については，黙示の更新について推定したものと理解されています。黙示の更新がなされた後は，それまでの賃貸借に期間の定めがあったとしても，期間の定めのない賃貸借とされます。

　民法上の規律はこのようになっていますが，借地借家法が適用される賃貸借において，更新拒絶には正当事由が必要とされることは，次のトピック〔→37〕を参照してください。

(4)　更新料　　▶更新料 ＝ 契約の更新に際して賃借人から賃貸人に対して支払われる一定額の金銭のこと

　賃貸借契約において，契約の更新に際して更新料の支払いが約されることがあります。このような更新料について，消費者契約法10条に反しないとした判例があります（最判平23・7・15民集65・5・2269）〔→15〕。

【穴埋め問題で確認】
　賃貸借契約が成立すると，賃貸人は賃借人に対して①＿＿＿を請求することができる。
　賃貸借契約において，賃借権の無断譲渡あるいは転貸，または債務不履行がある場合においても，賃貸人による解除が制限されることがある。これを②＿＿＿の法理という。
　契約期間満了後に，その後も継続して契約関係を続けることを，③＿＿＿というが，契約の③＿＿＿に際して授受される金銭として，③＿＿＿料がある。③＿＿＿料については，これが消費者契約法10条に反するのではないかが争われた事案がある。

［メモ］

【35の解答】①割賦販売法，②包括信用購入あっせん，③抗弁の接続

Chapter13 賃貸借 契約	**37**	借りていた家を解約するときに敷金や保証金は返してもらえますか ▶不動産賃借権の対外的効力（借地借家法），敷金

【Case】——地主の要求は妥当ですか

　瀧君は田中君から土地を借りてその土地の上に建物を建てて住んでいた（建物は瀧君のものです）。ところが，田中君はその土地を渡辺君に売ってしまった。渡辺君が瀧君に対し，建物を壊して土地を明け渡せと請求した場合，瀧君はその請求に応じないといけないのだろうか。

　また，瀧君は田中君に敷金として20万円を交付していた。瀧君が土地を明け渡さないといけないとすると，敷金を返してもらうまで出ていかないと主張することはできるのだろうか。

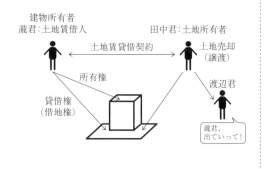

1　意義・法的性質・効力

　土地あるいは建物を目的とする賃貸借契約は，民法だけでなく借地借家法という特別法によっても規律されています。借地借家法は建物の所有を目的とする賃貸借契約に適用され（借地借家1条），駐車場として用いるための賃貸借契約には適用されません（そのため，幼稚園の遊び場として借りた土地に借地借家法が適用されるかなどが問題となります）。以下では，借地と借家に分けてみていくことにしましょう。

2　借地　　▶借地権 = 建物所有を目的とする地上権あるいは賃借権のこと

　(1)　**借地権**　　建物の所有を目的とする地上権あるいは賃借権には借地借家法が適用され，あわせて借地権と呼ばれます（借地借家2条）。借地権については，民法の規定が多く修正されています。

　まず，借地の存続期間についてです。借地の期間については，30年を下回る期間を合意することができません（借地借家3条）。次に，更新についても，最初の更新の期間は20年，2回目以降の更新は10年を下回ることができません（借地借家4条）。また，更新については更新請求制度が規定されており，建物がある場合，借地権設定者が遅滞なく異議を述べないと，従前の契約と同一の条件で契約を更新したものとみなされます（借地借家5条）。さらに，借地権設定者が更新拒絶をするには**正当事由**が必要です（借地借家6条）。

　ここでいう正当事由には，借地権設定者あるいは借地権者が土地を必要とする事情のほか，土地をめぐる従前の経過などが勘案されて判断されることになりますが，金銭によって正当事由を補完することが認められていることが注目に値します。いわゆる**立退料**といわれるものです。立退料は，あくまで正当事由を補完するにすぎないものであることに注意が必要です。

　(2)　**建物買取請求**　　▶建物買取請求権 = 借地契約終了後に借地権者の一方的意思表示によって建物を売買すること

　借地契約が終了すると，借地権者は一方的意思表示によって，建物を借地権設定者に買い取ることを請求できます（借地借家13条）。形成権です。

　(3)　**借地権の対抗力**　　▶借地権の対抗力 = 借地上の建物の登記

　賃借人は賃貸人に対し登記請求権を有しませんが，賃貸人が土地を第三者に譲渡しても，借地人がその上に建物を立てて建物を**登記**することで第三者に対して借地権を対抗することが可能です（借地借家10条）。

　ここでいう建物の登記について，借地人の息子名義での登記に対抗力を認めなかった最高裁判所の判例があります（最判昭41・4・27民集20・4・870）。

　平成3（1991）年の借地借家法改正によって，定期借地権が認められるに至っています（借地借家38条）。定期借地権とは，更新はなく借地契約終了に際しても建物買取請求権が認められない借地権のことをいいます。

　Caseの瀧君は，敷地の所有権が田中君から渡辺君に譲渡されたのですから，立退かないといけないので

しょうか。出発点としては，賃借権は債権ですから，瀧君が「土地を使わせろ！」と主張できるのは，あくまで田中君だけであるということを確認してください。しかしながら，このような渡辺君の主張を認めますと，安心して土地を借りて建物を建てることができません。そこで，上述したとおり，当初は建物保護法，現在は借地借家法10条によって，瀧君は建物の登記をしておけば，土地賃借権を新たな土地所有者である渡辺君に対抗できることが認められています。

3　借　家　　▶建物賃貸借の更新拒絶 ＝ 正当事由が必要

借家（建物賃貸借）については，当事者が合意した期間が契約期間となりますが，1 年未満の期間を合意した場合は期間の定めのない賃貸借とされます（借地借家29条）。借家の更新をめぐっても，賃貸人が更新を拒むには正当な事由が必要です（借地借家28条）。借家の対抗力は，建物の引渡しによって認められます（借地借家31条）。

平成11（1999）年の改正によって，存続保障のない定期建物賃貸借制度が認められるに至っています（借地借家38条）。定期建物賃貸借契約が締結されると，賃借人の方からも，原則として契約期間満了前に賃貸借契約を解除することができないことには注意が必要です。

4　敷　金　　▶敷金 ＝ 土地や建物の賃貸借に際し賃借人から賃貸人に対し交付される一定の金銭のこと

敷金は賃借人の債務不履行その他賃借人が賃貸人に対して負う可能性のある債務を担保するために授受されます。敷金は賃貸借契約終了後に返還されることが前提とされます。

それでは，賃借人は敷金が返還されるまで目的物を返さないと主張することはできるのでしょうか。判例は，この点につき，敷金は明渡しまでに生じる賃借人の債務を担保するものであるため，明渡しと同時履行を主張することはできないとしてきました。

学説には同時履行を主張するものがありましたが，平成29（2017）年改正民法において敷金返還請求権は目的物の返還をしてからであることが明らかにされました（622条の 2 第 1 項）。

なお，不動産の賃貸借において目的とされた不動産が譲渡された場合は，不動産の譲受人に敷金返還債務が引き継がれることが，改正法によって明らかにされています（605条の 2 第 4 項）。

【穴埋め問題で確認】
　借地権の対抗力については，借地上の建物の①＿＿＿とすることが認められている。また，借地や借家の更新拒絶をめぐっては，②＿＿＿が必要とされるが，金銭によって②＿＿＿を補完することが可能である。このような金銭のことを，③＿＿＿ということもある。

［メモ］

---

38 注文した住居が欠陥建築だったらどう対応しますか

▶請負契約の意義，完成義務の不履行（契約適合性），品確法

【Case】──注文住宅の基礎工事が不十分だったら，契約を解消できますか

　瀧君は，渡辺君が経営する渡辺工務店に頼んで家を建ててもらった。ところが，建築途中に渡辺君が家を建てる様子をみていたら，基礎が全く不十分で，瀧君は渡辺君との契約を解消したいと思うようになった。このようなことは可能だろうか。

　また，建物が完成して瀧君が渡辺君から家の引渡しを受けて住んでみると，雨漏りがして修理をする必要が発生した上に，瀧君の大事なパソコンが水浸しになってしまった。瀧君は渡辺君に対して，どのような文句をいうことができるだろうか。

1　意義・法的性質・効力　　▶請負 = 仕事の完成を約束することに着目した役務提供契約（632条）

　(1)　意　義　　請負契約は，「仕事の完成」という結果を当事者間で約束の内容としている点が重要です。つまり，請負人は注文者に対して約束した仕事を完成する義務を負い，注文者は請負人に対して報酬（請負代金）を支払う義務を負うのです。

　(2)　法的性質　　請負契約の法的性質は，諾成・双務・有償契約です。請負契約の成立に際し，約款が用いられることがあります（民間（七会）連合協定工事請負契約約款，公共工事標準請負契約約款など）。

　(3)　効　力　　請負契約が成立すると，注文者は請負人に仕事を完成するよう請求することができますし，請負人は注文者に対して報酬の支払いを請求することができます。

2　仕事完成前の注文者の任意解除権

▶仕事完成前の注文者の任意解除権 = 注文者は，仕事完成前であれば，なんら理由を付することなく，損害を賠償して契約関係から離脱することが可能（641条）

　仕事完成前の注文者の任意解除にかかる損害賠償の内容とは，履行利益を含むとされています。

　したがって，請負代金1000万円で，利益が200万円，ちょうど半分のところで中途解約されるまでに請負人が支出した費用が400万円だとすると，注文者が賠償すべき損害賠償額は（中途解約によって支出しなくてよくなった残りの費用400万円を除く）600万円となります。請負人は，半分しか工事をしなかったにもかかわらず，200万円の利益全額を得られるのです。

3　請負目的物の所有権の帰属

▶請負目的物の所有権の帰属 = 請負人の仕事によって目的物が完成した場合に，その目的物の所有権は注文者に帰属するのか，それとも請負人に帰属するのかという問題

　請負契約における請負人の仕事の完成によって目的物が生じることがあります。それでは，その目的物（問題になることが多いのは注文者の土地上に建てられた建物）は，注文者・請負人どちらに帰属するのでしょうか。

　この点について，出発点として，当事者間に特約があれば，それに従うことになります。では，特約がない場合どのように処理するのが良いでしょうか（明示の特約がなくても，代金の支払いによって特約が認定されることがあります）。

　判例は，材料の拠出に着目します。つまり，加工の法理を演繹して（246条参照），材料を拠出したのが請負人であれば請負人に帰属し，材料を拠出したのが注文者であれば，注文者に帰属するとします。学説は，そもそも請負人には土地の利用権原がないことを重視し，注文者帰属説が有力です。

　さらに問題となるのは，下請人が関係する場合です。下請人とは，請負人からさらに仕事を請負う独立した当事者です。判例は，注文者・請負人間に建物の所有権は注文者に帰属するという特約があり，材料を下請人が拠出したという事案で，下請人は請負人と異なる主張はできないことを理由として，下請人の主張を

退けたものがあります（最判平5・10・19民集47・8・5061）。

4　契約適合性　　▶建物に瑕疵があった場合 ＝ 改正前：請負人の瑕疵担保責任，
改正後：売買における目的物の契約不適合に関する規律が準用（559条）

　請負人が完成した建物に雨漏り等の瑕疵があった場合，どのような解決がなされるでしょうか。この点，平成29（2017）年改正前と改正法では規律が異なります。

　(1)　改正前の規律　　改正前の規定によりますと，請負人の瑕疵担保責任の問題となり，瑕疵の修補などを請求することができます（旧634条）。ただし，建物の建築の場合は，いかに瑕疵があろうとも，契約の解除はできないことに注意をしてください（旧635条ただし書）。ただ，この場合でも，建物の建替費用相当額の損害賠償請求は認められています（最判平14・9・24判時1801・77）。

　(2)　改正後の規律　　改正法によりますと，これは単に契約不適合の問題となり，売買の規律が準用される結果，注文者は，①追完請求，②報酬減額請求，③損害賠償請求，④契約の解除ができることになります〔→33〕。けれども，仕事の目的物の種類・品質に関する契約不適合が注文者によって提供された材料の性質または注文者の指図によって生じた場合は，注文者は契約不適合を理由とする救済をうけることができません（636条本文）。ただし，請負人がその材料または指図が不適当なことを知りながら注文者に告げなかった場合は，この限りではありません（636条ただし書）。

　よって瀧君は渡辺君に対して，改正前・改正後それぞれの規律によって，解除あるいは損害賠償の請求などを検討することになります（パソコンにかかる賠償請求の法的構成については，564条に含まれるか，請負契約に基づく保護義務違反によるか議論があります）。

5　請負契約における危険の移転　　▶請負における危険の移転 ＝ 売買の規定が準用（559条）

　請負契約において，完成した目的物が引渡しを要する場合において，その危険はどちらが負担するのでしょうか。この問題については，559条によって売買に関する567条が準用される結果，引渡しの後に発生した目的物の滅失・損傷に関する危険は，注文者が負います（567条1項）。ただし，引渡し後の滅失・損傷が請負人の責めに帰すべき事由による場合は，注文者は権利主張（追完・報酬減額・損害賠償・解除）することができます。

6　品確法　　▶品確法 ＝「住宅の品質確保の促進等に関する法律」（住宅品質確保促進法）

　品確法においては，主に新築住宅につき，この法律の中核として，住宅性能表示制度と並んで瑕疵担保責任の強化，つまり10年保証が認められています。

　品確法95条1項は，新築住宅の売買契約において，売主は，買主に引き渡した時から10年間，住宅の構造耐力上主要な部分等の瑕疵について，民法に定める担保の責任を負うと規定しています。

> 【穴埋め問題で確認】
> 　請負人は，注文者に対して，仕事を①＿＿＿する義務を負う。②＿＿＿完成前であれば，注文者は任意に請負契約を解除することができる。請負における目的物の所有権の帰属につき，判例は，特約がなければ，③＿＿＿の拠出によって判断している。

［メモ］

【37の解答】①登記，②正当事由，③立退料

【Case 1】——依頼をした相手が仕事をしないときはどのような主張ができますか

　大学生の瀧君は，法律の勉強を頑張って弁護士になった渡辺君にトラブルの
処理を任せた。ところが売れっ子弁護士の渡辺君は忙しくて一向に解決しよう
としてくれない。瀧君はどのような文句をいえるのだろうか。

【Case 2】——医療過誤？

　田中君は医者になった。田中君は精一杯努力して患者さんを治療したものの
患者さんは死亡してしまった。患者さんの遺族から訴えられた田中君は，どの
ようなことがいえるだろうか。

1　委任の意義・法的性質・効力　　▶委任契約＝ある者が，他の者から委託されて，法律行為をすることを目的とする契約（643条）

　(1) 意　義　　委任契約において，委託する人を「委任者」，委託される人を「受任者」といいます。委任契約は，役務（サービス）提供契約の原型とされることもありますが，後述のとおり，受任者には高度な注意義務が課される点に特殊性があります。物を預かることに特化した契約として，民法典は寄託契約も規定しています（657条）。委託する内容がCase 2の田中君が引き受けた医療行為のように法律行為でない場合を「準委任」契約といい，委任の規定が準用されています（656条）。株式会社と役員および会計監査人との間の法律関係も委任とされます（会社330条）。

　(2) 法的性質　　▶法的性質＝諾成・無償・片務

　委任契約は，ローマ法以来の沿革的理由から，無償契約が原則とされます（648条1項）。弁護士や医師に対する報酬は金銭ではなく，社会的名声だったのです。もちろん特約によって報酬を定めることもでき，現代社会においてはむしろこちらの方が原則といえるでしょう。この場合，双務の有償契約となります。

　(3) 効　力　　▶効力＝受任者には，無償であっても，善管注意義務が課される

　委任契約の受任者には，委任者・受任者間の人的信頼関係の特殊性に鑑みて，無償であっても，善良なる管理者の注意義務（善管注意義務）が課されます（644条）。つまり，「自己の財産に対するのと同一の注意」（659条）よりも高度の注意義務が課されるのです。

　善管注意義務と似た概念として，忠実義務との関係が問題となることもあります（会社355条）。

　(4) 報告義務　　▶受任者の報告義務＝経過報告義務および顛末報告義務

　受任者は，委任者の請求があるときは，いつでも委任事務処理の状況を報告しなければなりません。また，委任が終了した場合には，遅滞なくその経過および結果を委任者に報告しなければなりません（645条）。この規定を根拠として，コンビニエンス・ストア（コンビニ）における仕入れ代金等をオーナーに知らせる義務があるとした判例があります（最判平20・7・4判時2028・32）。

　コンビニとは，フランチャイザーといわれる本部が，自己の商号等を用いて他の者（フランチャイジー）が商売をすることを認めるフランチャイズ契約に基づいて運営されているところ，判例はこの関係に委任の契機を見出したということです。

2　委任の終了　　▶委任の終了事由＝①事務の終了，②事務処理の不能，③委任期間の終期の到来，
　　　　　　　　　　　　　　　　④解除条件の成就，⑤任意解除，⑥債務不履行を理由とする解除，
　　　　　　　　　　　　　　　　⑦委任者の死亡・破産手続開始の決定，
　　　　　　　　　　　　　　　　⑧受任者の死亡・破産手続開始の決定，および後見開始の審判

　委任契約は①～⑧の事由によって終了します。ここでは，⑤⑦⑧を取り上げることにします。

　(1) 任意解除権　　委任において，各当事者はいつでも（委任事務処理の履行に着手した後であっても），その一方的意思表示によって契約を解除することができます（651条1項）。

　委任契約においては，特段相手方に債務不履行がない場合であっても，契約を解除することができます。

これを，**任意解除権**といいます。委任は当事者間の信頼関係を基礎とするものであり，信頼関係が失われた後にも当事者を法的に拘束するのは好ましくないからです。もっとも，651条は任意法規であるため，任意解除権を放棄する合意は有効です。

ただ，次の2つの場合には相手方に対して任意解除によって被った損害を賠償する必要があります（651条2項）。それは，①当事者の一方が相手方に不利な時期に委任を解除したときと（同条同項1号），②委任者が受任者の利益をも目的とする委任を解除するときです（同条同項2号）。なお，受任者の利益を目的とする場合であっても「専ら報酬を得ること」を目的とする場合は，2号に該当しません（同号括弧書き）。

しかしながら，任意解除をした当事者は，任意解除をすることに「やむを得ない事由」があった場合は，損害賠償の必要はありません（651条2項ただし書）。

▶**特定継続的役務提供契約における任意解除 ＝ 特定商取引法によって任意解除が認められている**

語学学校や学習塾など政令で定める役務については，特定商取引法によって任意解除権が認められており，教材のDVD等これに関連する商品の販売契約も任意に解除することが認められています（特商49条5項）。

(2) 受任者の後見開始の審判──委任の終了事由

後見開始の審判が委任の終了事由にあたるのは受任者の場合だけであることには，注意が必要です（委任者の後見開始の審判は委任の終了事由ではありません）。また，判例では，委任者の死亡後も終了しない委任が認められました（最判平4・9・22金法1358・55）。高齢社会の進展に伴って，このような問題が重要になることに鑑み，任意後見契約に関する法律が制定されました。

この法律によると，委任者があらかじめ任意後見人を選任しておき，任意後見監督人が裁判所によって選任されることによって，任意後見契約の効力が生じます。本人の事理弁識能力が十分でないことが前提とされますので，任意後見人の任意後見監督人によるコントロールが予定されているのです〔→72〕。

3 医療契約　▶医療契約 ＝ 準委任契約？

患者が医師に疾患の治療を依頼することは，一般に準委任契約とされています。医療契約による債務は，一般にいわゆる手段債務だとされていますが，歯科医による歯のホワイトニングのように結果債務としても良いと思われる関係もありえます（歯を白くするといって施術を受けたのに，全く白くならないのでは約束違反と非難されても仕方ないように思われます）。

Case 2のように，患者が医師（あるいは病院）を相手取って損害賠償請求するには，医療契約の債務不履行に基づく損害賠償請求権と，不法行為に基づく損害賠償請求権が考えられます。

よってCase 1では瀧君と渡辺君との間でどのような内容の契約が締結されたか，Case 2では田中君と（あるいは病院と）患者さんとの間でどのような内容の契約が締結されたかがポイントとなりますが，受任者は善管注意義務を負うことが重要です。

【穴埋め問題で確認】

　受任者は，無償であっても，①____を負う。委任契約では，各当事者に，とくに債務不履行等がなくても契約関係から離脱できる②____が認められている。

［メモ］

【38の解答】①完成，②仕事，③材料

Chapter15 代理制度 **40** 自分の代わりに他人に契約の締結をお願いできますか
▶代理制度の意義と必要性・代理の分類・代理の有効要件

【Case】──インフルエンザで契約に行けないときは同僚に代わりをお願いできますか

　中山さんは，2024年2月19日に，京都市内に所有する甲土地を担保に北都銀行から3000万円を借り受ける契約を締結することになっていた。ところが，中山さんは契約の前日にインフルエンザに罹り，高熱と激しい関節痛に襲われた。そこで，中山さんは，契約日の朝，同僚の谷江さんに，自分の代わりに北都銀行に行って契約をしてほしいと頼んだところ，快く引き受けてくれた。おかげで契約は予定通り締結された。

1　代理制度の意義

▶**代理 = 本人を代理する権限（代理権）を有する代理人が，相手方（または「第三者」という）との間で本人のためにすることを示して法律行為を行った場合，代理人の行為の効果が本人に帰属することを認める制度のこと（99条）**

　中山さんは，谷江さんに対して，自分の代理人になってほしいと依頼しています。谷江さんは，中山さんの依頼に応じ，北都銀行との間で契約（法律行為）〔→6〕を締結しました。実際に契約をしたのは，谷江さんと北都銀行です。しかし，谷江さんは中山さんの代理人ですから，谷江さんと北都銀行との間で行われた契約の効果は直接中山さんに帰属する，つまり，契約は中山さんと北都銀行との間で締結されたことになります（99条）。

2　代理の必要性　　▶**代理の役割 = 私的自治の原則の拡張・補充機能を果たすため，また，法人の活動のために必要とされる**

　取引の範囲や規模が著しく拡大し，契約をする際，当事者に高度な専門知識が求められる社会において，自分1人ですべてを決定し処理することは，もはや不可能です。他人の力を借り，代理人として用いることで，個人の活動範囲は拡大します。つまり，代理制度は，私的自治の原則の拡張機能を果たすために必要であるといえます。

　他方，すでにで学んだように〔→10〕，未成年者や成年被後見人などの制限行為能力者は，契約が必要なものか，有利か不利か判断する能力に乏しく，単独で財産管理や取引を健全に行うことが難しいです。このような者のために，代理制度は必要不可欠であり，私的自治の原則の補充機能を果たします。

　さらに，後に学ぶように〔→67〕，人あるいは財産の集合体である法人は，自然人と同様に権利能力が認められているものの（34条），法人そのものは意思を持たず行為をすることもできませんから，法人の代わりに法律行為をする人が必要になります。実際，「代理人」という言葉は使われませんが，理事が法人を代表して法律行為を行い，その効果は直接法人に帰属するので（一般法人77条），理事が法人の代理人としての機能を果たし，法人の活動を支えているといえます。

3　代理の分類　　▶**代理 = ①能働代理・受働代理，②法定代理・任意代理にそれぞれ分類される**

　法律行為は，自ら相手方に意思表示をしたり，相手方から意思表示を受領することで成立しますが〔→7〕，代理も，代理人が意思表示をしたり受領したりすることで法律行為が成立し，その効果が直接本人に帰属します。代理人から相手方に意思表示を行う代理を**能働代理**といいます（99条1項）。

　これに対し，相手方から代理人に対して意思表示を行い，それを代理人が受領する代理を**受働代理**といいます（99条2項）。

　また，代理は，代理人がどのように選定されるかという観点から，上記②のように分類されます。まず，中山さんが谷江さんに自分の代わりに契約をしてほしいと頼んだように，本人が，代理人になって欲しい者に代理権を与えること（代理権授与行為）によって成立する代理関係を**任意代理**といいます。

　他方，法律の規定によって，代理人になる者が指定されていたり，代理人の選定方法が定められている場合，それらに従って代理人が決まり本人との間に成立する代理関係を**法定代理**といいます。

たとえば，未成年者の父母（818条1項・824条）など，本人に対して一定の地位にある者が当然に代理人とされる場合や，父母の離婚に伴い協議によりどちらか一方を親権者と決める（819条1項）など，私人の協議または指定によって代理人が定められる場合があります〔→71〕。さらに，後見開始の審判の際，成年後見人を選任する（843条1項・859条1項）など，裁判所の選任する者を代理人とする場合があります〔→72〕。

4　代理の有効要件　　▶任意代理の有効要件 ＝ ①本人から代理人に対して代理権授与行為がなされたこと，②代理人による顕名（99条1項），③代理人が代理権の範囲内で法律行為をすることが必要

（1）　代理の有効要件　　代理人と相手方との間でなされた法律行為の効果が，本人に直接帰属するためには，第1に，本人から代理人に対して代理権授与行為がなされ，代理人に代理権が発生していることが必要です。実務では，本人から代理人に委任状を交付することにより代理権が発生します。

第2に，代理人が相手方との間で法律行為をする際，本人のためにすることを示す必要があります（99条1項）。これを顕名（けんめい）といいます。実務では，本人から交付された委任状を示すことにより顕名がなされることが多いです。

第3に，代理人が相手方との間で，本人から与えられた代理権の範囲内で法律行為をすることが必要です。代理権の範囲は，法定代理の場合，多くは法律の規定により定められています。しかし，任意代理の場合，代理権の範囲が具体的に示されていないことが多いです。このような場合，代理人は，代理の目的となっている財産の保存行為や，代理の目的である物または権利の性質を変えない範囲において，その利用または改良を目的とする行為をすることができます（103条）。

（2）　代理権授与行為　　▶代理権授与行為 ＝ 本人と代理人になろうとする者との間の契約

代理権授与行為は，従来，委任契約（643条）であると考えられていました。その名残で，「委任による代理人」（104条）と表現されています。しかし，任意代理権は，雇用契約（623条），組合契約（667条）などによっても発生します。こうしたことから，任意代理権を生じさせる契約は，委任契約とは別個の特殊な契約であると説明されることが多いです。

【穴埋め問題で確認】
1　代理制度の意義・必要性　　代理とは，①____を有する者（代理人）が，②____のためにすることを示して相手方と法律行為をした場合，その法律行為の効果が直接②____に帰属することを認める制度であり，③____の拡張・補充機能を果たし，④____の活動のためにも必要である。
2　代理の分類　　代理人から相手方に対して意思表示を行う代理を⑤____といい，相手方のほうから代理人に対して意思表示を行い，それを代理人が受領する代理を⑥____という。また，②____が，代理人になって欲しい者に①____を与えることによって成立する代理関係を⑦____といい，代理人になる者や代理人の選定方法が定められた法律の規定によって代理人が決まり，②____との間に成立する代理関係を⑧____という。
3　代理の基本構造　　任意代理の有効要件は，（ⅰ）②____から代理人に対して代理権授与行為がされたこと，（ⅱ）代理人による⑨____があること，（ⅲ）代理人が与えられた①____の範囲内で相手方と法律行為をすることである。

［メモ］

【39の解答】①善管注意義務，②任意解除権

【Case】——インフルエンザで契約に行けないときは同僚に代わりをお願いできますか

　中山さんは，2024年2月19日に，京都市内に所有する甲土地を担保に北都銀行から3000万円を借り受ける契約を締結することになっていた。ところが，中山さんは契約の前日にインフルエンザに罹り，高熱と激しい関節痛に襲われた。そこで，中山さんは，契約日の朝，同僚の谷江さんに，自分の代わりに北都銀行に行って契約をしてほしいと頼んだ。しかし，谷江さんは甲土地を担保に北都銀行から1億円を借り受ける契約を締結した。

1　無権代理の意義・効果

(1)　意　義　　▶無権代理 ＝ 代理権を持たない者（無権代理人）が代理人として法律行為をすること

　本人から代理権を与えられていない者が，代理人と称して相手方と法律行為をした場合を**無権代理**といいます。代理人が，代理権の範囲を越える権限外の法律行為をした場合も，これについて代理権を持たないため無権代理となります。

　無権代理となるのは，Caseのように中山さんから甲土地を担保に北都銀行から3000万円を借り入れる代理権を与えられた谷江さんが，甲土地を担保に1億円を借り受ける契約をした場合や，甲土地を不動産会社に売却した場合などです。無権代理の効果は，本人が追認をしない限り，本人に帰属しないのが原則です（113条）。

(2)　効　果　　▶本人 ＝ 無権代理の追認（113条1項）あるいは追認拒絶（113条2項）を行うことができる

　　　　　　　　▶相手方 ＝ 本人が追認しない場合，本人に対し，無権代理を追認するか否かについて催告をしたり（114条），無権代理人との間で行われた契約を取り消すことができる（115条）。本人が追認拒絶した場合，相手方は，無権代理人に対して責任を追及できる（117条）

　無権代理の効果を自己に帰属させてもよいと考える場合，本人は無権代理を追認することができます（113条1項）。本人が追認すると，無権代理は，代理行為の時点に遡って本人に帰属していたものとして取り扱われます（116条本文）。もちろん，本人は無権代理の追認を拒絶することができます（113条2項）。

　相手方は，本人が追認しない場合，一定の期間を定めて，本人に対して追認するか否かはっきりさせて欲しいと催告することができますし（114条），この催告をせずに無権代理人との間で締結した契約を取り消すこともできます（115条）。

　他方，本人が追認を拒絶した場合，相手方は，無権代理人に対して，契約内容の履行あるいは損害賠償どちらか一方を選択して責任を追及できます（117条1項）。ただし，相手方が，契約締結時に代理人に代理権がなかったことを知っていた場合（117条1項1号），もしくは，過失により知らず，かつ，無権代理人が自己に代理権がないことを知らなかった場合（同条2項2号），または，無権代理人が制限行為能力者であった場合（同条項3号）は，無権代理人に対する責任追及はできません（117条2項柱書）。

2　表見代理の意義・種類　　▶表見代理 ＝ 無権代理人に代理権があると誤信して取引をした相手方を保護するため，一定の条件の下，例外的に無権代理を有効なものと扱い，本人にその効果を帰属させる制度

(1)　意　義　　無権代理の効果は本人に帰属しないのが原則です（113条1項）。しかし，相手方は，目の前に現れた人物が代理権を持っているようにみえたため契約をしたかもしれません。そこで，相手方の信頼を保護し取引の安全を図る必要から，無権代理人が代理権を持っているかのような外観を作り出したことについて本人に責任があると評価できる場合，民法は，無権代理であっても，例外的に，無権代理人と相手方との間の法律行為の効果を直接本人に帰属させる表見代理の規定を設けました。

(2) 表見代理の種類

代理権授与表示	109条	本人が他人に代理権を与えていないのに与えたかのような表示をした場合
権限外の行為	110条	代理人が基本代理権の範囲を越えて法律行為をした場合
代理権消滅後の行為	112条	代理人であった者が代理権消滅後も代理人と称して法律行為をした場合

　代理権授与表示による表見代理（109条1項）は，本人が他人に代理権を与えていないにもかかわらず，あたかもその者に代理権を与えたかのような表示をした場合をいいます。このような場合，表見代理が成立し，谷江さんと相手方との間でなされた法律行為の効果は中山さんに帰属します（109条1項本文）。ただし，相手方が谷江さんと契約をした際に，谷江さんが代理権を持っていないことを知っていた場合，あるいは，過失により知らなかった場合，表見代理は成立しません（109条1項ただし書）。

　次に，代理人が与えられた代理権（基本代理権）の範囲を越えて法律行為をした場合を，**権限外の行為による代理行為**といいます（110条）。この場合，相手方が谷江さんと契約をした際，谷江さんに，代理権があると信じたことについて**正当理由**があれば，表見代理が成立します。正当理由とは，相手方が無権代理人に権限があると信じたことについて過失なく知らなかったこと，つまり，**善意・無過失**であることです。

　さらに，代理人であった者が，代理権が消滅した後も，本人の代理人と称して法律行為をした場合を**代理権消滅後の表見代理**といいます（112条1項本文）。ただし，代理人と称する者との間で契約をした際，相手方が，代理権がすでに消滅していることを過失により知らなかった場合，表見代理は成立しません（112条1項ただし書）。

3　代理権濫用　　▶代理権濫用＝代理人が本人の利益を図るためではなく，自己または第三者の利益を図るために，本人から与えられた代理権の範囲内で法律行為をし，その結果本人の利益が害されること

　代理人による代理権濫用行為において，相手方が，代理人の意図を知っていた場合，または，過失により知ることができなかった場合，形式的には代理の有効要件をみたすものの〔→40〕，代理人と相手方との間の契約は無権代理とみなされ，本人に効果は帰属しません（107条）。

【穴埋め問題で確認】
　1　**無権代理の意義・効果**　代理行為がなされたものの，その行為についてそもそも代理人が代理権を有しない場合，あるいは①＿＿の行為であった場合を②＿＿という。②＿＿の場合，本人が③＿＿をしなければ，本人に対してその効果が帰属せず，③＿＿がなされれば，④＿＿の時点に遡って本人にその効果が帰属する。また，本人が③＿＿あるいは③＿＿を拒絶するまでの間，相手方は，本人に対して相当の期間を定め，その期間内に③＿＿をするかどうか確答するよう⑤＿＿をしたり，④＿＿を取り消すことができる。②＿＿であり，本人の③＿＿も得られない場合，相手方は，無権代理人に対して，⑥＿＿または損害賠償の責任を追及することができる。
　2　**表見代理の意義・種類**　②＿＿の場合，無権代理人に代理権があると誤信して取引をした相手方を保護するため例外的に②＿＿行為を代理権のある行為として扱い，本人に対してその効果を帰属させる制度を⑦＿＿という。⑦＿＿には，⑧＿＿による⑦＿＿，①＿＿の行為の⑦＿＿，⑨＿＿の⑦＿＿がある。

［メモ］

【40の解答】①代理権，②本人，③私的自治の原則，④法人，⑤能働代理，⑥受働代理，⑦任意代理，⑧法定代理，⑨顕名

42 物に対する権利にはどのような種類がありますか
▶所有権，用益物権，占有権

1 所有権

(1) 意 義 ▶所有権 = 物を全面的に支配する権利。所有者は，自由にその所有物の使用・収益・処分をすることができる（ただし，法令によって制限される場合がある）

　物に対する権利を総称して物権といいます。物権全体について詳しく話す前に〔→43・44〕，まず，物権の中でも最も中心となる所有権について説明します。

　所有権をイメージするのは難しくありません。私たちは，身の回りの物について，「これは自分の物」，「これは友達の物」と区別します。この「物が特定の人に帰属している感覚」が，所有権があることだと考えて構いません。所有権とは，詳しくいうと，その対象である物をどのように利用することもできる権利です。たとえばAがある土地を所有している場合，Aは，その土地を自分で使うこともでき（＝使用），誰かに貸して賃料を得ることもでき（＝収益），誰かに売ることもできます（＝処分）（206条）。もちろん，使わずに置いておくことや，壊したり捨てたりすることも自由です。

　以上の内容を経済的な観点からいうと，所有権とは，物から得られる利益を所有者が独占できる権利だといえます。物から利益を得るとは，つまり物の価値を引き出すということです。物が持つ価値は，大きく分けて2つあります。ひとつは，物を実際に使うこと（＝使用・収益）で引き出す価値です。この価値のことを，使用価値といいます。もうひとつは，物を他者に売ったりすること（＝処分）で引き出す価値です。この価値のことを，交換価値といいます。所有権は，物の持つこの両方の価値を所有者に与えています。この点で，所有権は，物の全面的な支配権であるといわれます。もっとも，所有者が物を自由にできるといっても，周囲との調整が不要なわけではありません。とくに，所有者が誰か分からなかったり所有者が管理をせず放置している土地・建物は危険なので，利害関係人は，必要に応じて裁判所を通じて管理人を置くことができます（264条の2以下）。

(2) 共 有 ▶共有 = 複数人が同一の物を同時に所有している状態

　普通，1つの物の所有者は1人ですが，例外的に，複数人で1つの物を所有する共有という状態も存在します（249条以下）。共有は，たとえば，複数人で1つの物を買った場合などに生じます。共有状態では，単独所有の場合と違い，各共有者は，その物を1人で自由にはできません。各共有者は，持分権という制約された所有権を有します。共有物の利用方法や費用負担は，持分権の割合で決まります。共有は例外的な状態であり，各共有者は，いつでもその分割を請求できるのが原則です（256条1項本文）。

2 用益物権 ▶用益物権 = 他人の土地を，一定の目的のために使用収益できる物権の総称

(1) 概 要 　所有者は，物の使用価値と交換価値を自ら享受できるだけではありません。所有権の力の一部を，独立の権利として他者に与えることもできます。まずは地上権を例に，説明しましょう。

(2) 地上権 ▶地上権 = 工作物または竹木を所有するために，他人の土地を使用する物権

　Bが，Aの所有する土地に，自分の家を建てたいと思っています。他人の土地を使うには何らかの権利が必要なため，民法は，他人の土地上で工作物または竹木を所有するための物権として，地上権という物権を定めました（265条以下）。地上権は，所有者AがBに地上権を設定することで生じます。Aが，所有権の一部である使用収益権をBに与えるイメージです（他者に処分権を与えて交換価値を享受させる場合については51以下）。地上権には存続期間が定められ，その期間が終わると消滅します。また，地上権者から所有者への地代の支払義務が取り決められることもあります。

(3) 永小作権 ▶永小作権 = 小作料を支払い，他人の土地で耕作または牧畜をする物権

　地上権と類似した物権として，他人の土地において耕作または牧畜をする権利である永小作権があります（270条以下）。地上権との違いは，権利の内容以外に，小作料の支払いを必ず伴うなどの点にあります。

(4) 地役権 ▶地役権 = ある土地の便益のために，別の土地を利用する物権

　ある土地（＝要役地）の所有者が，何らかのかたちで別の土地（＝承役地）を利用する権利を地役権といい

ます（280条以下）。たとえば，隣接する土地を通行する場合や，眺望を確保するために特定の土地に建物を建てることを禁じる場合が典型例です。地上権・永小作権と異なる特徴としては，①承役地の所有者も，地役権者の利用を妨げない限りで承役地を利用できることや，②地役権は，原則として要役地の所有権に付従することがあげられます（要役地が譲渡されれば地役権も一緒に移転し（281条1項），また，地役権だけを要役地とは別に譲渡することはできません（同条2項））。

3　占有権

(1)　意　義　▶占有権 ＝ 物を事実上支配している状態に対して法的な保護を与えるもの

　一般に，権利には，あるべき状態を示す役割があります。所有権なら，所有者のもとに所有物があるのがあるべき状態で，所有者でない者が権限なく物を使っているのは，あるべき状態ではありません。しかし，誰かによる物の支配があるべき状態なのかどうか（その支配を正当化する権利（＝本権）があるのか）は，一見して分かるわけではありません。それでは，あるべき状態かどうか分からないときに，その事実状態を尊重しなくてよいでしょうか。たとえば，その物を勝手に奪っても構わないでしょうか。そんなことはありません。民法は，あるべき状態であるか否かにかかわらず，物を事実上支配している状態に一定の法的な保護を与えることにしました。これを占有権といいます。占有権は，現実の状態を尊重するものであり，あるべき状態を示すものでない点で，ここまでに述べた通常の権利とは異質です。

(2)　占有権を取得する要件　▶要件 ＝ 自己のためにする意思をもって物を所持すること

　占有権がある（＝占有している）といえるには，「自己のためにする意思」をもって物を「所持」することが必要です（180条）。もっとも，これらは観念的なもので足ります。たとえば，知らないうちに自宅の郵便受けに注文した荷物が届いている場合でも構いません。重要なのは，ある物が社会観念上その人の支配下にあり，それに至った原因からして一般的に自己のためにする意思があるといえることです。

　占有の要件が観念化すると，たとえば人に物を貸している場合も，貸主には他人を介した所持があるといえるようになります。他方，借主にも「自己のためにする意思」はあります。したがって，ここでは，貸主も借主も，ひとつの物を占有していることになります（181条を参照）。貸主の占有は間接占有（または代理占有）といい，借主の占有は直接占有（または自己占有）といいます。

(3)　効　果　占有権の効果はさまざまです。以下，代表的なものをあげておきます。

機能	具体例
本権の存在の推定	占有者の権利行使は適法なものと推定される（188条）。そのため，その占有について違法と主張する者が，占有者の権利の不存在を証明する必要がある。
本権の取得	占有状態が一定期間続くと，時効によりその物の所有権を取得することができる（162条）。その場合の占有は，所有の意思をともなう自主占有である必要がある〔→65〕。
回復者との利益調整	占有物を本権者に返還しなければならない場合，①占有者が，自身の無権原について善意だったときは果実を収取できる（189条1項）。善意・悪意にかかわらず，占有物に投じた必要費や有益費を返還相手に請求できる（196条1項・2項）。
占有自体の保護	占有物を奪われた場合，本権の存在を証明できなくても，占有権に基づいて占有の回復を求めることができる（200条）。本権に基づく裁判は，これとは別に行われる（202条）。

【穴埋め問題で確認】
1　所有者は，特定の物を自由に①＿＿＿・＿＿＿・＿＿＿することのできる権利である。例外的に共有状態となった場合，その物の利用方法等については各共有者の②＿＿＿の割合に従って決定される。
2　他人の土地について，工作物・竹木の所有目的で使用する物権を③＿＿＿という。
3　物の事実的な支配を保護する占有権は，④＿＿＿のためにする意思をもって物を⑤＿＿＿することで取得される。他人を通じて占有することもでき，これを⑥＿＿＿占有という。その他人の占有は⑦＿＿＿占有である。

【41の解答】①権限外，②無権代理，③追認，④代理行為，⑤催告，⑥履行，⑦表見代理，⑧代理権授与表示
　　　　　　⑨代理権消滅後

43 物に対する権利にはどのような性質がありますか
▶物権に共通する性質

【Case 1】──自転車を使う2人

①大西君は，友人Aから自転車・甲を借り，それに乗って大学に通学している。

②谷江君は，自転車屋で自転車・乙を購入し，それに乗って大学に通学している。

　2人が自転車を使う権利にはどのような違いがあるだろうか。

【Case 2】──こんな物権は認められますか

　野々村さんが，自身の所有する土地に，中山さんがそこを駐車場として独占的に使用する物権を設定しようとしている。認められるか。

1　物権の意義　　▶物権＝特定の物を直接に支配する権利のこと

（1）**比較対象としての債権**　　所有権，地上権，地役権などを総称して物権と呼びます〔→42〕。以下では，中心的な物権である所有権を念頭におき，物権に共通する性質を説明していきます。

　物権の性質を説明するには，比較対象が必要です。すでに本書でも述べたように〔→3〕，財産法上の権利は，大きく，物権と債権に分けられますので，この債権と比較しながら進めましょう。債権とは，すでに説明されてきたように，ある人を雇って働いてもらうとか，物を売った対価を支払ってもらうといった，特定の人に対して特定の行為（＝給付）を請求できる権利です。

　（2）**物権の定義**　　これに対して物権は，特定の物を直接に支配することのできる権利と定義されます。物を「直接に支配する」とはどういうことでしょうか。まず「支配する」とは，対象を自分の意思で自由にできるということです。所有権であれば自由な使用・収益・処分が，用益物権であれば自由な使用ができます。さて冒頭の Case 1 では，大西君も谷江君も，自転車を自分の意思で自由に使うことができますので，どちらも一応は自転車を「支配している」といえそうです。

　それでは，「直接に」とはどういうことでしょうか。大西君と谷江君の権利を比べてみましょう。大西君が乗っているのは，Aから借りた自転車（甲）です。大西君は，甲を使わせろとAに求める権利（債権）を通じて甲を使っています。大西君の権利は直接的にはAの給付に向いており，Aが義務を果たしていることの間接的な結果として大西君は甲を使えています。他方，谷江君が乗っている自転車（乙）は，谷江君の所有物です。谷江君は，大西君とは違い，他者に対する権利を介することなく，直接に乙に対する権利（所有権）を持っています。これが，物権が物を直接に支配する権利だということの意味です。

　以上の説明は，大西君と谷江君が自転車を使うにあたって実際にどのような違いを生むのかを述べたものではありません。債権と物権の違いによって生じる具体的な問題を，次に見ていきましょう。

2　物権の性質

　物権には，以上の直接支配性のほかにも，次のような性質があります。これも債権と比較しながらみていきましょう。

　（1）**絶対性**　　▶絶対性＝物権は，誰との関係でも主張できる権利だということ

　債権の特徴は，特定の人（＝債務者）に対してだけ主張できるという点にあります。たとえば大西君は，Aに対して甲を借りる債権を有していますが，大西君が「甲を貸せ」と請求できるのはAに対してだけで，A以外の人に対してそのような請求をすることはできません。このように，債務者との関係でだけ権利の主張ができることを，債権の相対性といいます。他方，所有権は（そして所有権以外の物権も），特定の人にしか主張できないわけではありません。谷江君は，誰に対してでも，乙が自分の所有物であることを主張できます。これを**物権の絶対性**といいます。

　（2）**排他性**　　▶排他性＝1つの物の上に，相容れない内容の複数の物権は同時に成立しないこと

　債権の相対性と，物権の絶対性は，次のような結論も導きます。たとえば，Case 1 でAが大西君に次の日から甲を貸すと契約したすぐ後に，Bにも次の日から甲を貸す契約をしたとします。1つの自転車を2人

に同時に貸すことはできません。しかし，このとき，大西君とBのどちらも，Aに対して甲を貸すよう求める債権を取得します。債権は，同じ内容のものがいくつでも成立しうるのです。もちろん，Aが大西君とBの両方に債務を履行することはできませんから，どちらかに対しては債務不履行の責任を負うことになります〔→23以降〕。他方，1つの物の上に複数の所有権が同時に成立することは，原則としてありません。誰かが所有権を取得すると，元の所有者は所有権を失います。これを**物権の排他性**といいます。

ただし，注意点もあります。①用益物権は，1つの物の上に所有権と同時に存在できます。②1つの物を複数人で所有する共有が認められることがあります〔→42〕。③また，担保物権には順位の概念があります。

3　物権法上の原則

(1)　物権法定主義　　▶物権法定主義 ＝ 物権は，民法その他の法律に定めるもの以外には創設することが
　　　　　　　　　　　　　　　　　　　　　できないとする原則

契約から生じる債権の場合，契約は契約当事者間しか拘束しませんので，どのような内容を定めようと原則としては当事者の自由です〔→5〕。他方，物権は，誰に対してでも主張できる絶対権です。たとえば野々村さんの所有する土地上に中山さんのための地上権が設定された場合，中山さんは，その地上権を野々村さんだけでなく他のすべての人に対して主張できます。このことはつまり，物権の存在が，物権変動の当事者以外の人びとにも影響を及ぼすことを意味します。そのため，物権は，その存在が誰からも分かるように公示しなければならないことになっています〔→46：特に対抗要件という制度に注意〕。

もし，誰もが自由に物権を創設できるとすると，その内容を公示することは非常に難しくなり，誰がどのような物権を有しているのか，他の人には分からなくなってしまいます。そのため，物権は，民法その他の法律が定めているもの以外には，創れないことになっています（175条）。これを**物権法定主義**といいます。たとえば，現在の民法（および特別法）では，Case 2のような「車の駐車のために他人の土地を利用する物権」は認められていないため，そのような物権の設定はできません。もちろん，野々村さんと中山さんが土地を賃貸借して（＝賃借権という債権を中山さんに与えて）駐車場にすることは可能です。

例外として，ある地域の慣習や社会の進展により，法律に定められていない物権が認められることがあります。たとえば，ある土地に湧く温泉を使用する権利について，これを慣習上の物権と認めた古い判決があります（大判昭15・9・18民集19・1611）。また，譲渡担保と呼ばれる権利も一種の物権としての性質を認められつつあります〔→51〕。

(2)　一物一権主義　　▶一物一権主義 ＝ 物権の対象となる物は，原則として，1つの物の一部であったり複数の物
　　　　　　　　　　　　　　　　　　　　の集合体であってはならず，1つの独立した物でなければならないとす
　　　　　　　　　　　　　　　　　　　　る原則

物権は，第三者に対しても影響を持ちます。ですから，その存在を公示しなければならないことは上述しました。さらに，このような物権の性質からすると，物権の及ぶ範囲が不明確となるのは避けなければいけません。たとえば1つの土地の一部についてのみ地上権が設定されることを認めると，権利の及ぶ範囲が分からなくなってしまいます。したがって，物権は，独立した1個の物についてのみ成立します。これを**一物一権主義**といいます。

【穴埋め問題で確認】
1　物権は，特定の物を①＿＿に＿＿する権利と定義される。債権と異なり，万人に主張できる②＿＿や，1つの物の上に複数の所有権が存在しえないとする③＿＿という性質を持つ。
2　物権は，民法その他の法律に定めるもの以外には創設することができないとする原則を④＿＿主義という。また，物権の対象となる物は，1つの独立した物でなければならないとする原則を⑤＿＿主義という。

［メモ］

【42の解答】①使用・収益・処分　②持分権　③地上権　④自己　⑤所持　⑥間接　⑦直接

【Case】——駐車場に他人の車が停まっている

　　ある日，白須さんが帰宅すると，所有するガレージに誰かの車が無断で停められていた。調べてみると，近所の谷江さんの車だと分かった。谷江さんの車がそこにあったのは，自動車泥棒の村田が，谷江さんの車を勝手に乗り回した後に，白須さんのガレージに停めたからだった。村田の行方は分からない。白須さんが谷江さんに車を移動させるよう求めることはできるか。

1　物権的請求権の意義　　▶物権的請求権 ＝ 物権の円満な支配状態が妨げられ，または妨げられるおそれがある場合に，妨害を除去・予防するために必要な行為を求める請求権

　（1）**物権の支配状態の妨害**　　Case の白須さんは，ガレージに谷江さんの車が停まっていることで，そこを使えなくなっています。このままでは，所有者の権限である使用・収益・処分ができません。谷江さんが白須さんのガレージを借りているなど，そこを使用する権利があれば別ですが，そのような事情もありません。このように物権の円満な支配状態（＝所有権であれば，使用・収益・処分ができない状態）が妨げられている場合（または妨げられるおそれがある場合）に，物権者が何もできないのでは，物権という権利を認めている意味が失われてしまいます。そこで，その状態を解消して本来あるべき状態を実現させるための請求権が認められています。この請求権のことを，物権的請求権といいます。**物権的請求権**には，後述するように，3つの態様があります。

　（2）**物権的請求権の法的根拠**　　物権的請求権を直接に定める規定はありません。そのため，基本的な点で争いもあります〔→後述3〕。しかし，物権の効力としてこの請求権が認められることには，判例上も学説上も異論はありません。物権的請求権が認められる根拠としては，次の2点をあげることができます。

①実質的根拠	物権が直接支配性をもつことから，物権的請求権も当然に認められる
②形式的根拠	所有権よりも弱い占有権に，「占有の訴え」が認められている（197条以下）。また，202条が，占有の訴えと並んで「本権の訴え」が存在することを認めている

　（3）**請求の相手方**　　物権的請求権の相手は，現在，物権の円満な支配状態を妨害している（または，そのおそれがある）者です。**Case**で谷江さんの車が白須さんのガレージに置かれていた原因は，村田にあります。ここでは，現在客観的に妨害をしている者（谷江さん）と，実際に妨害状態を生じさせた者（村田）とが，異なります。このような場合でも，妨害排除請求の相手方は，妨害している車の所有者＝谷江さんになります。この意味で，物権的請求権は，行為に対する責任ではなく**状態に対する責任**だといわれます。

　（4）**妨害者の態様**　　物権的請求権は，物権の円満な支配状態を回復するためのものなので，妨害が生じた原因を問いません。妨害者の故意や過失も必要ではありません。客観的にみて，現在，物権的請求権を必要とする状態になっているかどうかが問題となります。

2　物権的請求権の種類

　（1）**物権的返還請求権**　　▶要件 ＝ ①請求者がある物（甲）について所有権を有すること，②相手方による甲の占有

　たとえば，授業後に，隣に座っていた人があなたの所有物を持ち帰ってしまったとします。このように，ある人の所有物（甲）を所有者以外の者が権原なく占有している場合には，所有者はその物を自分に返せと請求することができます（＝物権的返還請求権）。なお，請求の相手方が占有権原（賃借権など）を持っていれば，相手方はそれを抗弁として主張できます。

　（2）**物権的妨害排除請求権**　　▶要件 ＝ ①請求者がある物（甲）について所有権を有すること，②相手方による，甲についての所有権行使の妨害の事実

　所有者が所有物（甲）の占有を失ってはいないけれど，所有権の行使が何者かによって妨害されている場合，所有者は，妨害者に対して妨害を除去するよう請求できます（＝物権的妨害排除請求権）。冒頭の **Case** が

これに当たります。相手方の権原が抗弁になるのは，返還請求権の場合と同じです。

（3）　物権的妨害予防請求権　　　▶要件＝①請求者がある物（甲）について所有権を有すること，②相手方による，甲についての所有権行使の妨害の具体的おそれ

　たとえば，ある人が所有する土地（甲）に，隣人の家の大木が倒れてきそうになっているとします。このように，今はまだ所有権が妨害されていないけれど，近い将来に妨害状態が生じる可能性が非常に高い場合，所有者は，妨害を惹起する可能性のある者に対して，妨害の発生を防ぐよう請求できます（＝物権的妨害予防請求権）。この権利は，妨害の生じていない段階で相手方に一定の負担を求めるものですので，その負担が過大にならないように，妨害の発生可能性が，客観的にみて相当に高い必要があります。

3　物権的請求権の内容　　　▶行為請求権説（判例・通説），忍容請求権説，責任説が対立している

（1）　3つの見解　　　上述のとおり，物権的請求権の存在を定める明文の規定はありません。そのため，物権的請求権の内容については議論があります。考え方としては，以下のようなものが主張されています。

　判例・通説は，相手方に対して，相手方の費用で妨害状態を除去する積極的な行為を請求できると考えています（＝行為請求権説）。しかし，この見解のもとでも，誰のせいでもない不可抗力によって妨害状態が生じた場合や，被害者が自ら妨害状態を生じさせた場合に請求を認めてよいのか，疑問が呈されています（大判昭12・11・19民集16・1881がその旨を示唆しています）。

　有力説は，所有者自身の費用で物を取り戻したり妨害を除去することについて，相手方にその忍容を請求できるにとどまると主張します（＝忍容請求権説）。物権的請求権の根拠が物権の円満な支配状態の回復ならば，その達成のために相手方に積極的な行為まで求めることを認める必要はないからです。なお，行為請求権説の論者は，物権者があえて忍容請求を求めることを否定はしていません。

　上記のどちらの見解も，妨害発生に責任のない者が妨害状態の除去費用を負担することになるのは変わりません。そこで，忍容請求権説を基礎に置きつつ，妨害の発生について相手方に責任がある場合にのみ，相手方の費用で妨害状態を除去させることができるとする見解もあります（＝責任説）。

（2）　物権的請求権の衝突？　　　判例・通説（行為請求権説）に従った場合，次のような疑問が生じます。それは，Caseで白須さんが谷江さんに妨害排除請求権を行使し，谷江さんが白須さんに返還請求権を行使すると，2人の請求が衝突して決着をつけることができないのではないかという疑問です。

　この問題について，現在の有力な考え方は，白須さんは谷江さんの車の所有権を侵害していないと考えます。車は必ずどこかの場所に置かざるをえませんので，車の所有者は土地を妨害していますが，土地の所有者は車を占有しているわけではないからです。その結果，ここでは白須さんからの妨害排除請求のみが可能となります。このように説明すれば，物権的請求権同士の衝突は回避することができます。もし白須さんが妨害排除を請求しなくても，谷江さんの方から，自己の費用負担で車を引き取ることの忍容を白須さんに請求することはできます。もしここで，白須さんが谷江さんの忍容請求を拒めば，そこで初めて白須さんによる車の占有が生じ，谷江さんからの返還請求が可能となります。

【穴埋め問題で確認】
1　物権的請求権には3つの種類がある。所有物を所有者以外の者が占有している場合の①＿＿＿，所有物に対する所有権の行使が，占有以外の方法で妨害されている場合の②＿＿＿，所有権行使の妨害のおそれがある場合の③＿＿＿である。物権的請求権は，行為に対する責任ではなく，④＿＿＿責任であるといわれる。
2　判例・通説は，物権的請求権によって，相手方に妨害状態の除去についての⑤＿＿＿を求めることができると考える。

［メモ］

---

45 物を買ったらいつから自分の物になったと言えますか
▶物権変動の種類・要件・時期

【Case】——土地の所有権はどちらに

　瀧さんは，村田さんとの間で，自分が所有している土地・甲を村田さんに売却する契約を結んだ。瀧さんは，土地を売ったときには「登記」というものをしなければならないことは知っていたが，それはまだ済んでいない。また，瀧さんは甲を村田さんに引き渡していないし，村田さんから瀧さんに代金も支払われていない。甲の所有権は瀧さんと村田さんのどちらにあるだろうか。

1　物権変動の基礎

(1)　物権変動とは何か　　▶物権変動 ＝ 物権の発生・変更・消滅の総称

　民法は，契約による債権の発生や，不法行為に基づく損害賠償請求権の発生〔→57以下〕のように，さまざまな場面でさまざまな権利の変動について定めています。権利変動のうち物権に関するもの，すなわち，物権が，①誰かのもとに**発生**したり，②その内容が**変更**されたり，③**消滅**したりすることを総称して，物権変動といいます。たとえば売買契約によってある物の所有権が売主から買主に移ると，それは，買主にとっては所有権の発生（取得），売主にとっては所有権の消滅（喪失）となります。

(2)　承継取得と原始取得　　物権変動のうち，物権の発生（権利者の視点からは物権の取得）には，2つの方法があります。1つは，物権をもつ者から，その物権をそのまま（またはその権限の一部を）受け継ぐ**承継取得**という方法です。承継取得は，契約や相続によって生じます。もうひとつは，誰かから物権を受け継ぐのではなく，それ以外の原因で物権を取得する**原始取得**という方法です。原始取得の分かりやすい例としては，川魚を捕まえた場合のように，所有者のない動産（＝無主物）を所有の意思をもって占有すること（＝無主物先占）による方法があります。そのほか，即時取得〔→49〕や取得時効〔→65〕も原始取得の例です。

物権変動の種類		説明と具体例
発生	承継取得	他人の物権に基づく物権の取得（ex. 契約，相続など）
	原始取得	他人の物権に基づかず，新たに物権を取得すること（ex. 無主物先占，即時取得，取得時効など）
変更		物権の同一性を失わない限度で客体や内容が変わること（ex. 建物の増築，地上権の存続期間の延長など）
消滅		物権が消えること（ex. 客体の物理的消失，物権の放棄，消滅時効など）

　以下では，さまざまな物権変動の中でも，最も中心となる場面を念頭において説明します。それは，他人から物権の移転や設定を受ける場面（＝契約による物権の承継取得）です。

(3)　物権変動における問題

　すでに述べたように，物権は，誰にでも主張できる絶対権です〔→43〕。そのため，物権変動についても，物権変動の当事者間（＝ Case の瀧さんと村田さん）のことだけを考えて制度設計するわけにはいかず，第三者の状況も考慮する必要があります。そこで民法は，ある物について，誰がどのような物権を持っているのか，誰からみても分かるようにしておく（＝公示する）仕組みを用意しました。公示の方法は，変動した物権の客体が不動産であるのか動産であるのかによって変わります。

　まず，不動産の物権変動は，登記によって公示されます（177条）。不動産の登記とは，ある不動産についての物権変動を国の管理下で記録して誰でもみられる状態にしておく仕組みです。これに対して，動産にこのような制度を用意することは困難です。動産は，不動産と異なり，無限に数があるほか，取引が頻繁にされるため，その1つひとつについて物権変動を記録することはできないからです。そのため，動産の物権変動は，実際の物の支配によって公示するしかありません。その支配の移転は，「引渡し」と呼ばれます（178条）。公示のもつ法律上の意義について，詳しくはトピック46で扱います。

2 物権変動には何が必要か ▶日本民法は，物権変動について意思主義を採用している

(1) 物権変動の意思主義と形式主義　Caseで問われているのは，言い換えれば，甲の所有権が村田さんに移転するには，何が必要なのかということです。この点についての日本の法制度を理解するには，日本法と関係の深い海外の2つの立場をみておくことが役立ちます。

　1つは，意思主義と呼ばれる立場です。そもそも，自分の権利をどうするかは，権利者の自由だというのが民法上の原則です（＝私的自治）。この原則を重視すれば，当事者（瀧さんと村田さん）に所有権移転の合意があるのであれば，それだけで所有権を移転させてよいことになります。たとえばフランス法が，このような立場を前提にした制度を採用しています。

　他方，物権変動の発生を公示すべきとの要請を重視するならば，当事者の合意だけで所有権を移転させるのではなく，公示をともなう一定の形式（つまり登記）を経て初めて所有権が移転するとの制度も考えられます。このような立場を形式主義といい，たとえばドイツ法がこれを採用しています。

(2) 意思主義の採用　日本民法は，フランス民法にならい，物権の設定および移転を当事者の**意思表示**のみによって生じさせる**意思主義**を採用しました（176条）。民法制定時（明治31年），形式主義を採用できるほどには登記制度が完備されていなかったのが理由の1つです。しかし，意思主義の問題点は，形式主義と異なり，登記が移転していなくても物権変動が生じるため，所有権はBに移っているのに登記簿上はAが所有者のままという事態が起こってしまうことです。これに対処するため，第三者との関係については，公示に形式主義とは異なる役割を与えておく必要があります〔→46〕。

3 物権変動の時期 ▶特定物の物権変動は，原則として契約の成立と同時に生じる。しかし，当事者の意思を根拠に，それ以外の時点で生じると解されることも多い

　当事者の意思表示があれば物権変動が生じることと，いつ物権変動が起こるかは，別の問題です。この問題については，契約の目的物が何であるかによって考え方の道筋が変わるので，注意しましょう。

(1) 不特定物の場合　たとえば，ある銘柄のビール10本を酒屋に注文したとき，すでに契約は成立していますが，店にあるビールのうちどれを引き渡すかはまだ決まりません。このように不特定物（種類物）〔→18〕が目的となっている場合は，引き渡すビールが特定されるまでは，ビールの所有権は移転しません。

(2) 特定物の場合

　これに対して，不動産や芸術品のように，その物の個性に着目して契約の目的とした物のことを特定物といいます。特定物に関する物権の設定・移転の場合，意思主義の帰結として，原則的には**契約の成立**と同時に物権変動が生じます。

　もっとも，当事者間に「代金が支払われた時に所有権が移転する」などの**特約**が存在すれば，その時点で所有権が移転します。なお，不動産上の権利移転については，たとえ明示の特約がなくても，取引通念から考えた当事者の通常の意思として，代金支払い・引渡し・登記のいずれかが済むまでは物権の移転・設定がないと考えるべきとの見解が強く主張されています。

【穴埋め問題で確認】
1　物権変動とは，物権の①＿＿＿，②＿＿＿，③＿＿＿のことを指す。また，物権の取得方法には，他人の権利に基づく④＿＿＿と，他人の権利に基づかない⑤＿＿＿の2つがある。日本では，物権の設定および移転は，当事者の⑥＿＿＿のみによって生じる。
2　物権の設定および移転の時期は，原則として⑦＿＿＿の成立と同時であるが，⑧＿＿＿があればそれに従う。

［メモ］

【44の解答】①物権的返還請求権　②物権的妨害排除請求権　③物権的妨害予防請求権　④状態
　　　　　　⑤（積極的な）行為

46 土地を買ったことを登記で公示しないとどうなりますか
▶公示の原則，登記

【Case】——2人に土地を売ったら

　瀧さんは，村田さんとの間で，自分が所有している土地・甲を村田さんに売却した。しかし，まだ登記は済んでいない。その後，瀧さんは，大西さんにも甲を売却する契約を結んだ。大西さんもまた，登記をしていない。村田さんは，大西さんに自分が甲の所有者だと主張できるだろうか。

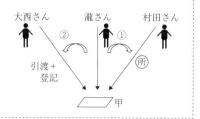

1　物権変動の公示と対抗要件主義

（1）　公示の原則　　▶意義 ＝ 物権変動に外部から認識可能な一定の表象の具備を要求すること

　物権変動は，何らかの方法で公示されなければいけません〔→45〕。この考え方を公示の原則といいます。公示方法は，不動産の物権変動であれば登記，動産の物権変動であれば引渡しです。

（2）　公示の原則と意思主義　　▶対抗要件 ＝ すでに成立した権利関係・法律関係を，他人に対して主張するために必要とされる法律要件のこと

　トピック45で述べた物権変動における形式主義は，物権の設定および移転に公示を必要とすることで，物権変動と公示とを一致させ，公示の原則を実現しているということができます〔→45〕。

　他方，日本は，物権変動について意思主義を採用しています。公示がなくても，意思表示のみで物権の設定や移転が生じます。日本民法は，意思主義の下で公示の原則を実現するために，次のような仕組みを用意しました。それは，当事者間で物権の設定・移転が生じたとしても，公示をしなければ，「第三者」に対してはその物権変動を対抗できないことにするというものです（177条・178条）。このように，公示に第三者への対抗要件としての役割を与える方法を対抗要件主義といいます。

　この仕組みを次の場面で考えてみましょう。BはAから地上権の設定を受けましたが，設定登記をしていないとします。A・B間の地上権設定の合意により，Bは，登記をしていなくても，地上権を取得できます（176条）。ここでBは，Aに対しては，登記なしで地上権を主張できます。Aは地上権設定の当事者であり，「第三者」ではないからです〔→47〕。他方，Aから所有権を譲り受けた第三者Cが登場すると，Cに対しては，Bは地上権の取得を対抗できません（177条）。これが対抗要件主義の帰結です。

　物権の取得者が公示を怠ると上記の不利益がありますが，公示する義務まではないのが原則です。しかし，相続による不動産の取得者には登記申請が義務づけられています（不登76条の2）。

（3）　二重譲渡の処理

　Caseでは，瀧さんが，村田さんと大西さんの2人に甲の所有権を譲渡しています（＝二重譲渡）。ここでも，上の地上権の場合と同様に，村田さんは登記をしなければ，所有権取得を大西さんに対抗できません。その結果，すでに大西さんに甲の引渡しがされていれば，村田さんから大西さんに対する引渡請求は認められないことになります。

　もっとも，所有権の二重譲渡の場合には，甲の所有権が瀧さんから村田さんへの第1譲渡で完全に村田さんに移り瀧さんから失われるとすると，瀧さんから大西さんへの第2譲渡はできないのではとの疑問が生じます。しかし，そのように考えることは，対抗要件主義の意味を失わせてしまいます。かりに，第1譲渡によって所有権が村田さんに確定し，他の誰も所有権を取得できないとすると，村田さんは，登記をしなくても甲の所有権を持ち続けることができてしまうからです。

　このような帰結を避けて登記の移転を促すため，第1譲渡の後にも，譲受人に登記が移転されるまでは，譲渡人は他の人に第2譲渡をできると解されています。その結果，具体例では，村田さんと大西さんのどちらも甲の所有権を持つことになりますが，登記をするまでは村田さんと大西さんはお互いに所有権を対抗することができず，先に登記をした方が確定的に所有権を取得することになります。このように対抗要件の取得によって決着をつける関係のことを，対抗関係といいます。

2 登 記

　(1)　**登記簿の構造**　　登記簿は，1筆の土地・1棟の建物ごとに作成されます（不登2条5号）。それぞれ，不動産の状態を記録する**表題部**と（不登2条7号），権利を記録する**権利部**に分かれます（不登2条8号）。権利部に権利に関する登記をすることで，不動産物権変動の対抗要件となります。権利部は，さらに所有権に関する事項を記載する甲区と，所有権以外の権利に関する事項を記載する乙区とに分かれます。

　(2)　**登記簿の見方**　　下の登記簿によれば，この土地は平成10年10月7日に1つの土地を分筆してできたもので（→表題部），それに伴い新たな登記簿が作られました。その初めての登記を保存登記といいます（→権利部（甲区）第1順位）。当時の所有者の民野法男さんが平成10年10月8日に所有権の保存登記をしています。次に，平成20年4月9日に，売買を原因として法田律子さんに所有権が移転しており，10日に登記されています（→権利部（甲区）第2順位）。その後，平成21年7月15日に，法田律子さんは株式会社法務銀行からの金銭消費貸借の担保として，ここに抵当権を設定しました（→権利部（乙区））。

　(3)　**登記の申請**　　登記は，原則として当事者の申請によって行われ（不登16条1項），権利に関する登記の申請は登記により利益を受ける者（登記権利者）と不利益を受ける者（登記義務者）が共同でしなければいけません（不登60条）（＝**共同申請主義**）。登記義務者と共同で申請すれば，実体と一致した登記が期待できるためです。登記義務者が登記に協力しない場合，登記権利者は登記義務者に対して登記請求できます。

表題部（土地の表示）		調整	余白		不動産番号	××××××××
地図番号		筆界特定	余白			
所在	××市××区××町			余白		
① 地　番	② 地　目	③ 地　積　　㎡		原因及びその日付　（登記の日付）		
1番の2	宅地	450：00		1番から分筆 （平成10年10月7日）		

権利部（甲区）　（所有権に関する事項）			
順位番号	登記の目的	受付年月日・受付番号	権利者その他の事項
1	所有権保存	平成10年10月8日第×××号	所有者　××市××区××町1番1号 民 野 法 男
2	所有権移転	平成20年4月10日第×××号	原因　平成20年4月9日売買 所有者　××市△△区□□町○番○号 法 田 律 子

権利部（乙区）　（所有権以外の権利に関する事項）			
順位番号	登記の目的	受付年月日・受付番号	権利者その他の事項
1	抵当権設定	平成21年7月15日	原因　平成21年7月15日金銭消費貸借同日設定 債権額　金××××万円 利息　年××％ 損害金　年××％（年365日日割計算） 債務者　××市△△区□□町○番○号 法 田 律 子 抵当権者　××市○○区△△町×番×号 　株 式 会 社 法 務 銀 行

【穴埋め問題で確認】
1　物権変動は，①＿＿をしなければ，第三者に②＿＿できない。不動産物権変動では，③＿＿がその要件となる。二重譲渡の場合には，2人の譲受人のうち，先に④＿＿を備えた方が所有権を確定的に取得する。
2　登記簿には，⑤＿＿と⑥＿＿とが存在し，後者への記載が物権変動の対抗要件となる。その申請は単独ではできず，⑦＿＿主義が採用されている。

【45の解答】①発生　②変更　③消滅　④承継取得　⑤原始取得　⑥意思表示　⑦契約　⑧特約

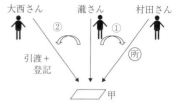

【Case】——第1譲受人を困らせてやる

　瀧さんは，自己が所有する土地・甲を村田さんに売却したが，まだ登記も引渡しも済ませていなかった。ある日，この売買の事実を知る大西さんが，甲の登記が瀧さんのもとにあることを利用して，瀧さんから甲を安価で購入し，さらに，その引渡しを受けて登記も移転させた。大西さんは，自分では甲を使うつもりはなく，村田さんに高く売りつけることが目的だった。村田さんは，大西さんに自分が甲の所有者だと主張できるだろうか。

1　「第三者」の範囲を制限する必要性

　(1)　**物権変動の復習**　　不動産の物権変動は，意思表示のみで生じますが（176条），登記をしなければ第三者に対抗できません（177条）〔→46〕。この仕組みに照らすと，**Case** の村田さんは，大西さんに対して所有権取得を対抗できず，すでに登記をした大西さんが確定的に甲の所有権を取得するように思えます。しかし，それでいいのでしょうか。

　(2)　**「第三者」の制限**　　▶177条の「第三者」= 不動産に関する物権の得喪および変更の登記の欠缺を主張する正当な利益を有する者

　Case が問いかけるのは，物権を取得した者（村田さん）が，登記をしていなくても物権の取得を対抗できる場合があるのではないかという問題です。177条は，登記をしなければ「第三者」に対して物権変動を対抗できないと規定しています。そこから，「第三者」以外に対してであれば登記がなくても対抗できるということができます。

　それでは，第三者とはどのような者なのでしょうか。第三者とは，一般に，契約や物権変動などの当事者以外の者を指します。また，当事者の相続人のように，当事者の地位を包括的に受け継ぐ者（＝包括承継人）も第三者には含まれません。すると，大西さんは当事者でも包括承継人でもありませんので，第三者にあたりそうです。しかし，177条の「第三者」は，一般的な意味での第三者より制限的に理解されています。

　判例は，177条の目的について，同一の不動産に関して正当な権利や利益を有する第三者に対して，登記によって物権変動の事実を知らせることで不慮の損害を免れさせるためにあると判示しました（大連判明41・12・15民録14・1276）。この目的に沿って177条を制限的に解釈すると，177条の「第三者」とは，当事者（またはその包括承継人）以外の者のうち，「不動産に関する物権の得喪および変更の登記の**欠缺**を主張する**正当な利益を有する者**」と定式化されることになります。

2　「登記の欠缺を主張する正当な利益を有する者」の範囲①——客観的要件

　(1)　**正当な利益を有する者**　　それでは，「登記の欠缺を主張する正当な利益を有する者」とは，具体的にはどのような者を指すのでしょうか。その典型例は，**両立しえない物権の優劣を争う者**（たとえば二重譲渡における譲受人同士）です。この者達は，相手の物権取得を否定できれば，自身が権利を取得できる地位にいるためです。トピック46でも扱った対抗関係と呼ばれる関係です。

　(2)　**正当な利益を有するとはいえない者**　　他方，登記の欠缺を主張する正当な利益を持たない者の例としては，**無権利者**があります。たとえば，ある土地について，何の権利も持たないＣがそこを勝手に駐車場として使っているとしましょう。ここで，この土地の所有者Ａからその所有権を譲り受けたＢが，Ｃに土地の妨害排除を求めた場合，たとえＢが所有権移転の登記をしていなくても，ＣはＢの所有権行使を否定できません。このような不法占有者や，権原なく登記を得ている者などについては，登記なしで物権を主張することができます。つまり，この者たちは177条の定める「第三者」ではないことになります。

3 「登記の欠缺を主張する正当な利益を有する者」の範囲②——主観的要件

(1) 前提事項　登記の欠缺を主張する正当な利益を有するか否かに関する前記の基準は，登記の欠缺を主張する者の客観的な権利や地位に即して判断されるものです。これに対して，登記の欠缺を主張する者の主観面が問題とされることもあります。この主観面の判断基準を考える前提として，次の2点を確認しておく必要があります。

まず，不動産登記法5条のルールをみておきましょう。そこでは，①詐欺または強迫によって登記の申請を妨げた者と（1項），②他人のために登記を申請する義務を負う者は（2項），登記の欠缺を主張することができないとされています。これらの者は，登記がないことについて原因の一端を担っており，そのような者が登記の欠缺を主張することは，信義に反するからです。

これに対して，単に物権変動の事実を知っているにすぎない者は，177条の「第三者」から除外されません（次にみる背信的悪意者との対比で，単純悪意者と呼ばれる場合があります）。第1譲渡の事実を知りつつ同じ不動産を譲り受けることも，取引における自由競争の範囲内だと考えることができます。そうであれば，悪意の第2譲受人も正当な利益を持たないとはいえないからです。

(2) 背信的悪意者　▶背信的悪意者 = 第1譲渡による権利移転を知り，かつ，登記の欠缺を主張することが信義に反すると認められる者

登記の欠缺を主張する者の主観面が問題となる場面として重要なのは，背信的悪意者と呼ばれる者の扱いです。判例は，たとえ客観的には登記の欠缺を主張する利益を有する者であっても，**第1譲渡による権利移転を知り，かつ，登記の欠缺を主張することが信義に反する**と認められる者を，背信的悪意者と呼び，177条の「第三者」から除外します（最判昭43・8・2民集22・8・1571など）。

それでは，どのような者が，実際に「登記の欠缺を主張することが信義に反する」ことになるのでしょうか。この点については，一般的なかたちで基準を示すことができません。これまでに裁判例にあらわれたものとしては，以下のような者をあげることができます。

①不動産の権利を取得するのが直接の目的ではなく，登記のない第1譲受人を害することが目的である者
②譲渡人と密接な関係にある者（ex. 譲渡人の近親者，譲渡人が法人の場合のその代表など）
③不動産登記法5条に定められた事情に準じる者（ex. 登記に協力する義務があるわけではないが，第1譲渡の場に立ち会った者）

これらの者には，必ずしも明確な共通性があるわけではありません。しかし，いずれの者も，登記の取得を争うことについて自由競争の範囲を逸脱する態様であると考えることはできるでしょう。この点が背信的悪意者であるかどうかの1つの指標といえます。Case の大西さんは，①の態様にあたると考えられるため，背信的悪意者と認定することができるでしょう。そうであれば，村田さんは，登記をしていなくても，大西さんに対して自己の所有権取得を対抗することができます。

【穴埋め問題で確認】③～⑥は，177条の「第三者」にあたるかあたらないかを答えよ。

177条の「第三者」は，「不動産に関する物権の得喪および変更の①＿＿＿を主張する②＿＿＿を有する者」である必要がある。たとえば，客観的地位の点では，両立しえない物権の優劣を争う者はこれに③＿＿＿が，無権利者はこれに④＿＿＿。さらに，主観面の点では，物権変動の事実を知る者は原則として「第三者」に⑤＿＿＿。これに対して，背信的悪意者と呼ばれる者は「第三者」に⑥＿＿＿。背信的悪意者とは，第1譲渡による権利移転を知り，かつ，登記の欠缺を主張することが⑦＿＿＿に反すると認められる者のことを指す。

［メモ］

【46の解答】①公示　②対抗　③登記　④登記（所有権の移転登記）　⑤表題部　⑥権利部　⑦共同申請

【Case 1】——売った物を持ち続ける

　谷江君は，自身が所有している教科書・甲を友人の野々村君に1000円で売った。しかし，谷江君が試験の勉強をしなくてはいけないので，試験が終わる1週間後までは，谷江君が甲を使い続けることとされた。

【Case 2】——所有者でないのに

　その後，谷江君は甲を中山さんに売り，現実に引き渡してしまった。

1　動産の譲渡における対抗要件　　▶引渡し＝動産物権譲渡の対抗要件。占有を移転すること

(1)　引渡しによる公示

　動産の物権変動も，意思表示のみで生じますが，第三者に対抗するには対抗要件が必要です。しかし，数量が限定的で所在の変わらない不動産と異なり，動産譲渡の事実をすべて記録はできません。動産物権変動は，目的物の支配移転である「引渡し」で公示され，それが対抗要件とされています（178条）。

(2)　178条の「引渡し」の意味

　「引渡し」とは，占有権〔→42〕の移転と同じです。占有権の移転方法は182条～184条に4つ定められており，それらがあれば「引渡し」が認められることになります。

　引渡し（占有移転）の態様のうち，①現実の引渡しと②簡易の引渡しは，目的物の物理的な支配が実際に譲受人に移ります。他方，③占有改定と④指図による占有移転は，目的物の物理的な支配が譲受人には移らず，当事者の認識だけが変わります。とくに占有改定と指図による占有移転は，名称も含めて分かりにくいので，具体的な状況を思い浮かべながら理解するようにしましょう。

○は目的物の物理的な所在，□は（移転する）占有権の所在。

①現実の引渡し（182条1項） 譲渡人Aが，目的物の物理的な支配を，譲受人Bに移すこと。 例　AがBに甲を売却し，現実に手渡した。	A　物が物理的に移転　B
②簡易の引渡し（182条2項） 譲受人Bがすでに動産を所持している場合に，当事者の意思表示によって占有を移すこと。 例　Aが，Bに貸していた甲を，Bに売却した。	A　占有が移転　B
③占有改定（183条） 譲渡人Aが，自己の占有物を譲受人Bのために占有する意思を表示することで，Bに観念的に占有を移すこと。 例　Aが，Bに売却した甲を，引き続き自分の手元に置いておくことにした。	A　B　占有のみが観念的に移転
④指図による占有移転（184条） 譲渡人Aが，目的物を占有するCに対して，Bのためにその物を占有することを命じ，Cがこれを承諾することにより，Bに観念的に占有を移すこと。 例　Aが，Cに甲を預けた状態でBに甲を売却し，CにはBのために引き続き預かっておくよう指示した。	A　B　C　占有のみが観念的に移転

　Case 1は，③の占有改定にあたります。甲の所在は谷江君から動いていませんが，「以後，谷江は野々村のために甲を預かる」との意思表示を2人がしたことで，すでに「引渡し」は済んでいることになります。

（3）　引渡しによる公示の意味　　どの引渡方法でも，目的物を直接に支配する直接占有者〔→42：直接占有と代理占有は同時に成立する〕は，誰が権利者なのか知っていますので，このことを通じて一応は権利の所在が公示されているといえます。しかし，占有改定や指図による占有移転では，目的物の物理的な支配は権利者のもとにありません。また，たとえ現実の引渡しや簡易の引渡しがされても，後に権利者が目的物を誰かに貸すなどして物理的支配を失うこともあります。そのような公示が，登記と比べて不十分なのは間違いありません。そこで，動産物権変動においては，第三者保護のための仕組みがもうひとつ用意されました〔→49〕。以下では，まず，その前提となる考え方を説明しておきます。

2　公信の原則　　▶公信の原則 ＝ 権利が存在するような外形があるが，実際には存在しない場合において，その外形を信頼して取引をした者を保護するため，真実に権利が存在した場合と同様に扱おうとする考え方

（1）　内　容　　権利変動には，無権利者からは権利を承継取得できないという大原則があります（＝無権利の法理）。物権変動では，対抗要件が備わるまでは二重譲渡がありえますが〔→46〕，Case 1 では，野々村君が対抗要件を備えており，甲の所有権を確定的に取得したのですから，Case 2 の中山さんが谷江君から所有権を譲り受けることはできません。しかし，中山さんが，甲の直接占有者である谷江君を所有者だと信じて取引してしまうことは仕方がありません。このように，権利が存在する外形があるのに実際には権利が存在しない場合に，その外形を信頼して取引をした者を保護するために，そこに権利が存在した場合と同様に扱おうとする考え方が生まれます。これを公信の原則といいます。これを認める場合，取引の相手方が無権利者であっても，権利を原始取得〔→45〕できることになります。しかし，公信の原則は常に認められるわけではありません。

（2）　静的安全と動的安全　　▶静的安全 ＝ 一度取得した権利は，みだりに奪われないということ
　　　　　　　　　　　　　　▶動的安全 ＝ 権利者よりも取引に入った者を保護すること（取引の安全）

原則として，一度取得した権利は，自分の意思によらずには奪われません。これを静的安全といいます。他方，公信の原則を認めることは，静的安全を後退させてでも，権利があると信じた人を守り，円滑な取引を可能にすることを意味します。これを動的安全または取引の安全といいます。この2つは，一方を守ると他方が害される関係にあります。どちらを重視するかにより，公信の原則を認めるかが決まります。

（3）　動産と不動産での区別　　▶不動産の物権変動では，公信の原則は採用されない

不動産の物権変動では，公信の原則は採用されていません。つまり，無権利者のもとに登記がある場合にそこに権利があると信じて取引をしてもその者は権利取得できません。公信の原則を認めるかどうかは，静的安全と動的安全（取引の安全）の衡量の問題です。不動産は，動産に比べて価値が相対的に高く，権利者への影響が大きいことや，取引に入る者に対して慎重な調査を求めても問題が少ないといった特徴があるため，権利者の保護が厚くなっています。もっとも，94条2項の類推適用を通じて登記を信じた者を保護する道があるという点には，注意が必要です〔→11〕。

他方，動産の物権変動には公信の原則が採用されています。不動産よりも価値が相対的に低く，取引も迅速かつ頻繁に行われ，真の権利者を探すのも難しいなどの特徴があり，不動産の場合よりも取引の安全が重視されるためです〔→49〕。

【穴埋め問題で確認】（②〜⑤は順不同）
1　動産物権変動の対抗要件である①＿＿＿には，②＿＿＿，③＿＿＿，④＿＿＿，⑤＿＿＿の態様がある。
2　実際には権利が存在しないにもかかわらず，権利が存在するような外形がある場合に，その外形を信頼して取引をした者を保護するために，そこに権利が存在した場合と同様に扱う考え方を⑥＿＿＿という。この考え方は，⑦＿＿＿安全を害してでも⑧＿＿＿安全を保護するものであり，⑨＿＿＿の物権変動では認められていない。

【47の解答】①登記（の）欠缺　②正当な利益　③当たる　④当たらない　⑤当たる　⑥当たらない　⑦信義（則）

49 所有者ではない人から物を買ってしまったらどうなりますか
▶即時取得

【Case 1 】──売った物を持ち続ける

　谷江君は，自身が所有している教科書・甲を友人の野々村君に1000円で売った。しかし，谷江君が試験の勉強をしなくてはいけないので，試験が終わる１週間後までは，谷江君が甲を使い続けることとされた。

【Case 2 】──所有者じゃないのに

　その後，谷江君は甲を中山さんに売り，現実に引き渡してしまった。

1　即時取得の基本形　　▶即時取得＝動産を占有している無権利者を真の権利者だと過失なく誤信して取引をした者に，その動産について完全な権利を取得させる制度のこと

　(1)　**公信の原則**　　Case 1 と 2 は，トピック48と同じものです。そこで述べたように，動産の物権変動においては，対抗要件による第三者（中山さん）の保護がうまく機能しません。そこで，動産物権変動に関しては，無権利者（谷江君）と取引をした者（中山さん）を保護する公信の原則が認められています。

　(2)　**即時取得の要件**　　動産物権変動における公信の原則は，192条以下の**即時取得**という制度により認められています。その要件は，以下のとおりです。

　▶要件＝①無権利者による動産の占有，②占有の開始，③取引行為，④平穏・公然，善意・無過失

　即時取得が認められるには，まず，取引の相手方が無権限でなければいけません。取引の相手方が真の所有者だったり，真の所有者から処分権を与えられている場合，そのまま権利の承継を認めればいいからです。次に，目的物が動産であることが必要です。不動産上の物権は，即時取得の対象とはなりません。そして，相手方が目的物を占有していることも必要です。即時取得の制度は，相手方による占有の事実（占有の公信力）を根拠にしているからです（なお，相手方の占有は直接占有ではなく間接占有でも構いません）。

　即時取得が認められるには，取得者が「占有を始めた」ことが必要です。即時取得は所有者に権利喪失という不利益を課すものですから，取得者にはそれ以上に保護に値する客観的状況がなければいけません。占有の取得は，そのために要求されるのだと一般に理解されています。この考え方から，ここでいう「占有」に占有改定は含まれません（最判昭35・２・11民集14・２・168）。

　192条は，動産の占有を「取引行為によって」始めることを要件としています。たとえば，BがホテルAのフロントに荷物を預けていたところ，Aが別の客CにBの荷物を渡し，Cがそれを自分の物だと思い込んで持ち去ったとしても，Cに即時取得は認められません。即時取得は取引の安全を保護する制度だからです。

　さらに，192条は，占有が「平穏に，かつ公然と」開始され，その時に「善意であり，かつ，過失がない」ことを要件としています。平穏・公然とは，190条２項に書かれた「暴行若しくは強迫」または「隠匿」（＝秘密にして人目に触れないようにすること）の逆の意味です。もっとも，この要件は，上記の取引行為の要件がみたされれば普通はみたされるでしょう。次に，善意・無過失とは，取得者が，占有取得の時点で，取引相手が無権限であることを知らず，かつ，そのことについて過失がないことを指します。

　(3)　**Caseへのあてはめ**　　Case 2 では，所有者ではなく処分権限も与えられていない谷江君が動産（甲）を占有しており，その谷江君と売買という取引行為をした中山さんが，現実の占有を開始していますので，①～③の要件はみたされます。中山さんが谷江君の無権限について善意であるか，または過失がないかはわかりませんが，それらもみたされた場合には，中山さんが甲の所有権を取得し，野々村君の所有権は消えることになります。もし中山さんが悪意であるか過失があれば，中山さんが甲の所有権を取得することはなく，野々村君が所有権を失うこともありません。

2　盗品・遺失物の場合の特則

> 【Case 3】──盗まれた物が売られた
> 　大学生の谷江君は，ある教科書・甲を友人の中山さんに売り，現実に引き渡した。しかし，その教科書はもともと野々村君の所有物であり，先週，野々村君が校内で誰かに盗まれたものだった。
>
> 【Case 4】──古書店で買った
> 　Case 3において，谷江君が大学生ではなく大学近くの古本屋の営業主だったとする。中山さんは1000円を払って甲について現実の引渡しを受けた。

　(1)　**特則の内容**　　Case 3と4は，冒頭のCase 1・2を変更したものです。元のCaseでは野々村君自身の意思で甲の直接占有を手放していましたが，ここでは野々村君の意思によらずに甲の占有が奪われています。このような場合について民法は，所有者に所有権喪失の不利益を課すことは酷だと評価し，2段階の特則を置きました。

　a　**第1の特則──盗品・遺失物**　　まず，193条は，Case 3のように占有物が盗品または遺失物であるとき，被害者または遺失者は占有者に対してその物の回復を請求することができる旨を規定しています。そのうえで，さらに，回復請求できるのは，**盗難または遺失の時から2年間**という期間制限を置きました。このような場合分けを行うことで，1つの物の所有権を争う当事者の利害調整を図ることにしたのです。

　b　**第2の特則──公の市場などから買い受けた場合**　　さらに，Case 4のように，取得者が動産を個人からではなく店から買った場合は，もう一段階の考慮が必要になります。たとえ盗品・遺失物であっても，すでに一般の流通経路に乗ってしまえば，個人から買う場合よりも取引の安全を保護する必要が高くなるからです。そこで194条は，盗品・遺失物を公の市場などから買い受けた場合は，**占有者が支払った代価を弁償**しなければ，その物を回復することができない旨を規定しました。

　(2)　**個別事項**　　占有物が盗品・遺失物である場合の以上の特則について，問題となる事項をまとめておきます。

　a　**回復請求権者の範囲**　　たとえば，B1がB2に所有物（甲）を預けていたところ，何者かがこれを盗み出し，その後Aの手に渡った後，善意・無過失のCがこれを購入したとします。ここでは，物を盗まれたB2は甲の所有者ではありません。このB2も，Cに対して回復請求をすることができるかが問題となりますが，193条が回復請求権者として定める「被害者」・「遺失者」には，所有者だけでなく賃借人や受寄者も含まれると解されています。もちろん，B1からもCに対して引渡しを請求できます。

　b　**2年間の期間制限**　　193条は，被害者・遺失者が回復請求できる期間を盗難・遺失の時から2年間と定めています。一般に，権利行使に対する期間制限には消滅時効と除斥期間の2種類がありますが〔→66〕，これは除斥期間と解されており，2年間が過ぎれば自動的に被害者・遺失者は回復請求することができなくなります。

　(3)　**Caseへのあてはめ**　　以上によれば，Case 3では，谷江君から盗品を買った中山さんに対して，野々村君は盗まれた時から2年間は甲の回復を請求することができます。Case 4では，中山さんが公の市場で甲を購入していますので，野々村君が中山さんに甲の回復を請求するには，中山さんが甲を買うために谷江君に支払った1000円を弁償する必要があります。

> 【穴埋め問題で確認】
> 1　動産物権変動では，公信の原則の表れとして①＿＿＿という制度が認められている。これが認められるには，②＿＿＿によって，③＿＿＿と動産の占有を始めた者が，取引相手が無権限であることについて④＿＿＿である必要がある。
> 2　占有物が盗品または遺失物であるときは，被害者・遺失者は，回復請求することができる。その期間は⑤＿＿＿である。この場合において，占有者が公の市場等で買い受けていたときは，⑥＿＿＿をしなければ回復することができない。

【48の解答】①引渡し　②現実の引渡し　③簡易の引渡し　④占有改定　⑤指図による占有移転　⑥公信の原則
　　　　　　⑦静的　⑧動的／取引の　⑨不動産

50 「債権」という権利を売ることはできますか
▶債権譲渡の意義・機能，対抗要件

【Case】——返済期限前の債権を売ってお金に変えることはできますか

村田さんは友人の瀧さんに返済期限を6か月間として100万円を貸してあげた。それから3か月が経ったころ，村田さんの自家用車が事故で廃車になったため，新車を購入する資金が必要になった。そこで瀧さんに返済期限より前ではあったが，貸した100万円の返済を求めた。しかし瀧さんは，急には返済資金を用意できないし，もとの約束通りにあと3か月待ってほしいと言って応じない。この場合に，村田さんは知人の大西氏に，瀧さんに対する100万円の当該債権を90万円で購入してもらった。

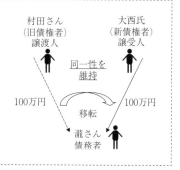

1　債権譲渡の意義・機能　　▶債権譲渡 ＝ 債権者（譲渡人）と新債権者（譲受人）との間で，同一性を変えずに債権を移転させることを目的とする契約のこと

Case では，お金を貸した村田さん（債権者）が瀧さん（債務者）に対して100万円の金銭債権を有しているところ，「金銭の返還を目的とする債権」という性質を変えることなく，大西氏（譲受人）に100万円の債権を移転する契約を結んでいます（466条）。この債権譲渡（契約）は，契約書面がなくても，当事者間の口頭の約束によって成立する契約（諾成契約）とされています。

債権譲渡は，Case のように，債権の弁済期限が到来するよりも前に，債権者が資金を得る手段として活用されています。実際に，村田さんは譲渡代金として期限より3か月前に90万円を入手して車の購入資金に充てることができます。これに対して大西氏は，瀧さんから100万円の債権を実際に回収するまであと3か月待つ必要があります。とはいえ，その時間的な猶予や手間，また回収不能のリスク等を考慮して，実際には相当安値で債権を譲り受けることが通常です。そのため，大西氏にもメリットがあるのです。

2　債権の譲渡性　　▶債権は原則として自由に譲渡できる（466条1項本文）

債権者は，債務者の承諾を得ずに債権を第三者に自由に譲渡できます。Case の村田さんは瀧さんの承諾なく100万円の債権を大西氏に譲渡できます。ただし，瀧さんの知らないうちに債権者が村田さんから大西氏に代わると，誰に弁済してよいか分からなくなる危険があります。また，大西氏が信用できない人の可能性などもあります。そこで，次の表のように，例外的に債権の譲渡が制限されています。

禁止・制限の種類	禁止・制限の理由	具体例
①債権の性質による譲渡禁止（466条1項ただし書）	ある特定の債権者に対して履行することに意味がある債権の場合には，債権譲渡が禁止される	著名な画家A（債務者）に自画像を描いてもらう債権
②法律による譲渡禁止	債権者の生活保障等の理由によって，とくに法律の明文で債権譲渡が禁止されることがある	扶養請求権（881条），恩給請求権，労災補償金請求権など
③当事者の意思表示による制限（譲渡制限の意思表示）（466条3項）	手続きの煩雑さを避ける，過誤払いを避ける，相殺の利益確保のためなど，主に債務者の利益保護のための制限	債権者と債務者間で，第三者への譲渡を禁止する合意をした場合

このうち，③譲渡制限の意思表示には注意が必要です。たとえば，村田さんと瀧さんの間で「債権譲渡を禁止または制限する」との意思表示をした場合に，村田さんが勝手に大西氏に債権を譲渡したとしても，その譲渡が無効になるわけではありません（466条2項）。なぜなら，債権の自由譲渡性という原則を重視するからです。ただし，大西氏がその意思表示を知っていたか，または重過失で知らなかったときは，瀧さんは大西氏への債務の履行を拒めます（同条3項）。また，瀧さんがすでに村田さんに履行していれば，瀧さんは大西氏に対し債務消滅を対抗できます（同条3項）。もっとも，この場合でも，大西氏が瀧さんに対して「相当の期間内に村田さんに履行するように」と催告をしたのに，その期間内に履行がないときは，瀧さんはその後は履行を拒絶したり，債務の消滅を対抗したりできなくなります（同条4項）。

3　対抗要件　▶債権譲渡を「債務者」に対抗するには「通知・承諾」が必要である
▶債権譲渡を「第三者」に対抗するには「確定日付のある通知・承諾」が必要である

　Case の大西氏は，瀧さん（債務者）に対し，「自分が新しく債権者になったので，今後は私に100万円を弁済してください」と主張できます。しかし瀧さんは，債権者が村田さんか，または大西氏に代わったのか分からないこともあります。そのため，瀧さんが債務を二重に支払ってしまう**リスクを回避**するために，債権譲渡を債務者に「**通知**」をして知らせるか，または債務者から「**承諾**」を得て確認を取ることが必要とされます（467条1項）。この「通知」は，**元の債権者**である村田さん（譲渡人）が瀧さん（債務者）に対して行う必要があります。なぜなら，債権譲渡で利益を得る大西氏（譲受人）による通知でよいなら，大西氏が自分の得になるように虚偽の通知をする可能性もあるからです。それに対して，債権を失う側の村田さん（譲渡人）であれば，虚偽の通知は行わないであろうとの配慮によります。

　ところで，Case の村田さんが債権を大西氏だけでなく，重ねて谷江氏に売ってしまうことも可能です（債権の二重譲渡）。そのため，二重に譲り受けた大西氏と谷江氏の間で，どちらが優先して債権を回収できるかを決める必要があります。そのために，第三者に対する対抗要件として「**確定日付のある通知・承諾**」が要求されます（467条2項）。たとえば，譲渡通知をすべき村田さんが，大西氏への譲渡につき普通郵便で通知をした一方で，谷江氏への譲渡は公正証書・内容証明郵便（確定日付のある証書）で通知をしたとします。この場合に，谷江氏は自分への債権譲渡が優先することを大西氏に対抗できます。もっとも，両者ともに確定日付のある通知がなされた場合には，どちらが優先するのかが条文上は不明で，次の表のとおり**確定日付説**と**到達時説**（判例・通説）が対立しています。詳しくは，債権総論の講義や教科書で学習してください。

見　解	結　　論	根　　拠	批　　判
確定日付説	確定日付の早い譲受人が優先	・法律関係の画一的な処理 ・第三者対抗要件として確定日付を要求する条文に忠実な解釈	・確定日付は第三者への公示機能を有さない ・いったん確定日付の通知が到達し効力が生じても，のちに到達した日付の早い通知によって覆されるなら，**法的安定性を害する**
到達時説 （判例・通説）	通知の到達日時の早い譲受人が優先	・**債務者の認識を通じて第三者への公示**が図られるため，通知が到達してから公示機能が生じる	・条文上で確定日付を要求した意味がない ・通知が同時に到達したら，優劣を決せられない

【穴埋め問題で確認】
1　**債権譲渡の意義**　　債権譲渡とは，債権者と譲受人との間で，①＿＿を変えずに債権を移転させる契約である。これは，債権の②＿＿が到来する前に，債権者が資金を得る手段として機能している。
2　**債権譲渡の対抗要件**　　債務者への対抗要件は，債権譲渡の③＿＿または④＿＿である。この③＿＿は，⑤＿＿から債務者になされる必要がある。他方，債権の二重譲渡では，第三者への対抗要件として，⑥＿＿のある通知・承諾が必要である。

［メモ］

【49の解答】①即時取得　②取引行為　③平穏かつ公然　④善意無過失　⑤2年間　⑥代価の弁償

51 貸したお金を確実に返してもらうにはどうすればいいですか
▶担保の概要，必要性

【Case】──お金を貸したときに担保を付けていれば確実に回収できますか

(1) 担保権のない場面

渡辺氏が事業資金として，Ａ・Ｂ・Ｃから，それぞれ1000万円，500万円，500万円を借り受けた。

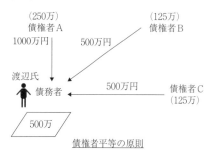

債権者平等の原則

(2) 担保権のある場面

渡辺氏が事業資金として，Ａ・Ｂ・Ｃから左と同じ金額を借り受けた。その際，Ｃだけが渡辺氏の土地に担保（抵当権）を設定した。

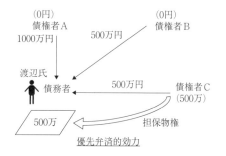

優先弁済的効力

---

1 担保の概要

▶担保 ＝ 債務者が債務を履行するために十分な財産を有しない場合に備えて，債権者を満足させるために用意された法的手段のこと

　私たちの経済社会では，お金を貸した場合や，商品を売って代金を回収する場合などに，債権者は自身の債権に基づいて債務者に金銭を請求できます。もっとも，「無い袖は振れない」といわれるように，もし債務者に弁済の資力がないときは，債権者は債権を一切回収できないことにもなりかねません。

　Case のように，渡辺氏（債務者）が債権者Ａ・Ｂ・Ｃから総額2000万円を借りたにもかかわらず，500万円相当の土地しか財産（資力）を有していない場合には，債務者は赤字（無資力＝債務超過）となります。その際に，(1)の場面のように，複数の債権者が誰も担保権を有していないときは「債権者平等の原則」が妥当します。その結果，各債権者は，土地の換価金500万円から，各自の債権額に応じた比例額でしか債権を回収できません（Ａ＝250万円，Ｂ＝125万円，Ｃ＝125万円）。この担保権を有しない債権者を「一般債権者」と呼びます。これに対して，(2)の場合のように，債権者Ｃが債務者の土地に抵当権（担保権）を設定していたときは，担保権を有しない他の一般債権者ＡやＢとの関係で，土地の換価金500万円から優先的に債権を回収できます（Ａ＝0円，Ｂ＝0円，Ｃ＝500万円）。このように債権の担保には，担保を付けた債権者（担保権者）が目的財産から優先的に債権を回収できるという機能が認められます。

　以上の担保制度は，抵当権のように，担保の目的が「特定の財産」である担保物権が中心となります（物的な担保）。もっとも，債権総則編に規定される保証のように，担保の目的が「特定の人の有する財産」の場合も，広い意味での担保に含めて説明されることが一般的です（人的な担保）。この場合は，債務者以外の「人」を保証人として押さえておくことで，債務者の資力不足を保証人の資力で補うことになります。本書では，Chapter19「債権の担保制度」で両制度をあわせて説明します。

2 担保の必要性

▶担保は，債権者の債権回収機能を強化するだけでなく，金融活動を安全かつ容易にする機能があり，社会経済活動にとって必要な制度である

　上記のように，担保は債権者の債権回収機能を補強するものであると同時に，担保権者を他の一般債権者よりも保護する機能があります。これはとても重要な機能ですので，民法ではさまざまな種類の担保制度が規定されています。これに加えて，私たちの社会経済活動を全体的に捉えたときにも，比較的少額な消費者金融から，企業の資金調達のための企業金融に至るまで，さまざまな場面で金銭の貸し借り（＝金融）が盛んに行われています。銀行などの金融機関がこのような金融を安全かつ容易に行えるようにするためにも，民法上の担保制度が重要な役割を果たしています。そのため，社会経済活動にとっても必要性の高い法制度

といえます。

3　担保の種類　　▶担保は，⑴物的担保と人的担保，⑵約定担保と法定担保，⑶典型担保と非典型担保
　　　　　　　　　　　　　　など，さまざまな種類に分類される

　以上のように社会的に重要な「担保」ですので，実際にさまざまな種類の担保制度が存在しています。なお，⑴から⑶の分類はそれぞれ重なるところがありますので，注意をしてください。

　⑴　**物的担保と人的担保**　　先に述べたように，抵当権の場合など，担保の目的が「特定の財産」である場合の担保制度のことを**物的担保**と呼びます。これは民法典の「第二編・物権」で詳しく規定され，担保制度の中で重要な役割を担っています。この物的担保の中でも，さらにいくつかの種類の担保物権があります（留置権・先取特権・質権・抵当権など）。

　これに対して，保証の場合など，担保の目的が「特定の人の有する財産」の場合を**人的担保**と呼びます。これは民法典の「第三編・債権」で詳しく規定され，こちらも重要な役割を担っています。

　⑵　**約定担保と法定担保**　　**約定担保**とは，当事者の合意（契約）で発生する担保のことで，保証（人的担保）や質権・抵当権（物的担保）があります。これに対して**法定担保**とは，法律の規定に従って一定の要件をみたせば発生する担保のことで，留置権・先取特権（物的担保）があります。

　⑶　**典型担保と非典型担保**　　**典型担保**とは，民法その他の法律によって規定される担保のことです。これには，留置権・先取特権（法定担保物権），質権・抵当権（約定担保物権）があり，保証（約定の人的担保）も含まれます。これに対して，**非典型担保**とは，民法典によって規定されない担保のことです。これには，仮登記担保・譲渡担保・所有権留保など，新しい種類の担保が含まれます。

法定担保	物的担保	留置権	典型担保	民法295条以下
		先取特権		民法303条以下
約定担保		質権		民法342条以下
		抵当権		民法369条以下
		譲渡担保・所有権留保	非典型担保	民法に規定なし
	人的担保	保証	（典型担保）	民法446条以下

　各種担保の詳細は，抵当権〔→53・54〕，留置権・先取特権・質権〔→55〕，保証〔→56〕の順で説明していきます。なお，近時は新しい資金調達手段の重要性が意識され，担保法制の大幅な見直しが進められています（「担保法制の見直しに関する中間試案」令和4年12月6日・法制審議会）。その際，民法に規定のない仮登記担保・譲渡担保・所有権留保などの非典型担保も含めて大いに議論されています。これら非典型担保の詳細については担保物権法の講義や教科書で学習してください。

【穴埋め問題で確認】
　1　**担保の意義**　　担保とは，債務者に①＿＿＿がない場合に備えて，債権者を満足させるために用意された法的手段である。担保権を有する債権者を②＿＿＿，担保権を有しない債権者を③＿＿＿と呼ぶ。
　2　**担保の必要性**　　担保制度があることで，債権者の④＿＿＿機能が強化される。加えて，現代社会における金融活動を⑤＿＿＿にする機能がある。そのため社会経済活動にとって必要な制度である。
　3　**担保の種類**　　担保は，物的担保と⑥＿＿＿，または⑦＿＿＿と法定担保，さらに⑧＿＿＿と非典型担保に分類されることがある。

［メモ］

【50の解答】①同一性　②弁済期限　③通知　④承諾　⑤譲渡人　⑥確定日付

【Case】——民法に規定された担保物権には，どのような種類がありますか？

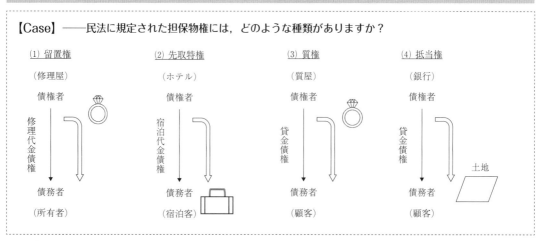

1 典型担保——担保物権の種類

(1) **留置権** 他人の物の占有者が，この物に関して生じた債権を有する場合に，その債権の弁済を受けるまで当該物を留置できる権利です（295条以下）。たとえば **Case**(1)で，指輪の所有者が修理屋に指輪の修理代金を支払わない場合には，修理屋は代金の弁済を受けるまで指輪を手元に置いておけます。

(2) **先取特権** 法定の原因によって生じた債権を有する者が，債務者の財産を換価し，他の債権者に優先して換価金から弁済を受けられる権利です（303条以下）。**Case**(2)で，宿泊客が宿泊代金を支払わない場合には，ホテルが宿泊客の手荷物から優先的に弁済を受けられます。

(3) **質権** 債権者が，債権担保として債務者・第三者から受け取った物を占有し，債権が弁済されないときに，その物から優先弁済を受ける権利です（342条以下）。**Case**(3)で，質屋が顧客にお金を貸す際に指輪を預かっておき，顧客がお金を返さない場合には，質屋は指輪から優先弁済を受けられます。

(4) **抵当権** 債権の担保として債務者・第三者が債権者に物を提供しますが，提供者は引き続きその物を占有・利用することができ，債権が弁済されないときには，債権者はその物の換価金から優先弁済を受ける権利です（369条以下）。**Case**(4)で，銀行が顧客にお金を貸す際に土地に抵当権を付しても，顧客は引き続きその土地に住むことができる一方で，顧客が弁済期に貸金を返済できなければ，その土地が競売に掛けられ，銀行は換価金から優先弁済を受けられます。

※これら典型担保物権の詳細は，次からのトピック〔→53〜55〕を参照してください。

2 物的担保の効力一般——3種類の効力

ⓐ**優先弁済的効力** ＝ 債権者が担保目的物を民事執行手続に従って換価し，その換価金から他の債権者に優先して弁済を受けうる効力のこと

ⓑ**留置的効力** ＝ 債権者が債権全額の弁済を受けるまで担保目的物を自己の下に留置できる効力のこと

ⓒ**収益的効力** ＝ 目的となる不動産の用法に従って収益を上げることができる効力のこと

民法に規定のある物的担保（担保物権）の一般的な効力をみてみましょう。まず，上記(2)**先取特権**，(3)**質権**，(4)**抵当権**には，ⓐ**優先弁済的効力**が認められます。他に債権者がいても，担保権者は目的物（手荷物・指輪・土地）の換価金から優先的に弁済を受けられます。なお，(1)**留置権**にはⓐの効力は認められません。次に，上記(1)**留置権**，(3)**質権**には，ⓑ**留置的効力**が認められます。担保権者は，目的物（指輪）を自己の下に留めておいて，債務者に対して「指輪を返して欲しければ弁済せよ」とプレッシャーをかけられます。なお，(2)**先取特権**，(4)**抵当権**にはⓑの効力は認められません。最後に，上記(3)**質権**の中でも，不動産を目的とする場合には，ⓒ**収益的効力**が認められます。不動産質権者（担保権者）は預かった不動産を使用・収益できます。なお，その他(1)から(4)の担保権ではⓒの効力は認められません。

3 物的担保の性質――4種類の性質

①付従性 ＝ 担保物権は，成立・存続・消滅等の点で主である被担保債権に従うという性質

②随伴性 ＝ 被担保債権が第三者に譲渡されると，担保物権も共に第三者に移転するという性質

③不可分性 ＝ 担保権者は，被担保債権の全額弁済を得るまで，目的物の全権利を行使できるという性質

④物上代位性 ＝ 担保権者は，目的物の売却等で得られる金銭等の物に対して権利を行使できるという性質

　物的担保に共通する性質として，まず①付従性（ふじゅうせい）が重要です。これは，担保物権で担保される債権（＝被担保債権）が成立・存在していなければならず，その被担保債権が弁済等で消滅したときは，担保物権もそれに付従して消滅するという性質です。次に，②随伴性（ずいはんせい）とは，被担保債権が債権譲渡によって譲受人（第三者）に移転すると，その債権の移転に伴って担保物権も譲受人に移転するという性質です。たとえば，債権者Aが抵当権の付いた債権を譲受人Bに有効に譲渡すると，それ以降は新債権者であるBが担保権者になります。続いて，③不可分性とは，担保物権は原則として不可分であって，被担保債権の全額が弁済されるまでは，担保目的物の全体について権利を行使できるという性質です。たとえば，債権者Gが債務者Sに1000万円を貸した際に，S所有の土地（1000万円相当）に抵当権を付したとします。その後，Sが一部500万円しか弁済できずに，Gが抵当権を実行する場合には，1000万円相当の土地全体について権利の行使が可能です。担保権者Gは，被担保債権の残額500万円分にしか権利を行使できないわけではありません。最後に，④物上代位性です。たとえば，担保の目的物が売却や賃貸され，または目的物が減失・損傷した際には，所有者が金銭等を受けることがあります。この場合に，担保権者は，目的物そのものだけでなく，その対価（売却代金，賃料，保険金など）についても権利を行使できます。

　以上の効力や性質のすべてが民法上の担保物権に備わっているわけではありません。各担保物権の詳細を説明する前に，ここで全体像を表にまとめておきましょう。

典型担保物権		①付従性	②随伴性	③不可分性	④物上代位性	ⓐ優先弁済的効力	ⓑ留置的効力	ⓒ収益的効力
法定担保物権	(1)留置権	○	○	○	×	×	○	×
	(2)先取特権	○	○	○	○	○	×	×
約定担保物権	(3)質権	○	○	○	○	○	○	不動産○
	(4)抵当権	○	○	○	○	○	×	×

【穴埋め問題で確認】

1　物的担保の３つの効力　　第1に①____効力とは，債権者が目的物の換価金から他の債権者に優先して弁済を受ける効力である。第2に②____効力とは，債権者が全額弁済を受けるまで目的物を留置できる効力である。第3に③____効力とは，④____の質権において，目的不動産の用法に従って収益を上げうるという効力である。

2　物的担保の４つの性質　　第1に⑤____とは，被担保債権の存在を必要とし，その債権が消滅すれば担保権も消滅するという性質である。第2に⑥____とは，被担保債権が第三者に譲渡されると，担保物権も第三者に移転するという性質である。第3に⑦____とは，担保権者は，被担保債権の全額弁済を受けるまで，目的物のすべてについて権利を行使できるという性質である。第4に⑧____とは，担保権者が目的物の売却等で得られる金銭等に対しても権利行使できるという性質である。

［メモ］

【51の解答】①十分な財産　②担保権者　③一般債権者　④債権回収　⑤安全かつ容易　⑥人的担保　⑦約定担保
　　　　　⑧典型担保

【Case】——銀行からお金を借りる際に抵当権を付けるにはどうすればいいですか

(1) 債務者の土地に抵当権

渡辺氏が住宅購入資金としてG銀行から1000万円を借り受けた。その際に，渡辺氏の自宅の土地に抵当権を付けた。

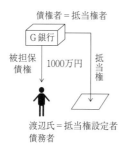

債権者＝抵当権者
G銀行
被担保債権　1000万円　抵当権

渡辺氏＝抵当権設定者
債務者

(2) 第三者の土地に抵当権

渡辺氏が営業資金としてG銀行から1000万円を借り受けた。その際に，親戚Aさんに頼んでAさんの土地に抵当権を付けてもらった。

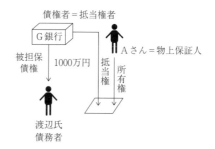

債権者＝抵当権者
G銀行　Aさん＝物上保証人
被担保債権　1000万円　抵当権　所有権

渡辺氏
債務者

1 抵当権の意義と機能

(1) 意　義　▶抵当権 = 債務者または第三者が債権の担保として物を提供しつつ，その物の利用を継続でき，債権が弁済されないときに，債権者は物の換価金から優先弁済を受けられる権利（約定担保）

　銀行などの債権者がお金を貸すときに，その債権を回収できなくなれば困ります。そこで債権者は，債権の担保として債務者本人や第三者から土地・建物（担保目的物）を提供させて，もし債権が弁済されなければ，債権者はその目的物を競売などで換価して，その**換価金から優先的に弁済を受ける**ことができます（369条）。こうして，債権者は安心してお金を貸せる一方で，債務者・第三者（抵当権設定者）は，**引き続き目的物を占有・利用**できるメリットがあります。とくに債務者が土地・建物を使用して商売を続けられれば，それだけ債務の返済も進められることになります。これが抵当権と呼ばれる担保物権です。

　Case(1)で，渡辺氏の自宅に抵当権を付けても，渡辺氏は引き続き自宅に住み，そこで商売を続けられます。もし渡辺氏がローンを返済できなければ，自宅が競売に掛けられ，G銀行は換価金から優先弁済を受けられます。なお，**Case**(2)のように，親戚Aさん（物上保証人）の土地に抵当権を付けることもできます。

(2) 機　能　▶非占有担保権 = 抵当権者は抵当目的物を占有せず，物の価値のみを把握する権利を有する一方で，抵当権設定者は目的物を占有・利用できるメリットがある

　上述のように，抵当権設定者は目的物の占有・使用・収益（利用）を継続しながら，債権者から資金を調達できるため，経済的にもメリットのある制度です。もっとも，債権者（抵当権者）が目的物を自己の下に置いておけないことから，設定者が目的物を勝手に他人に売ったり，別の債権者のために優先的な抵当権を設定したりするかもしれません。そこで，このような不都合を回避するため，抵当権には公示制度が要求されます。つまり，抵当権者と設定者は，目的不動産の登記簿に抵当権設定の登記をする必要があります。これによって，不動産の購入希望者や他の債権者は，当該不動産の登記簿をみれば，すでに抵当権の目的であることがわかります。抵当権の存在を知る者を優先的に保護する必要はないため，登記を有する抵当権者は購入者や他の債権者に自身の抵当権が優先すると主張できます（対抗要件）。それが嫌なら，これらの者は抵当権の付いた不動産を購入したり，お金を貸したりしなければよいわけです。このように抵当権について登記制度を完備することで，**非占有担保権**として生じる抵当権者の**不利益を解消**しつつ，他者への**公示機能**も果たすことになります。

　以上から，抵当権は登記・登録制度のある特定の財産にしか設定できません。民法では，主な対象は不動産（土地・建物）です。また特別法で，立木抵当，自動車抵当，工場抵当なども利用されています。

2　抵当権の設定

(1)　抵当権設定契約　　▶債権者と債務者または第三者の間で目的物に抵当権を設定する旨の契約

　抵当権は，債権者と債務者・第三者の間で目的物に抵当権を設定する旨の契約を締結することで成立します。この契約は，当事者間の合意のみで成立し（諾成契約），契約書や登記は成立要件ではありません。なお抵当権の設定登記は対抗要件です。Case (1)では，G銀行が渡辺氏に1000万円を融資する際に，渡辺氏の土地に抵当権を設定する合意で抵当権が発生します。もっとも，契約書を交付することが通常です。

(2)　被担保債権　　▶被担保債権は金銭債権だけでなく，特定債権でもよい

　実際には，金銭債権の担保のために抵当権を付けることが一般的です。しかし，物の引渡しのような特定債権を担保するために抵当権を付けることも可能です。なぜなら，特定債権も債務不履行によって損害賠償債権（金銭債権）に転化しうるからです。たとえば，ある顧客（債権者）が自動車販売店（債務者）から高級外車を購入した際に，その自動車の引渡債権（特定債権）を担保するために，販売店の建物に抵当権を付けることができます。もし自動車を輸入できず債務不履行になれば，その損害賠償債権に抵当権が付いていて，顧客（抵当権者）が建物の換価金から優先的に賠償を得ることになります。

(3)　対抗要件　　▶抵当権の設定は，登記をしなければ第三者に対抗できない

　抵当権が非占有担保権であることから生じる不都合〔前記1(2)〕を解消するため，抵当権の登記制度が完備されています。これによって，第三者が抵当権の付いた不動産を知らずに購入することを避けられます。このような抵当権の設定登記は，上記2(1)で触れたように，成立要件ではなく第三者への対抗要件です（177条）〔→46〕。つまり，抵当権を登記しなくても，当事者間で設定契約を結べば抵当権は発生します。しかし，抵当権を登記していなければ，その不動産を購入し，所有権の移転登記をした第三者に対して，自身が抵当権者であることを対抗できません。同じく，その不動産に抵当権の設定登記をした他の債権者に対して，自身の抵当権を対抗できません。その後に登記をしても，劣後する二番抵当権しか主張できないことになります（373条）。

3　抵当権の侵害　　▶抵当権が侵害されれば物権的請求権を行使できる

　抵当権も物権の一種ですので，物権的請求権が発生します〔→44〕。そのため，抵当権の実現が妨害されるか，そのおそれがある場合には，侵害の除去（妨害排除）または侵害の予防（妨害予防）を求められます。たとえば，酔っぱらいが抵当目的の建物を何度も蹴っている場合には，所有者だけでなく，抵当権者も抵当権に基づいて「建物を蹴らないように」と侵害除去の請求ができます。もっとも，目的土地に不法占拠者がいた場合に，抵当権者が土地明渡（返還）を請求できるかは争いがあります。なぜなら，抵当権は非占有担保なので，占有権のない抵当権者が土地の占有を返せとはいえないと考えられたからです。かつての判例は，抵当権者には土地の明渡請求を認めていませんでした。しかし現在の判例は，土地の交換価値の実現が妨げられ優先弁済権の行使が困難な状況であれば，不法占拠者だけでなく適法賃借人に対しても，土地の明渡請求が可能と考えています（最大判平11・11・24民集53・8・1899，最判平17・3・10民集59・2・356）。

【穴埋め問題で確認】

1　**抵当権の意義と機能**　　抵当権とは，債務者・第三者が債権の担保として物を提供しつつ，その物の利用を①＿＿＿でき，債権が弁済されないときに，債権者は物の換価金から②＿＿＿を受けられる担保物権である。抵当権者は目的物を占有せず，物の③＿＿＿を把握するだけだが，抵当権設定者は目的物を④＿＿＿できるメリットがある。

2　**抵当権の設定**　　抵当権は，債権者と債務者・第三者の間で目的物に抵当権を設定する⑤＿＿＿によって発生する。その際，⑥＿＿＿や抵当権の設定登記は契約の成立要件ではない。ただし，設定登記をしなければ第三者に⑦＿＿＿できない。

3　**抵当権の侵害**　　抵当権が侵害されれば，抵当権者は抵当権に基づいて⑧＿＿＿を行使できる。

【52の解答】①優先弁済的　②留置的　③収益的　④不動産　⑤付従性　⑥随伴性　⑦不可分性　⑧物上代位性

【Case】──銀行ローンが支払えずに抵当権が実行されるとどうなりますか

　G銀行（債権者）が渡辺氏（債務者）に1000万円を融資する際に，渡辺氏の土地・甲（800万円相当）に抵当権を設定した。その土地には高価な松の木・乙（200万円）が植えられている。渡辺氏が債務を履行できず，甲が競売にかけられたとき，乙木も抵当権の範囲に含まれて代金回収が可能だろうか。

　また，甲地上に土地から取り外し可能な庭石・丙（100万円）が置かれているとすると，丙石も範囲に含まれるだろうか。

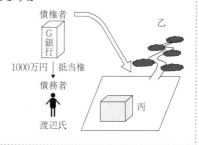

1　効力の及ぶ範囲

（1）　被担保債権の範囲　　▶抵当権の被担保債権の範囲は，元本，利息・定期金・遅延損害金に及ぶ

　たとえば100万円の債権に抵当権を付けたときに，抵当権者は**目的物の換価金**から元本100万円について優先弁済を受けられます。これに加えて，債権の利息，定期金，遅延損害金なども含めて，優先弁済を受けられます。ただし，これらは満期となった最後の2年分に限られます（375条）。

（2）　目的物　　▶抵当権の効力は，抵当不動産に加えて，その付加一体物に及ぶ

▶建物と土地は別個の不動産であり，土地抵当権の効力は建物には及ばない

　債権者が抵当権を有する場合には，債務者が弁済期に債務を弁済できなければ，抵当権者は抵当権を実行し，目的物を競売等で換価して，その換価金から他の債権者等に優先して弁済を受けることができます〔→53〕。それでは，抵当権の実行によって換価される目的物の範囲はどこまでなのでしょうか。

　民法では，抵当権の効力は，抵当地上の建物を除いて，その目的不動産に付加して一体となっている物（付加一体物）に及ぶとされます（370条）。そこで，不動産に従属的に付合して容易に取り外せない物（付合物）に効力が及びます（242条）。Caseの甲地に根の張った乙木は付合物として甲地の抵当権の効力範囲に入ります。土地から取り出せない縁石やプールなども付合物です。また建物の抵当権の場合の壁紙，フローリングや風呂なども付合物です。

　これに対して，土地から容易に取り外せる庭石や照明塔などは付合物ではなく従物（じゅうぶつ）になります。建物の抵当権の場合の畳・エアコン・システムキッチンなども従物です。この従物とは，ある物（主物）から独立しているが，それに継続的に結合して経済的価値を高める役割を担う物です（87条）。Caseの丙石は取り外し可能で甲地から独立して土地の価値を高めているので従物です。従物は独立性がありますが，一般に主物の抵当権の効力が従物にも及ぶと考えています。そのため，渡辺氏が1000万円を弁済できなければ，G銀行は甲地に乙木と丙石も併せて競売に掛けて，合計1100万円から優先弁済を受けられます。なお，設定契約の際に付合物や従物に効力が及ばないと特約で定めることができます（370条ただし書）。

（3）　物上代位　　▶抵当目的物の対価として抵当権設定者が金銭等を受ける場合には，抵当権者は

その金銭の請求権に対して抵当権を行使できる

　たとえば抵当権を付けた建物が火事で焼失したときに，建物の所有者（抵当権設定者）が火災保険に入っていれば，抵当権者は建物の対価にあたる火災保険金を得られると考えられています。他にも，設定者が抵当権の付いた土地や建物を売却した際の売却代金や，それらを賃貸に出した賃料なども，抵当権者が優先的に獲得できます。このように，抵当目的物の**売却・賃貸・滅失・損傷**によって，または目的物に設定した**物権の対価**として，債務者など抵当権設定者が金銭その他の物を受けられる場合には，抵当権者はその請求権に対しても抵当権を行使できます（372条・304条）。これを**物上代位**と呼びます。抵当権は目的物の価値を把握する権利なので，目的物が形を変えた対価にも基本的に抵当権の効力が及びます。

2　優先弁済の実現　　▶優先弁済の実現には，担保不動産の①競売，②私的実行，③収益執行などがある

　債務者が債権を弁済しないときは，主に3種類の抵当権の実現方法があります。まず①競売です。抵当権者は，抵当権を付けた不動産を執行裁判所の進める競売手続（民事執行法）によって売却し，その売却代金（競落代金）から順位に応じて優先弁済を受けられます。Case の渡辺氏が債務を返済できなければ，G銀行は甲地を競売に掛けて競落代金から優先弁済を受けられます。次に②私的実行です。競売手続は時間と費用が掛かるため，抵当権者自身が私的に実現できます。たとえば，G銀行か渡辺氏が購入希望者を探して甲地を売却する方法です（任意売却）。または，特約によって，G銀行が甲地を自身で取得できます（流抵当）。なお，甲地の価格が被担保債権の額を大きく上回るなら，G銀行はその差額を渡辺氏に清算するべきです。最後に③担保不動産の収益執行です。抵当不動産が賃貸用物件であれば，抵当権者は賃料など目的物から生じる収益を得て，そこから優先弁済を受けられます（371条）。

3　利用権との関係　　▶抵当権の付いた不動産にも，土地利用権（賃借権・地上権）を設定できる
　　　　　　　　　　　▶抵当権の付いた同一所有者の土地・建物が競売によって別所有者になれば，
　　　　　　　　　　　　法律上当然に建物のために地上権が成立する（法定地上権）

　抵当権は，目的不動産の交換価値を把握しつつ，その占有・使用・収益を設定者に認める担保です。そこで，設定者は第三者のために目的不動産に利用権を設定できます。Case の渡辺氏は，G銀行の許可なく自由に甲地を友人に貸してもかまいません。ただし，抵当権が実行されれば，抵当権の設定登記よりも対抗要件具備の遅れた利用権は，抵当権に負けます。そこで，賃借人等の利用権者を保護するために，抵当目的である建物の賃借人は，その抵当建物の買受人に所有権が移転した時から6か月間は，建物の引渡しが猶予されます（395条）。

　他方で，同じ人物が土地とその上の建物を所有している場合に，その土地または建物に抵当権が設定され，競売がなされたときは，その土地と建物の所有者が異なることになります。この場合に，建物の利用を維持できるように，法律上当然に地上権が成立します（388条）。これを法定地上権と呼びます。

4　抵当権の処分と消滅　　▶抵当権も第三者に処分できるし，消滅原因があれば消滅する

　抵当権も財産権の1つですので，抵当権者が自身の抵当権を第三者に処分することができます（374条以下）。また，抵当権は，目的不動産の消滅や，第三者による取得時効の完成によって消滅します（397条）。

5　特殊な抵当　　▶特殊な抵当権として，①共同抵当，②根抵当がある

　①共同抵当とは，同一債権を担保するために数個の不動産にまとめて抵当権を設定することです（392条）。共同抵当権者は，同時に全部の抵当権を実行してもよいし（同時配当），いずれかの抵当権から実行してもかまいません（異時配当）。他方で，②根抵当とは，将来継続的に発生する不特定多数の債権を一括して被担保債権にできる抵当権です。通常の抵当権では，お金を借りるたびに抵当権の設定契約を締結し設定登記をしなければならず，手続が面倒です。そこで，根抵当権設定契約でまとめて担保する意義が認められます（398条の2以下）。

【穴埋め問題で確認】
1　効力の範囲　　抵当権の効力は，抵当不動産に加えて，その①＿＿＿に及ぶ。また，抵当目的物の対価として設定者が金銭等を受ける場合には，②＿＿＿によって，抵当権者はその金銭の請求権に対して抵当権を行使できる。
2　優先弁済の実現　　債務者が債権を弁済しない場合には，抵当権者は担保不動産を③＿＿＿にかけたり，私的に実行して換金したり，または担保不動産の④＿＿＿の方法を利用したりできる。
3　利用権との関係　　抵当権の付いた不動産でも，設定者は第三者に対して賃借権などの⑤＿＿＿を設定できる。

【53の解答】①継続　②優先弁済　③価値　④占有・利用　⑤契約　⑥契約書　⑦対抗　⑧物権的請求権

【Case 1】——修理屋が物の修理代金をしっかり回収する方法はありますか

　時計屋Aは，顧客の瀧さんから依頼を受けて，時計・甲（時価30万円）を修理した。しかし，瀧さんが修理代3万円を支払おうとしない。そこでA店は，瀧さんが修理代を支払うまで，甲を渡さないと主張できるだろうか。

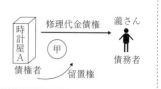

1　留置権　▶他人の物の占有者が，この物に関して生じた債権を有する場合に，その債権の弁済を受けるまで当該物を留置できる権利（法定担保物権）

　(1)　意義・機能　　Case 1の時計屋Aが，修理代金を回収できない一方で，その代金を支払わない瀧さん（債務者）に時計・甲を返却しなければならないとすると，当事者間の公平を害します。そこで，債権者A店が瀧さんの所有物・甲を手元に留置することで，その物から生じた修理代金の支払いを間接的に強制することが認められます（295条）。要するに，瀧さんは時計を返してほしければ，早く修理代金を支払いなさいということです。留置権は，次の要件をみたせば，法律によって当然に発生します。

　(2)　成立要件　　①債権者が他人の物を占有していて，②その物に関して生じた債権があり（牽連性），③債権が弁済期にあり，④占有が不法行為によって始まったものではないこと

　法定の担保物権なので，条文で要件が定められています（295条）。まず，①債権者が債務者・第三者の所有物を占有していて，②債権者がその物から生じた債権を有することが必要です。なお，②は債務者の履行を強制できる程度の関連性（牽連性）でよいと考えられています。そして，履行の強制が目的であるため，③債権が弁済期（履行期）になければいけません。最後に，たとえば時計屋Aが瀧さんから盗んだ時計を修理した場合は，不法行為で占有が始まったため，上記④の要件をみたしません。

　(3)　効力　　▶留置権の効力は主に留置的効力だが，事実上の優先弁済的効力が認められる

　先にみたように〔→52〕，留置権には目的物を留置する効力がありますが，目的物を換価し優先的に弁済を得る効力はありません。ただし，他の債権者が目的物に強制執行を掛けても留置権は消滅しませんので，それを避けるには，他の債権者は留置権の付いた被担保債権を弁済して，留置権を消滅させなければいけません。Case 1で，もし他の債権者が瀧さんへの債権回収のために時計・甲を差し押さえようとしても，Aが修理代金の留置権によって甲を手元に置き続けられますので，差押え・競売手続は進みません。そこで，他の債権者は，Aに修理代3万円を支払って，甲を瀧さんの元に戻したうえで，差し押さえて競売に掛け，その換価金（時価30万円相当）から弁済を得ることができます。結果的に，留置権者Aは修理代3万円を優先的に弁済されたに等しいことになります。他方で，留置権者は目的物について**善管注意義務**をもって保管する必要があります（298条1項）。

2　先取特権

【Case 2】——担保を付けていなくても優先的に債権を回収できる場合がありますか

　大家Aが借家人である谷江さんから賃料を支払ってもらえない場合には，谷江さんが借家に備え付けたエアコンや冷蔵庫から優先的に弁済を受けられる。
　また，ホテルAが宿泊客である中山さんから宿泊代を支払ってもらえない場合には，中山さんの手荷物から，他の債権者に先立って弁済を受けられる。

---

　(1)　意義・機能　　▶法定の原因によって生じた債権を有する者が，債務者の財産を換価し，その換価金から他の債権者に優先して弁済を受けうる権利（法定担保物権）

　先取特権も法定担保物権なので，条文で要件が定められています（303条以下）。社会政策，公平または当事者の意思など一定の理由から特に保護されるべき債権者を他の債権者よりも優先させています。

(2) 先取特権の種類　①一般先取特権，②動産先取特権，③不動産先取特権

　①一般先取特権として，共益費，雇用関係，葬儀費用，日用品の供給によって生じた債権を有する債権者に債務者の総財産について優先弁済的効力が生じます（306条）。また②動産先取特権として，不動産賃貸借，旅館宿泊，動産保存・売買などによって生じた債権を有する債権者に特定の動産について優先弁済的効力が生じます（311条）。Case 2の大家Aは谷江さんのエアコン等から，またホテルAは中山さんの手荷物から優先弁済を受けられます。最後に③不動産先取特権として，不動産の保存，工事，売買によって生じた債権を有する債権者に特定の不動産について優先弁済的効力が生じます（325条）。

(3) 効　力　▶法律上の優先順位に従って，債務者の財産から優先弁済を受けられる

　先取特権の効力の中心は，優先弁済的効力です〔→52〕。上記の3つの種類に応じた法律の規定に従って，債務者の一般財産または特定財産から優先的に弁済を受けられます。また，目的物の売却，賃貸，滅失・損傷によって受けるべき金銭等の価値代替物に対する物上代位性も認められます（304条）。

3　質　権

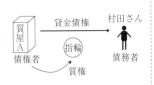

> 【Case 3】——質屋さんって，どういうシステムなのですか
> 　村田さんは旅行資金が不足していたため，10万円相当の指輪を質屋Aに預けて8万円を融資してもらった。村田さんが1か月後の返済期限に8万円を返済できれば指輪を返してもらえるが，もし返済できなければ質屋Aがその指輪を換金して優先的に弁済を受けることができる。

(1) 意義・機能　▶債権者が債権担保として債務者・第三者から受け取った物を占有し，債権が弁済されないときには，その物から優先弁済を受けうる権利（約定担保物権）

　質権には，Case 3のように，お金を融資する債権者Aが目的物（質物）を預かって，占有・留置することで，間接的に村田さん（債務者）の弁済を促す機能があります。債務者（＝質権設定者）は目的物を債権者（＝質権者）に預けておくことで，それを使用できませんが，質権者にとっては担保目的物を確保できるメリットがあります。質権は，債権者と債務者・第三者との間の質権設定契約で生じます。実際に質屋を経営するには，民法だけでなく商法や質屋営業法による特別の規制に従う必要があります。

(2) 動産質　▶動産を目的とする質権設定契約を締結し，目的動産を引き渡すことによって効力が生じる

　動産質は，特定の動産を担保目的とする質権設定契約によって発生します。なお，契約と同時に動産（質物）を質権者に引き渡す必要があると考えるのが一般的です（要物契約の一種）。動産質は，クレジットカード・ローンや無担保の消費者金融業の発展によって，最近は利用者が減少しているようです。

(3) 不動産質　▶不動産目的の質権設定契約を締結し，目的不動産を引き渡すことによって効力が生じる

　不動産質は，不動産を目的とする質権設定契約によって設定され，債権者（質権者）への目的不動産の引渡しによって効力が発生します（344条）。不動産質権の対抗要件は登記です。不動産質の存続期間は10年に限定され，これを超える場合には10年に短縮されます（360条）。不動産の質権者は，禁止特約などがない限り，目的不動産をその用法に従って使用・収益できます（356条・359条）。

> 【穴埋め問題で確認】
> 1　留置権　　留置権は，他人の物の①＿＿＿が，この物に関して生じた債権を有する場合に，その債権の弁済を受けるまで当該物を②＿＿＿できる権利である。これは③＿＿＿担保物権の一種である。
> 2　先取特権　　先取特権は，法定の原因によって生じた債権を有する者が，債務者の④＿＿＿を換価し，他の債権者に優先して換価金から弁済を受けられる権利である。これは⑤＿＿＿担保物権の一種である。
> 3　質権　　質権は，債権者が債権担保として債務者または第三者から受け取った物を⑥＿＿＿し，債務者が債務を弁済しないときは，その物から優先弁済を受けうる権利である。これは⑦＿＿＿担保物権の一種である。

【54の解答】①付加一体物　②物上代位　③競売　④収益執行　⑤土地利用権

56 保証人になったら他人の借金を必ず返さなくてはいけませんか
▶保証・連帯保証

【Case】──保証人になると大変なことになりますか

　村田さんは，趣味のバス釣りを楽しもうとクルーザー（200万円）を購入することにした。でも貯金がなかったので，G銀行に行って200万円を貸してくれるように申し入れた。その際，村田さんは土地などの財産を持っていなかったので，知人の白須さんに保証人になってくれるように頼んだ。人の良い白須さんはひとつ返事で「いいですよ」と言ってくれた。

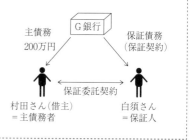

1　保証債務

▶保証債務 ＝ ある債務者（主債務者）が，その債務（主債務）を履行しないときに，第三者（保証人）がその主債務者に代わって履行しなければならない債務のこと（446条）

　（1）意　義　保証とは，保証人を付けることによって債権者の債権回収機能を保護強化する制度です。これを人的担保とも呼んでいます〔→51〕。CaseのG銀行は村田さんから200万円の債権を回収できなければ，保証人である白須さんから代わりに債権を回収できます。債務者に土地などの財産がなくても，保証人の資力や信用を債権の担保とできるため，比較的容易に利用できる担保手段です。そのため，金融機関の融資だけでなく，入院費用や学校の授業料の場合など，社会的にも広く保証制度が活用されています。

　保証人の負う**保証債務**は，債権者と保証人との間の**保証契約**によって成立します。その際に，保証人になるようにお願いをした村田さん（主債務者）は，保証契約については部外者となります。主債務と保証債務とはあくまで別の債務です（**別個債務性**）。ですから，Caseの白須さんが村田さんから「絶対に迷惑をかけない」と騙されて保証人になっても，保証契約の当事者による詐欺行為とはなりません。もちろん，村田さんと白須さんとの間には**保証委託契約**が成立しますので，こちらの契約を詐欺で取り消す可能性はあります。ただし，そのことが別の契約である保証契約に影響することはなく，結局のところ，白須さんは保証人としてG銀行に200万円を支払わなくてはなりません。

　このような保証人のリスクを考慮して，保証契約に際して債権者に**書面作成義務**が課されます（446条2項）。また，主債務の弁済状況などを保証人に伝える**情報提供義務**が債権者に課されます（458条の2）。さらに，事業のための貸金債権について個人が保証をするときは，公正証書による保証契約書が必要です（465条の6以下）。これらは保証人に冷静に考えるきっかけを与えるものです。

　（2）法的性質　保証には，次の図表の①付従性，②随伴性，③補充性という3つの性質があります。

性　質	解　説	具　体　例
付従性	保証債務は，①**主債務が存在**する限りで存在し，②**主債務と同一内容**の債務を負うという性質	主債務が無効・取消しになれば，保証債務も効力を生じない
		主債務が消滅すれば保証債務も消滅する
		主債務の内容が変更されれば保証債務も変更される（ただし加重されない）
		保証人は主債務者の有する抗弁権を行使できる
随伴性	主債務の債権者が変更すると（**債権譲渡**など），保証債務も移転するという性質	G銀行がI銀行に債権を譲渡したら，白須さんはI銀行の保証人になる ※債務引受けの場合には保証債務は消滅する（判例）
補充性	保証債務は，**主債務者が履行しないとき**に，はじめて履行すべきことになるという性質	村田さんが200万円を返済しないときに，白須さんは200万円を返済すべきことになる（＝催告の抗弁・検索の抗弁）※連帯保証にはこの性質がないことに注意

　保証人の③補充性のあらわれとして，次の2つの抗弁権が認められています。

▶催告の抗弁 ＝ 債権者が保証人に履行を請求したときは，保証人はまず主債務者に催告をするように主張できる（452条）

▶検索の抗弁 ＝ 主債務者のもとに弁済の資力があり，かつその執行が容易であることを証明した場合には，保証人は先に主債務者の財産に執行するよう主張できる（453条）

Case のG銀行が保証人の白須さんに200万円を支払うよう求めた場合に，白須さんは「まず村田さんに請求（催告）してください」と主張できます（催告の抗弁）。他方で，村田さんが自宅に現金や高価なパソコンなどを所有しているかもしれません。そこで，G銀行が白須さんに200万円を支払うよう求めた場合に，白須さんは「村田さんが有する執行の容易な財産（現金・パソコンなど）に，まず執行してください」と主張できます（検索の抗弁）。なお，債権者が主債務者への催告や執行を怠ったことで主債務者から弁済を受けられなくなった場合には，保証人はその限度で責任を免れます（455条）。

(3) 保証債務の効力　　▶保証の範囲 ＝ 保証債務は，元本に加えて主債務に関する利息，違約金，損害賠償その他の従たるすべてのものに及ぶ（447条）

保証債務の範囲は，保証契約の内容（当事者の合意）によって決まります。Case では特別の合意はありませんので，通常は主債務と同じ200万円となり，さらに主債務の利息，違約金，損害賠償等を含むことになります（447条）。なお，当事者の合意によって主債務の一部のみの保証も可能です。

ところで，主債務と保証債務は別個の債務ですが，前ページの表のように保証債務には主債務に対する付従性があります。そのため，Case の村田さんが主債務200万円をG銀行に弁済した場合には，白須さんの保証債務も消滅します。これは主債務が時効で消滅した場合も同様です。他方で，保証人が保証債務を弁済した場合も，債権者が満足を得るため，主債務も同時に消滅します。もっとも，保証人に生じたその他の事由は基本的に主債務者に影響を与えません。

(4) 保証人の求償権　　▶保証人の求償権 ＝ 保証人が弁済その他の出捐によって主債務を消滅させた場合，主債務者に対して求償する権利を有する（459条・462条）

保証人は，主債務者に代わって弁済（代位弁済）をした場合には，主債務者に対して求償できます。求償権の範囲は，①主債務者の委託による場合は「出捐額＋利息＋その他の損害賠償」，②委託によらない場合は「出捐額」，③さらに債務者の意思に反する保証の場合は「現存利益」となります。Case では，村田さんが白須さんに保証人になるよう依頼していますので，①の場合にあたります。

2 連帯保証——連帯保証の特殊性

(1) 意　義　　▶連帯保証 ＝ 保証人が主債務者と連帯して債務を負担する場合の保証（454条）
(2) 特　徴　　▶通常保証との違い ＝ 連帯保証には補充性がない

特殊な保証形態の１つに連帯保証があります。この場合は，連帯保証人に補充性（催告の抗弁・検索の抗弁）が認められません（454条）。そのため，債権者は連帯保証人にすぐに履行を請求できます。このように連帯保証は債権者にとって有利であるため，一般的には連帯保証が多用されています。

【穴埋め問題で確認】
1　保証債務の意義　　保証債務は，主債務者が主債務を①＿＿＿しない場合に主債務者に代わって①＿＿＿しなければならない債務である。保証債務は，債権者と保証人との間の②＿＿＿によって成立する。
2　保証債務の法的性質　　まず③＿＿＿とは，保証債務は主債務が存在する限りで存在し，主債務と同一内容の債務を負うことである。また④＿＿＿とは，主債務の⑤＿＿＿が変更されると保証債務もともに移転することである。他方で，⑥＿＿＿は，保証債務は主債務者が履行しないときにはじめて履行すべきという性質である。この⑥の性質には，具体的に⑦＿＿＿の抗弁と⑧＿＿＿の抗弁が含まれる。なお，⑥の性質は，特殊な⑨＿＿＿の場合には認められない。

［メモ］

【55の解答】①占有者　②留置　③法定　④財産　⑤法定　⑥占有　⑦約定

Chapter19　債権の担保制度　113

【Case 1】──交通事故による人身損害（財産的・非財産的損害）の賠償請求

　自動車で走行していた野村さんは，黄信号にもかかわらず交差点に直進進入し，右折信号に従って対向車線を右折してきた田村さんの自動車に激突した。この事故で，田村さんは全治3か月の大けがを負った。

【Case 2】──名誉毀損やプライバシー侵害による非財産的損害（精神的損害）の賠償請求

　大学生の飯田君は，バイト先の伊藤先輩が，バイト面接時に飯田君が提出した履歴書の写真とともに「高校で留年。頭悪い後輩もっと大変です」などと SNS に投稿していることを友人に聞かされた。

1　不法行為法の意義と目的　▶不法行為法 ＝ 被害者が被った損害の填補を目的とし，そのために損害を他人に転嫁すること（損害賠償請求権）を認める制度

　(1)　損害の転嫁（損害賠償責任）　　Case 1 の田村さんや Case 2 の飯田君は，不法行為法の規定に基づいて，加害者の野村さんや伊藤先輩に対して損害賠償を請求できます。つまり，不法行為法というのは，被害者が被った損害を加害者などの他人に転嫁すること（損害の転嫁，損害賠償責任）を認める制度です。

　(2)　損害の公平な分担　　そのような損害の転嫁（損害賠償責任）をどうして認めるのでしょうか。不法行為法は何のための制度か，制度の目的は何かという問題です。これについて伝統的には，被害者の補償（損害の填補。不法行為に遭わなかった状態に戻すこと）が不法行為法の制度目的だと理解されています。もっとも，この説明だけではまだ疑問が残るでしょう。709条を読むと，加害者に「故意・過失」がなかった場合や，損害が生じてもそれが「法的な権利・利益を侵害された」結果でない場合には，損害を転嫁できないことになっている（あらゆる損害が填補してもらえるわけではない）からです。これらの場合に損害を転嫁できないこととされているのは，不法行為法が「損害の公平な分担」を目的としているからだとされています。

　(3)　刑事責任との違い　　このように不法行為法は，被害者の損害を填補するために（目的），その損害を加害者に転嫁することを認める（手段）という制度です。決して，悪いことをした加害者を懲らしめるために，被害者の損害賠償請求権を認めているのではありません。

　非難されるべき行為をした者を懲らしめるのは，刑法が担当するところです。これは刑法が，犯罪行為を抑止するために（目的），違法かつ有責な行為によって法益を侵害した者を処罰する（手段）という制度だからです。これに対し不法行為法は，損害が生じた場合に，これを事後的に回復するための制度であり，加害行為の抑止それ自体が目的ではありません。損害賠償責任にも「次は気をつけよう」と思わせる抑止効果はありますが，それは反射的・副次的な効果にすぎません。このように，不法行為責任と刑事責任は，制度目的を全く異にする制度と理解されています（民刑峻別論）。

2　制度目的をめぐる最近の議論　▶近時は，社会全体の損失の最小化（法と経済学）や，侵害された権利の回復（権利の保障）を制度目的に掲げる見解が登場している

　上述の伝統的説明に対しては，異論もあります。不法行為法は，どういう場合に損害が填補されるべきかを定めていますが，これを裏返せば，どのような場合には賠償請求を認めるべきでないのかも定めているともいえるでしょう。損害の填補が目的だといいながら，填補してもらえない場合もあるのです。伝統的な説明では，それは「公平でないから」認められないのだといわれます。しかし，公平か公平でないかの基準（たとえば，過失がない加害者に賠償義務を課したらなぜ公平でないというべきなのか）が不明ですし，結局，「損害の公平な分担」というだけでは，不法行為法の一面しか説明できません。そこで，制度目的自体を捉え直そうとする議論が登場します。主要な考え方を2つ紹介しておきましょう。

　(1)　損害の事前抑止（法と経済学）　　1つ目は，経済学の視点で法制度の正当化を試みる考え方（法と経済学）に端を発するもので，不法行為法の目的は，社会的な損失（厚生損失と言います）の最小化であるとするものです。たとえば，交差点での信号遵守を徹底する（15のコストをかける）と事故数が3分の1に減少し（損害90→30），さらに一時停止まで徹底する（コスト30をかける）とさらに減少する（損害30→20）としましょう。

このとき，厚生損失が最小になるのは信号遵守までを徹底する場合です（コスト15＋損害30＝45。この状態を**最適資源配分**といいます）。そうすると，信号不遵守により（15以下の安全コストしかか

安全コスト	事故の損害	厚生損失	賠償責任額	
0	90	90	90	
15	30	45	30	←最適資源配分
30	20	50	責任なし	

けずに）事故を起こした場合（損害30〜90）に賠償責任があることにすれば，自動車を運転する際には信号を遵守する**インセンティブ**が生じて（コスト15＜賠償責任額30〜90なので，信号を守る方が安くつくからです），結果として社会の最適資源配分が実現されるというわけです。このように，社会的損失を最小化する行動のインセンティブ付与（損害の事前抑止）のための手段として不法行為法を捉える点に，この見解の特徴があります。

(2) 基本的権利の保障（権利論）　２つ目は，不法行為法は，憲法を頂点にした法秩序が保障する基本的権利が侵害された場合の，その回復（**権利の保障**）のために用意された制度とみる考え方です（**権利論**）。たとえば，Case 2の飯田君はSNSでプライベートな情報を暴露されています。これは，幸福追求権（憲13条）を基礎とする個人のプライバシーへの侵害であり，侵害の回復が要請されます。しかし，飯田くんの権利保障と引き換えに，伊藤先輩の権利ないし行動自由（表現の自由。憲21条1項）が過度に制限されてしまうのでは困ります。そうすると，プライバシーは，表現の自由に対する過度な制約にならない限度で保障されるということになります。このように，被害者の権利と加害者の権利（行動自由）を天秤にかけて，被害者の権利を優先すべき（加害者の権利が劣後させられてもやむを得ない）と判断すべき場合には，被害者の権利を保障する（侵害を回復する）ための手段として損害の填補（損害賠償責任）が認められるのだと考える見解です（損害の填補を目的ではなく手段と位置付ける点が，伝統的説明と決定的に違います）。

3　過失責任主義　▶消極的意義（過失なければ責任なし）は私的自治原則との整合性から説明されてきたが，近時は，積極的側面（過失があれば責任あり）の正当化も試みられている

不法行為法の制度目的をどのように捉えるにしても，不法行為の一般原則を定めた709条は，「故意または過失」のある行為によって生じた損害であってはじめて賠償請求できるとしています。これを**過失責任主義**といいます〔→2〕。伝統的には，自分の意思でコントロールできない結果について責任を課されることは，民法の基本原則である**私的自治原則**（何人も，自らの意思に基づかないで権利を取得したり義務を負うことはない）に整合しないために，「**過失なければ責任なし**」という立場がとられたのだと説明されます。

もっとも，過失なければ責任なしという消極的命題と，過失があれば責任ありという積極的命題は，決して同義ではありません。近時の目的論（上述2）は，まさに後者の積極的命題を正当化するために主張されている面があります。それらによれば，(1)最適資源配分を実現するために，必要な注意のレベルを下回る（故意・過失がある）行為に責任を課し，あるいは，(2)被害者の権利保障のために，被害者の権利に劣後させられてもやむをえない（故意・過失がある）加害者の行動自由は責任に服するのだと理解され，過失責任主義は，不法行為責任を積極的に正当化する考え方（**過失あれば責任あり**）として捉え直されます。

【穴埋め問題で確認】
1　不法行為法の目的は，伝統的には，被害者が被った損害の①＿＿＿であるとされ，その目的のために，加害者に損害を②＿＿＿する権利（損害賠償請求権）を与える制度だと説明される。
2　不法行為法の目的に関しては，近時，最適資源配分の実現を掲げる③＿＿＿に端を発する考え方や，④＿＿＿の保障こそが制度目的であり損害の①＿＿＿はその手段だとする考え方などが主張されている。
3　民法709条は，加害行為に⑤＿＿＿がなければ賠償責任はないと定めている。この立場を⑥＿＿＿という。民法が⑥＿＿＿を採用した理由は，伝統的には，民法の基本原則である⑦＿＿＿との整合性に求められている。

[メモ]

【56の解答】①履行　②保証契約　③付従性　④随伴性　⑤債権者　⑥補充性　⑦催告　⑧検索　⑨連帯保証

1 一般的不法行為と特殊不法行為

不法行為法は民法709条から724条の2に規定されていますが，冒頭の709条が，不法行為に基づく損害賠償責任の一般的成立要件を定めています（**一般的不法行為**）。709条は，加害行為者が被害者に対して負う損害賠償責任という，最もシンプルな関係を定めています。ここでは709条の成立要件について解説します。

その上で714条から719条は，加害行為者以外の者が，特別な理由に基づいて負う損害賠償責任を規定しています（**特殊不法行為**）。これらについては後で詳しく解説します〔→61～63〕。

さらに，損害賠償責任が成立するときでも，一定の場合には損害賠償責任が免責され（712条・713条・720条），減額され（722条2項），または消滅する（724条・724条の2）ことが定められています。これらの規定は，被告の側からの反論（**抗弁**）の根拠となる規定です。たとえば，トピック57の **Case 1** で，被害者の田村さんも信号無視をしていたのならば，田村さんからの709条に基づく請求に対して，野村さんが，722条2項に基づいて賠償額の減額（過失相殺の抗弁）を主張することができるわけです。これら被告からの抗弁事由についても，後で詳しく解説します〔→60〕。

2 不法行為の一般的成立要件 ▶要件 ＝ ①損害の発生②権利・利益の侵害③加害行為と結果の因果関係④加害行為の故意・過失である（709条）

トピック57の **Case 1** や **Case 2** で，被害者（田村さんや飯田くん）が，709条に基づいて加害者（野村さんや伊藤先輩）に対して損害賠償を請求するためには，709条が定める4つの成立要件，すなわち①**損害の発生**，②法律上の**権利・利益の侵害**，③加害行為と被害者が被った結果の**因果関係**，④**故意**または**過失**がある加害行為だったことを，被害者において主張・立証する必要があります。以下，各要件の意義を説明します。

(1) 損害賠償の対象に関する要件（損害の発生，権利・利益侵害）

(a)損害の発生（要件①） そもそも損害が発生しなければ不法行為法の出番はありませんが，損害が発生したと認めてもらうには何を証明すればよいのかが問題です。日本では，不法行為がなかったとした場合の利益状態と現在の利益状態の差を金額で示さなければならないとする考え方（**差額説**）が，強固に確立した裁判実務になっています。その際には，損害の種類を分け，さらに細かく損害項目を立てて，個々の損害項目ごとの金額を証明して合算する，という手法がとられます（下表参照。**個別損害項目積上げ方式**）。なお，不法行為では，**財産的損害**だけでなく精神的な損害（**非財産的損害**）も，賠償されなければなりません（710条）。

損害の種類		損 害 項 目
損害	財産的損害 積極的損害	治療費，入院費，介護費，葬儀費，物の時価相当額など
	消極的損害	入院治療中の休業損害，死亡や後遺症による逸失利益など
	非財産的損害（精神的損害）	肉体的な苦痛，精神的な苦痛

現実の損害の填補が不法行為法の目的ですから，各損害項目は，被害者の個性（年齢，性別，学歴，職業など）に着目して，具体的に計算されなければなりません（**具体的損害計算**）。たとえば，田村さんの休業損害は田村さん自身の現実の収入額を基礎に計算されます。なお，不法行為で死亡した被害者が小学生であるなど算定基礎とすべき具体的収入がなければ，逸失利益（将来得べかりし利益）の証明は実際上不可能ですから，その部分は請求棄却になるはずですが，判例は，平均賃金などの統計値（**賃金センサス**）を用いて蓋然的な額を算定すべきだとしています（**控えめな算定論**）。また最近は，具体的損害計算の名の下に就労能力がない障害者の逸失利益をゼロと評価することの当否も，大きな議論になっています。

(b)権利・利益の侵害（要件②） 損害を証明できても，さらに，その損害が法律上保護された権利・利益の侵害によるものでなければなりません（709条の文言を確認してください）。起草者は，損害さえ生じればよいとすると，どのような損害でもよいのか限界があるのかが不明確なので，成立場面を限定する趣旨であ

えてこの要件を追加したと説明しています（たとえば一家の主人が殺害された場合，扶養請求権がある子の損害は賠償されるべきだが，純粋に好意で援助を受けていた居候の損害は賠償されないというわけです）。他方，最近の権利論〔→57〕の下では，位置付けが違ってきます。この見解では，法的権利の侵害こそが不法行為法によって回復されるべき対象（そこから生じる損害の賠償は，侵害状態回復の手段）ですから，権利・利益侵害は，成立場面の限定ではなく，損害賠償を積極的に正当化するための要件と位置付けられることになります。

　なお，709条の「権利又は法律上保護される利益」は，法的保護に値する利益を広く含み，所有権，債権，著作権，特許権などのように法律で「権利」として制度化されているものに限られません。また，710条と711条も合わせて読むと分かるように，709条で保護される権利・利益は，**財産権・財産的利益**だけでなく，「生命・身体・自由・名誉」をはじめとして，プライバシーや，自分の肖像・氏名に対する権利など，人格としての存在に欠かせない利益（人格権・人格的利益）も含みます。したがって，トピック57の**Case 2**のように名誉ないしプライバシーが侵害されて損害が発生した場合にも，不法行為責任が成立します。

　(2)　損害の転嫁（帰責）を正当化する要件（因果関係，故意または過失）

　　(a)因果関係（要件③）　709条は，権利・利益侵害による損害を，それを引き起こした者に賠償させるものとしています（「責任を帰する」「帰責する」と表現します）。何と何の因果関係かは，制度目的の捉え方によって異なります。損害填補が目的と考えるなら加害行為と「損害」の因果関係，権利論の下では加害行為と「権利・利益侵害」の因果関係を考えることになります。因果関係の存否は，仮に加害行為がなかったとしたら当該結果が生じなかったか，という枠組みで判断されます（**あれなければこれなし公式**）。なお，ここでの問題は，現に発生した結果（損害ないし権利・利益侵害）が現に存在した行為によって引き起こされたという関係（**成立要件としての因果関係，事実的因果関係**）の確証を得られるかどうかに尽きるので，ほかの原因がありえないことや，同種の行為から必ず同種の結果が生じる一般法則などの科学的証明が求められるものではありません。

　　(b)故意または過失（要件④）　最後に，結果を引き起こす原因となった行為が「故意又は過失」による行為だったことが必要です。これが**過失責任主義**の表れであることは前述しました〔→57〕。なお，「又は」で接続されていることから分かるように，**故意でも過失でも効果に違いがないので**，刑法学のような華々しい議論はありません。実際にも，よほど悪質な加害行為であるとか，故意に侵害されてはじめて利益侵害ありと認められるもの（例：債権侵害）でないかぎり，あえて故意不法行為と構成されることは多くありません。

　「過失」という用語からは，心理的不注意ないし**内心の注意の欠如**のことが連想されますが，現在の不法行為法学では，もはやそのような意味で過失を理解していません。仮に行為時点における加害者の心理状態を探求しようとしても，結局は，合理的な人であれば当該状況でどのような注意を働かせるものだというべきか，加害者の行為はそうした合理的な注意を働かせていればとられたはずの行為から逸脱していたかどうか（**抽象的過失＝注意義務違反**）に着目せざるをえません。そうだとすれば，過失の有無が判断されるときには，決して加害者の心理状態が探求されているのではなく，当該状況でとられるべき行為がどのようなものか（行為義務の設定），そして加害行為はその行為義務に従っていたか（行為義務違反の有無）こそが判断の核心というべきです（内心の注意の欠如から**行為義務違反としての過失へ。過失の客観化**）。実際の判決文では，今でも「注意義務」の語がよく用いられますが，裁判所も，過失判断を心理状態の探求と捉えているわけではなく，行為義務違反の有無という客観的な法的評価の問題として捉えているとみて間違いありません。

【穴埋め問題で確認】
1　不法行為の一般的成立要件を定めた709条は，損害賠償の対象（何が賠償されうるか）に関する要件として①＿＿＿の発生と②＿＿＿の侵害を，これを加害者に帰責する要件として③＿＿＿と④＿＿＿の4つを定めている。
2　日本の裁判所では，①＿＿＿は，不法行為がなかったとした場合の利益状態と現在置かれている利益状態との差を金額で具体的に証明しなければならないとされている。この考え方を⑤＿＿＿という。
3　過失とは，現在では，⑥＿＿＿ではなく，⑦＿＿＿と捉えられている。この展開を⑧＿＿＿という。

【57の解答】①填補　②転嫁　③法と経済学　④権利　⑤故意または過失　⑥過失責任主義　⑦私的自治原則

> **【Case 1】**──不法行為に基づく損害賠償請求と，人格権に基づく差止請求
>
> 　市会議員の鍋島氏は，『週刊未来』編集部から，鍋島氏が学生時代に参加していた団体は霊感商法などで多数の被害者を出したカルト宗教団体の手先であり，鍋島氏は公職に値しない人物であると非難する記事が次週号に掲載される予定であるとの知らせを受けた。
>
> **【Case 2】**──損害賠償の範囲と，被害者死亡の不法行為における請求権者
>
> 　黄信号で交差点を直進した野村さん運転の自動車が，同交差点を右折しようとした田村さんの自動車に激突した交通事故で，田村さんは脳挫傷により即死した。田村さんには妊娠8か月の妻正子さんがいたが，田村さんが死亡したために，正子さんが出産後に自宅1階で喫茶店を開業する計画が頓挫した。

1　損害賠償と差止め　　▶損害賠償の方法について，民法は，金銭賠償主義を採用している（417条）

▶差止めは，権利（人格権）自体の派生的効力だとされている（判例）

(1)　金銭賠償主義　　日本の民法は，損害賠償は金銭の支払いによっておこなうものとしています（417条・722条1項）。損害賠償といえばお金で払うのが当たり前だと思うかもしれませんが，たとえばドイツでは，不法行為前の状態に回復させること（原状回復）が損害賠償の原則的方法とされています。

(2)　差止請求権　　損害発生の危険が差し迫っていたり，継続的に損害が生じたりする場合に，損害が発生してから（または発生するごとに）不法行為に基づき賠償請求するのではなく，そのおそれが生じた段階で加害行為の**差止め**を請求できることがあります。実際によく問題となるのは，Case 1の鍋島議員が『週刊未来』次週号の出版の事前差止めを請求したり，地域住民が排ガスや騒音による生活妨害の差止め（空港や道路などの供用停止）を請求したりするような場合で，生命・健康や名誉・プライバシーなどの人格権・人格的利益〔→58〕が危険に晒される場面です。

　もっとも，不法行為法に差止請求権は規定されていませんし，ほかに差止請求権を定めた一般規定もありません（著作権法112条，特許法100条など特別法にいくつか個別規定があるのみです）。したがって，**差止請求権の法的根拠は何か**が問題です。これについて判例は，差止請求権は，不法行為の効果ではなく，物権が侵害される場合の物権的請求権〔→44〕と同様の，権利そのものの派生的効力（**人格権に基づく差止め**）だとしています（**権利説**）。なお，人格権に基づく差止めを請求する際には，民事訴訟手続では判決までに時間がかかって実効性がないので，まず仮処分手続（民事保全法23条以下）が用いられるのが通例です。

2　賠償されるべき損害の範囲　　▶判例は，債務不履行に関する416条（＝相当因果関係）が不法行為にも類推適用されるとする。しかし学説は，これを一様に批判している

(1)　相当因果関係説　　Case 2の田村さんの損害（逸失利益，自動車の時価相当額，慰謝料，葬儀費など）や，開業が頓挫した喫茶店の営業利益は，すべて，野村さんの行為がなければ生じなかった（加害行為と因果関係がある）損害です。しかし，賠償されるべき損害の範囲（**賠償範囲**）には限界があります。416条は，債務不履行による損害賠償について，当該不履行から通常生じる損害（**通常損害**。同条1項）と，予見できた特別な事情から通常生じる損害（**特別損害**。同条2項）までが賠償範囲であると規定しています〔→27〕。そして判例は，同条は「相当な因果関係」がある損害を賠償責任の限度とすることを定めた規定であり，不法行為にも類推適用されるといいます（**相当因果関係説**）。そうすると，Case 2の喫茶店の営業利益は，予見不可能な事情による損害であり相当因果関係がなく，したがって賠償範囲に含まれないとされる可能性があるでしょう。

(2)　学説の批判　　賠償範囲が無限定でないことに異論はありませんが，その基準を「予見可能性」や「相当因果関係」で説明することには，ほとんどの学説が反対しています。予見可能性という基準は，突発的事故を念頭におく不法行為になじみませんし，因果関係の相当性という基準も，相当かどうかの基準が明確にされなければ，説得力ある解釈論とは到底いえない（何が評価の肝なのか分からない）からです。

学説は，大別すれば，①過失の内容である行為義務が回避することを目的にしていた損害が賠償範囲であるとする考え方（義務射程説）と，②過失の内容である行為義務が保護しようとした権利・利益と，さらに当該権利・利益の侵害によって高められた危険から生じた権利・利益侵害（それら侵害からふつう生じる損害）が賠償範囲であるとする考え方（規範保護目的・危険性関連説）があります。不法行為法の目的や「過失」の捉え方の違いとも表裏をなす見解対立であり，不法行為法理論のなかで最も難解な議論のひとつなので，本書ではこれ以上の詳細は省きますが，いずれにしても両見解に共通するのは，判例の相当因果関係説は法的な賠償範囲画定基準を客観的に言い表せておらず説得力がないとの指摘であり，優れた法解釈論とはどういうものかを考える上でも重要な議論です（ぜひ本格的体系書も開いてみてください）。

3　賠償請求権の主体

(1)　被害者死亡の不法行為　▶判例は，財産的損害についても非財産的損害についても，賠償請求権の相続構成を採用する。学説では，扶養利益喪失説が有力である

　Case 2 のような被害者死亡の不法行為の場合，被害者自身は権利主体ではなくなっているので損害賠償請求権を行使できませんが（3条1項の反対解釈），判例は，死亡した被害者の損害賠償請求権が相続人に相続されるとしています（相続構成）。したがって Case 2 では，妻正子さんが原告となり，野村さんに対して訴えを提起することができます。即死した田村さんのもとで賠償請求権が発生するというのはおかしいのですが，判例は，致命傷を負った被害者が賠償請求権を取得し，次の瞬間に死亡して相続されるとしています（時間的間隔説）。また，慰謝料請求権に関しては，被害者である田村さんの苦痛を慰謝するための請求権ですから他人が相続すべきでない（帰属上の一身専属性がある）とも考えられますが，判例は，慰謝料請求権も金銭債権であり，その他の金銭債権と同様に相続されるとしています。なお，妻正子さんは，相続する請求権とは別に，711条により，夫を失った精神的苦痛についての遺族固有の慰謝料請求権も有します。

　学説では相続構成は批判されており，被害者から扶養を受けられなくなった損害についての不法行為と構成すべきだという考え方（扶養利益喪失説）が有力です。世界的には扶養利益構成が一般的であり，相続構成をとる日本の判例は珍しいのですが，請求権者の確定や賠償額の算定のやりやすさといった実際的便宜から，判例は相続構成を堅持しています。なお，判例においても，相続人ではないが扶養されていた者（たとえば内縁の配偶者）が，扶養利益喪失による損害賠償を請求することは認められています。

(2)　胎児の地位　▶胎児は，後で出生することを条件に，権利能力が擬制される（721条）

　胎児だった間に父親が不法行為で死亡したとか，母体内で交通事故や医療過誤に遭って障害をもって生まれたという場合でも，胎児には権利能力がなく（3条1項），損害賠償請求権を取得する余地がありません。しかし，たまたま遅く生まれたために請求権を否定されるのでは，公平を失します。そこで721条では，3条1項の例外として，胎児だった間の不法行為に基づく損害賠償請求権について胎児の権利能力が擬制されています（相続と遺贈に関しても886条と965条があります。いずれも後で出生することが条件であり，死産のときは適用されません。886条2項参照〔→4・73〕）。なお，Case 2 のような親死亡の事例では，相続構成の下，886条により相続した損害賠償請求権が行使される例がほとんどで，721条により扶養利益構成に基づく損害賠償が請求されることはあまりありません。

【穴埋め問題で確認】
1　損害が発生する前に，加害行為の①＿＿＿が認められる場合がある。①＿＿＿の法的根拠について，判例は，②＿＿＿と同様，権利そのものの派生的効果であるとしている。この考え方を③＿＿＿という。
2　判例は，債務不履行についての④＿＿＿条が不法行為にも類推適用され，④＿＿＿条が定める⑤＿＿＿によって賠償範囲が画されるという立場である。しかし，学説からは強く批判されている。
3　被害者死亡の不法行為では，判例は，死亡被害者自身が請求権を取得し，これが⑥＿＿＿されるとしている。もっとも，相続人でない者が⑦＿＿＿についての損害賠償請求権を取得することも否定されていない。
4　民法は，⑧＿＿＿，⑤＿＿＿，⑨＿＿＿の3つの法律関係について，例外的に胎児の権利能力を擬制している。

【58の解答】①損害　②権利・利益　③因果関係　④故意または過失　⑤差額説　⑥内心の不注意
　　　　　　⑦行為義務違反　⑧過失の客観化

【Case 1】——子どもでも損害賠償責任を負うのでしょうか

　匠哉くん（9歳）は，モデルガンを持って同級生の隆一くんと遊びに出かけた。樹木に吊るした的めがけて腕前を競っていたところ，匠哉くんが撃った弾丸が隆一くんの左眼を直撃し，隆一くんは左眼を失明した。

【Case 2】——被害者に落ち度がある場合でもすべて賠償しなければならないのでしょうか

　野村さんが自動車で交差点を左折した際，信号が点滅しはじめた横断歩道を渡ろうとした坂田勇次くん（7歳）の自転車を巻き込み，勇次くんと荷台に乗っていた妹直美ちゃん（5歳）が死亡した。2人の父親坂田さんは，家族の交通事故もカバーする保険に加入しており，勇次くんと直美ちゃんの損害について1000万円ずつ保険金が支払われた。

1　責任無能力免責　　▶責任を弁識する能力（責任能力）がない加害者は免責される（712条・713条）

　Case 1の隆一くんからの損害賠償請求に対して，被告の匠哉くんは，712条に基づき，未成年でありかつ責任能力がないことを理由に，免責を主張する余地があります。**責任能力**とは，自己の行為から何らかの法的な責任が生じることを認識できる知的能力（責任弁識能力）です。問題となる加害行為の種類によっても異なりますが，だいたい小学校卒業（12歳前後）までに備わる分別とされています。成年者でも，精神障害や泥酔などにより加害行為時に責任能力を欠いていれば免責されますが，その状態を自ら招いた場合は免責されません（713条。刑法でいう「原因において自由な行為」と同じ場面です）。

　過失が内心の不注意（心理状態）と理解されていた当時は，責任能力は，過失を問う前提となる知能として，損害賠償責任を基礎づける要件の1つに数えられていました。しかし，過失の客観化〔→58〕を経た現在では，過失（客観的な行為義務違反）とは無関係に，判断能力が未熟な者を保護する**特別な免責制度**と位置付けられています。それゆえ，責任能力の有無は，加害者の具体的能力について判断されます。

　なお，**Case 1**で匠哉くんが免責されたら誰が責任を負うのかについてはトピック61を参照してください。

2　過失相殺と損益相殺

(1)　**過失相殺**　　▶**過失相殺** ＝ 損害の発生・拡大に寄与した被害者の過失があるときは，これを考慮して賠償額が減額される（722条2項）。

　　　　　　　▶**素因減額** ＝ 被害者の身体的・精神的な性質（素因）が関わったときも，一定の場合には素因減額が認められる（722条2項の類推適用）

　　　　　　　▶**被害者側の過失** ＝ 被害者と身分上・生活関係上一体をなす者の過失も考慮される

　Case 2では，両親である坂田夫妻が，勇次くんと直美ちゃんの請求権を相続して，野村さんに対して行使できます〔→59〕。この請求に対して，被告の野村さんは，722条2項に基づき，信号点滅中の横断歩道進入が「被害者の過失」にあたるとして，これを考慮した賠償額の減額を主張する余地があります。

　もっとも年齢からすると，勇次くんや直美ちゃんは責任能力がないかもしれません。責任能力がない加害者が免責されることは前述しましたが，被害者の方は，責任能力がなくても過失が考慮されて賠償額が減額されるのでしょうか。これについて判例は，過失相殺とは，被害者の不注意な行動を考慮して公平な賠償額を定める制度にすぎず，帰責事由としての過失があることを根拠に自己の損害を一部負担させる制度ではないから，事理を弁識するに足る知能（事理弁識能力）が備わってさえいれば，たとえ**責任能力**がない被害者でも，不注意な行動が「被害者の過失」として考慮されるとしています。

　このように判例は，過失相殺の根本を「一定の事情を考慮して公平な賠償額を定める制度」と理解しています。このことは，2つの局面で，722条2項の適用場面の広がりをもたらしています。第1に，判例は，持病や脆弱な精神傾向などの身体的・精神的な性質（素因）が損害の発生・拡大に寄与した場合のうち一定の場合に，722条2項を類推適用して，素因を考慮した減額（素因減額）を認めています。

　第2に，判例は，被害者自身の過失ではなく「被害者と身分上・生活関係上一体をなすとみられる関係に

ある者の過失（被害者側の過失）」を考慮した減額も認めています。たとえば夫A運転の自動車に同乗する妻Bが，C運転の対向車との事故で損害を被った場合，AもCも，共同不法行為者としてそれぞれ妻Bに対して全損害を賠償する責任を負いますが〔→63〕，妻BからCに対する賠償請求において，夫Aの過失を被害者側の過失として考慮できるとされています。夫妻ABの家計が同一だとすれば，Cから妻Bに全額を賠償した後で夫Aに求償するのは迂遠なので，最初から夫Aの過失を考慮することを認めて事実上の分割責任とするのが便宜である，というのが実質的な理由です。そうだとすると，Case 2でも，直美ちゃんの野村さんに対する賠償請求において点滅信号を無視した勇次くんの行動を考慮できそうですが，勇次くんが責任無能力で直美ちゃんに対する責任を負わないとすると，上記の理由はあてはまりません。そのような場合は，勇次くんの行動を被害者側の過失として考慮することは認められないというべきでしょう。

(2) 損益相殺　　▶損益相殺 ＝ 不法行為を原因として被害者が得た利益は，賠償額から差し引かれる

▶損益相殺的調整 ＝ 不法行為を原因としない利益でも，損害が二重に填補されないために賠償額から差し引かれるものがある

　被害者の損害を填補して不法行為がなかったとした場合の状態に置くことが不法行為法の目的ですから，不法行為によって被害者が利益を得ることは許されません（利得禁止原則）。したがって，明文の規定はありませんが，不法行為を原因として，損害を填補する性質の利益を被害者が得たときは，損害が二重に填補されないために，その利益の額が賠償額から控除されるとされています。これを損益相殺といいます。Case 2で死亡による逸失利益を算定する際に，支出の必要がなくなった生活費が控除されるのが典型です。

　Case 2ではさらに，勇次くんと直美ちゃんについて各1000万円の損害保険金が支払われています。損害保険金は損害を填補する性質のお金ですから損益相殺されそうですが，損害保険契約では，被害者に支払った保険金額に対応する賠償請求権が保険会社に移転する仕組み（保険代位。保険法25条も参照）があります。したがって損益相殺するまでもなく，被害者は受け取った保険金に対応する賠償請求権を失います。

　損害保険金ではなく，各種の社会保険給付（障害年金や遺族年金など）が支給される場合，判例は，支給が確定した金額は賠償額から控除されるとしています。年金給付は不法行為を原因とする給付ではないですが，損害が重複して填補されることを防ぐためです（損益相殺と区別して，損益相殺的調整と呼ばれます）。

3　消滅時効

　私法上の権利は所有権を除いて消滅時効にかかります〔→66〕。724条および724条の2は，不法行為に基づく損害賠償請求権の消滅時効について起算点と時効期間の特則を定めています。起算点と時効期間は，損害と加害者を現実に認識した時（主観的起算点）から3年（生命身体侵害の場合は5年），または不法行為時（客観的起算点）から20年です。不法行為訴訟の被告は，これら消滅時効を援用して，請求棄却を求める余地があります。

　なお，後から予想もしなかった損害（後遺症など）が生じることもあれば，長期間を経てはじめて損害が発生すること（炭鉱労働者のじん肺など）もあります。そうした事案では，「損害……を知った時」の解釈（最初の損害を知った時から起算するのかどうか）や，「不法行為の時」の解釈（加害行為時か損害発生時か）が問題になってきます。これらの問題は，判例をじっくり学習することが必要です。

【穴埋め問題で確認】
1　①＿＿＿能力を欠いていた加害者は，712条・713条に基づいて②＿＿＿を主張することができる。
2　判例は，被害者に①＿＿＿能力がなくても③＿＿＿能力があれば過失を考慮できるとしている。
3　過失相殺を公平な賠償額を定める制度と理解する判例は，一定の場合には，被害者以外の者の過失，すなわち④＿＿＿も考慮できるとし，さらに身体的・精神的性質など被害者の⑤＿＿＿も一定の場合には考慮できるとしている。
4　被害者が，不法行為を原因として⑥＿＿＿を被ると同時にこれを填補する⑦＿＿＿を得ているときは，その⑦＿＿＿の額が賠償額から控除される。これを⑧＿＿＿という。

【59の解答】①差止め　②物権的請求権　③権利説　④416　⑤相当因果関係　⑥相続　⑦扶養利益喪失
　　　　　　⑧不法行為　⑨遺贈

【Case 1】——加害者が責任無能力で免責されたら，賠償してもらえないのでしょうか

　　野村さんの息子匠哉くん（8歳）は，放課後に，グラウンドで友人と野球をして遊んでいた。風にあおられた拓哉くんの打球が自転車で走行中の渡辺さんに当たり，渡辺さんは転倒して全治1か月の重傷を負った。

【Case 2】——従業員が加害者になったら，雇っている会社に責任はあるのでしょうか

　　村田酒店で配達のバイトをしている谷口くんは，営業車で得意先をまわっていた。ビストロ大樹（渡辺さん経営）を訪問した際，谷口くんは，偽造した請求書を示し，店員から8万円の支払いを受けた。村田酒店に帰る途中，谷口くんは交差点で一時停止するのを怠り，歩行者の松尾さんに接触して負傷させた。

1　監督義務者責任

(1)　意　義　　▶加害者が責任無能力（712条・713条）により免責されるときは，当該責任無能力者を監督する法律
　　　　　　　　　上の義務を負う者（法定監督義務者）が，賠償責任を負う（714条1項）

　Case 1の匠哉くんが712条により免責されるときは，渡辺さんは，714条1項に基づいて，野村さんに賠償請求できます。このように714条の責任は，加害者が免責されてはじめて問題になる**補充的責任**です。

　法定監督義務者とは，未成年者ならば親権者（820条），未成年後見人（857条），児童福祉施設の長（児童福祉法47条1項）などがこれに当たります。成年の責任無能力者については，従来，精神保健福祉法や民法の後見規定を根拠に配偶者や成年後見人が法定監督義務者に当たるとされてきました。しかし，現在までにこれらの法律は大きく改正されており，ごく最近，配偶者や成年後見人だからといって当然に法定監督義務者だとはいえないとする判例も現れて，誰が法定監督義務者に当たるかが議論になっています。

　714条の監督義務者責任は，715条の使用者責任（次述2）と同じく，他人の行為についての責任である点に特徴があります。もっとも，あくまで監督者自身の監督義務違反を根拠とする自己責任（714条1項ただし書）なので，責任の性質は**監督義務者固有の責任**であり，**過失責任**です。

　(2)　要　件　　渡辺さんが，714条1項に基づいて野村さんに賠償請求する場合，①匠哉くんの行為が709条の要件をみたすこと，②匠哉くんに責任能力がないこと，③野村さんが匠哉くんの法定監督義務者であることの3つを証明する必要があります（同項本文）。これに対して野村さんは，監督義務を怠らなかったこと（過失がないこと），または監督義務を尽くしても避けられなかったこと（過失と結果の因果関係がないこと）を証明できれば，責任を免れます（同項ただし書）。このように過失の立証責任が被告側に移されている責任は，過失責任と無過失責任の中間という意味で**中間責任**と呼ばれます。

　未成年者に対する監督義務の中身は，未成年者の具体的行動を監視する義務ではなく，「日常的なしつけ」を果たすべき義務（包括的監督義務）と考えられています。そのため，714条1項ただし書に基づく免責はほぼ認められないと考えられてきました（しつけが行き届いていればそのような行動をとらなかったと考えられる状況がほとんどだからです）。しかし最近，Case 1のような事案で，親の免責を認めた最高裁判決も現れています。社会的に許容された状況で起きた偶発的事故だと捉えたうえで，そのような事故の危険性まで親のしつけに委ねることが適切かという点が，判断の分かれ目になったと考えられます。

　(3)　責任能力者の監督義務者の責任（709条）　　補充的責任なので，Case 1の匠哉くんが15歳だったなら714条適用の余地はありませんが，15歳の加害者に十分な賠償資力は期待できません。そこで判例は，**責任能力ある未成年者**でも，親権者等の監督義務違反によって当該未成年者の不法行為（したがって被害者の損害）が生じたのならば，監督義務者について709条に基づく責任が成立するとしています。

2　使用者責任

(1)　意　義　　▶自らの事業のために他人（被用者）を使用する者（使用者）は，被用者の不法行為について，被用
　　　　　　　　　者と同じ内容の賠償責任を負う（715条1項）

　Case 2の谷口くんが，8万円を詐取した行為について709条の責任を負うのは当然です。そのうえで715

条は，谷口くん（被用者）を雇っていた村田酒店（使用者）も，渡辺さんに対して賠償責任を負うと定めています。他人の行為についての責任という点で，714条と同じ構造です。

　もっとも，**使用者責任**は，監督義務者責任と異なり，被用者の不法行為責任を肩代わりする責任と理解されています（補充的責任でも自己責任でもなく，被用者の不法行為責任の成立を前提とする**代位責任**。715条3項が，使用者から被用者に対する全額求償を認めているのもその表れです）。こうした責任の肩代わりは，判例・学説によれば，**報償責任**（利益が帰するところに損害も帰するべきである）や，**危険責任**（他人を利用して損害の危険を高める者は当該危険源から生じた損害について責任を負うべきである）の考え方によって正当化されると考えられています。そのため，使用者責任は**事実上の無過失責任**と理解され，1項ただし書（選任・監督上の注意義務を尽くしたことによる免責）は徹底的に空文化されています。

　なお，企業活動上の不法行為が増えるにつれて，そうした事案の実態は企業の事業運営上の問題について企業自体の責任が問われるべき場面であることから，あくまでも被用者の不法行為を前提とする代位責任と構成する伝統的理解には批判が向けられています。そうした中で判例は，使用者も損害を分担すべき場合があることを認めて，使用者から被用者への求償を**信義則**（1条2項）に基づいて制限し，また反対に被用者から使用者への求償（逆求償）も一定の範囲で認めています。

　⑵　**要　件**　　渡辺さんが，715条1項に基づいて村田酒店に賠償請求する場合，①谷口くんの行為が709条の要件をみたすこと，②谷口くんと村田酒店に使用関係があること（使用関係），③谷口くんの行為が，村田酒店の事業の執行について行われたこと（事業執行性）の3つを証明する必要があります（同項本文）。

　使用関係というのは，**指揮監督関係**があればよく，無償でも一時的でもよく（例：友人の引越しの手伝い），また実際の指揮監督がなくても（例：元請人と下請従業員，名義貸主と借主）指揮監督すべき地位にあったと評価すべき場合には，使用関係があるとされます。

　次に，**事業執行性**とは，使用者の事業に属し，かつ被用者の職務に関連する行為だったことです。被用者の職務権限と不可分一体の行為に限るか（**不可分一体説**），それとも，外形からみて当該職務の範囲内とみられる行為であれば職務逸脱行為でも含むか（**外形標準説**）で見解の対立がありましたが，判例・通説は後説を支持しています。谷口くんの行為は，前説だと事業執行性は認められないでしょうが，後説によれば事業執行性が認められる可能性があるということです。

　判例は，外形標準説の根拠を，被害者の**正当な信頼の保護**に求めています（したがって，外形標準説でも，職務権限外だと知っていた被害者との関係では，事業執行性は認められません）。この根拠は，取引行為による不法行為（**取引的不法行為**）にはよくあてはまりますが，谷口くんが起こした交通事故など**事実的不法行為**ではしっくりきません（松尾さんは，村田酒店の営業車であることを信頼したわけではないからです）。判例はいずれについても外形標準説に依拠しているといわれていますが，学説は批判しています（なお，自動車の運行に伴う人身損害については，自動車損害賠償保障法3条に基づく村田酒店の運行供用者責任も問題になります）。

　従業員が暴行をはたらいて被害者を負傷させた場合は，いくら外形的にみても事業執行性はないといわざるをえません。こうした事例について判例は，事業の執行行為を契機としてこれと密接に関連する行為であれば，なおも事業執行性が認められるとしています（**密接関連説**）。

　⑶　**国家賠償法1条**　　公務員の不法行為について国または公共団体の賠償責任を定める国家賠償法1条は，715条の特則です。ただ異なる点や独自の議論も多いので，詳細は行政法の講義に委ねます。

【穴埋め問題で確認】
1　監督義務者責任は，加害者が①＿＿＿を理由に免責された場合に問題となる②＿＿＿である。この責任は，③＿＿＿を帰責の根拠とする監督者固有の責任であり，過失責任だが，③＿＿＿に関する証明責任が転換されている。このような責任のことを，④＿＿＿と呼ぶ。
2　使用者責任は，被用者の責任を肩代わりする責任なので，⑤＿＿＿である。この責任は，⑥＿＿＿や⑦＿＿＿という考え方を根拠とする事実上の無過失責任と解されていて，715条1項ただし書は空文化されている。
3　使用者責任が成立するには，加害者が使用者と⑧＿＿＿にあるだけでなく，その加害行為に⑨＿＿＿があることが必要である。判例は，⑨＿＿＿の判断基準として⑩＿＿＿を採用している。

【60の解答】①責任（弁識）　②免責　③事理弁識　④被害者側の過失　⑤素因　⑥損害　⑦利益　⑧損益相殺

62 過失がなくても責任を問われることはあるでしょうか
▶土地工作物責任，動物占有者の責任，特別法上の無過失責任

【Case】——自宅のブロック塀が倒壊して，歩行者が大怪我を負いました

　野村さんは，遠藤さんから賃借した住宅甲に住んでいる。甲には，道路沿いにブロック塀が建てられていたが，震度3の地震が起きた際，このブロック塀が道路側に倒壊し，歩行者の中村さんに覆いかぶさるかたちとなって，中村さんは重傷を負った。

1　土地工作物責任

(1)　意　義　▶建物など土地工作物の瑕疵（欠陥）が原因で損害が発生した場合には，まずは占有者が中間責任を負い，占有者が免責されるときは，所有者が無過失責任を負う（717条1項）

　Caseのように，建物やブロック塀が倒壊すれば大きな損害が生じますが，709条の原則通りに解決すると，大きな損害を被ったのに救済されない被害者が出てきます。そこで民法は，土地工作物の瑕疵（欠陥）が原因で生じた損害について特別に，その占有者と所有者に，順次，厳格な責任を課しています。

(2)　要　件　中村さんが，717条に基づいて賠償請求するには，①土地工作物に，②瑕疵があり，③当該瑕疵が原因で損害が生じたことを証明する必要があります。**土地工作物**とは，建物やブロック塀以外にも，ため池やゴルフコースなど，土地に接着し人工的作業が加えられて成立したものを指します。判例はさらに，建物に備え付けられ物理的・機能的に一体化している物（例：エレベーターやエスカレーター）も含むとしています。また，庭木などの竹木も土地工作物と同様に扱われます（717条2項）。

　次に瑕疵について，「**設置の瑕疵**」とは当初から存在した瑕疵（例：ブロック塀の鉄筋不足），「**保存の瑕疵**」とはメンテナンス不足で生じた瑕疵（例：ブロック塀は長年風雨に曝されて大きな亀裂が入っていた）のことです。瑕疵の有無は，物理的な品質に欠けていなかったかという観点から，当該土地工作物が「**通常有すべき安全性**」を備えていたかどうかを基準に，客観的に判断されます（**客観説**）。

　最後に，当該瑕疵と損害の因果関係（当該瑕疵がなければ損害は発生しなかったこと）が必要です。起点が占有者や所有者の行為ではない点に注意してください。717条は，瑕疵が原因で生じる損害を占有者等に負担させる趣旨ですから，当該瑕疵が占有者や所有者の行為によって生じたことは要件ではないのです。

(3)　占有者の中間責任と，所有者の補充的無過失責任　Caseの中村さんは，土地工作物の瑕疵によって損害が生じたことを証明して，まず野村さん（占有者）に対して責任追及することになります（717条1項本文。本条で占有者が最初の責任主体とされているのは，実際に管理し瑕疵に対応できる立場にあるからです）。これに対して野村さんは，同項ただし書により，損害防止に必要な注意をしたこと（例：亀裂を適時に発見し，すぐに修繕工事の手配をしていた）を証明できれば，責任を免れます。つまり，占有者の責任は，過失の立証責任が転換された**中間責任**です。

　野村さんが免責されるときには，所有者の遠藤さんが賠償義務を負います（717条1項ただし書。**補充的責任**）。所有者には免責事由がなく，**無過失責任**です。所有者の無過失責任は，土地工作物の瑕疵から大きな損害が生じる危険を過失責任主義に委ねるのは適切ではなく，**危険責任**（損害の危険がある物を支配管理する者が責任を負うべきである）の考え方によって正当化されると考えられています。

(4)　営造物責任　「公の営造物」の「設置・管理の瑕疵」によって生じた損害について国または公共団体が負う責任を，**営造物責任**といいます（国家賠償法2条）。営造物責任は，717条（土地工作物責任）の特則です。営造物は土地に接着している必要がない（たとえば，警察官の拳銃が営造物に該当するとした例があります）など異なる点もありますが，共通点も多く，とくに瑕疵の判断基準（通常有すべき安全性）は，国家賠償法2条の解釈論として大きく発展したものです。詳細は行政法の講義に委ねます。

2　動物占有者の責任　▶家畜やペットなどの動物が損害を生じさせた場合には，当該動物の占有者が賠償義務を負う（718条1項）。

　動物は，時として人間のコントロールが及ばない行動をすることもあります。そこで民法は，動物が損害

（例：噛みつきなどによる人身損害のほか，騒音や異臭による損害も含まれます）を発生させる危険性についても，過失の立証責任を転換して，責任を厳格化しています（中間責任）。条文には所有者があげられていませんが，解釈上，本条の「占有者」は間接占有者も含むので，たとえば飼い主（間接占有者）が飼い犬をペットホテル（占有代理人）に寄託していた場合は，どちらも本条の占有者に該当します。

3　特別法上の無過失責任　　▶甚大な損害が想定される危険源（設備や活動）のうち一定のものは，特別法で，当該危険源から生じる損害について無過失責任が課されている

　社会や産業の発展に伴って，どれだけ注意深く利用しても損害を生じる危険がある設備や事業活動（危険源）が増えてきますし，その中には，甚大な損害が想定される危険源もあります（例：大気汚染や水質汚濁の危険性がある事業，自動車の利用，原子力事業，商品の大量生産など）。かりにそうした活動から大きな被害が生じたときでも，「709条は過失責任主義なので，利用行為に過失がなければ賠償責任もない」というのでは，救済されない被害者が大量に出現してしまい，公平な解決とはいえません。そこで，想定される損害がとくに甚大な危険源に関しては，それを支配管理する者が当該危険源から生じる損害を負担すべきである（危険責任），あるいは危険源を利用して利益が取得されているならば，利益を得ている者が当該危険源から生じる損害を負担すべきである（報償責任）という考え方に基づいて，個別の場面ごとに過失責任主義（709条）が修正され，過失の有無にかかわらず責任を課す規定が存在します。

　土地工作物の所有者の責任（717条1項ただし書）は，危険責任を基礎にした無過失責任ですし，使用者責任（715条1項）も，報償責任または危険責任の考え方から事実上の無過失責任として運用されています（その他の中間責任も，ひろい意味では，やはりこれらの考え方に支えられた責任の厳格化です）が，危険責任や報償責任の考え方に基づく無過失責任規定は，民法典の外にも存在します。代表的な規定を，①何の，②どのような損害発生の危険について，③当該危険源を支配管理すべき者として誰に無過失責任を課しているかに従って整理すると，下の表のようになります。なお，どのような場面を無過失責任とすべきかは立法政策上の問題ですから，特別法が制定されていないかぎり709条の一般原則が適用されるという点も再確認してください。

無過失責任規定（制定年）	①何の	②どのような危険について	③誰に
国家賠償法2条（1947）	営造物の	・設置または管理の瑕疵により， ・損害が生じる危険	国または公共団体
鉱業法109条1項（1950）	鉱業における	・掘削，抗水・排水放流，捨石，鉱滓堆積，鉱煙排出により， ・損害が生じる危険	鉱業権者
自動車損害賠償保障法3条（1955）	自動車の	・運行中の事故により， ・人身損害が生じる危険（物損を含まず）	運行供用者
原子力損害賠償法3条（1961）	原子炉の運転等における	・核燃料物質の作用により， ・損害が生じる危険	原子力事業者
大気汚染防止法25条1項（1968）	工場の操業における	・排煙中の健康被害物質により， ・人身損害が生じる危険（物損を含まず）	排出に係る事業者
水質汚濁防止法19条1項（1970）	工場の操業における	・排水中の有害物質により， ・人身損害が生じる危険（物損を含まず）	排水に係る事業者
製造物責任法3条（1994）	製造・加工された動産の	・欠陥により， ・損害が生じる危険	製造業者等

```
【穴埋め問題で確認】
1  土地工作物の①___が原因で生じた損害は，まず②___が責任を負い，②___が免責されるときに補充的
   に③___が責任を負う。①___の有無は，④___を備えていたかという基準により客観的に判断される。
2  ⑤___が修正された無過失責任は，⑥___や⑦___という考え方によって正当化される。
```

【61の解答】①責任無能力　②補充的責任　③監督義務違反　④中間責任　⑤代位責任　⑥報償責任
　　　　　　⑦危険責任　⑧使用関係（指揮監督関係）　⑨事業執行性　⑩外形標準説

63 複数の加害者が関係する場合はどういう責任を負うのでしょうか
▶共同不法行為，不法行為の競合

【Case 1】——複数の加害者が共謀した場合，それぞれどのような責任を負うのでしょうか

　剣道部主将の野村くんは，新入部員の畑中くんの素行の悪さに腹を立てていた。野村くんが同級生の北島くんに相談したところ，体育館裏に呼び出して痛い目に合わせてやろうということになった。呼び出された畑中くんは，北島くんが振り下ろした竹刀が当たり，鎖骨を骨折するケガを負った。

【Case 2】——単独では結果を生じさせないはずの加害行為でも，責任を負うのでしょうか

　野村染色工場と山下染色工場は，それぞれ，有害な化学物質を含む排水を田辺川に放流していた。田辺川下流では，都築さんが金魚養殖業を営んでいたが，上記有害物質が原因で水中酸素が不足し，養殖金魚が全滅した。なお，魚類を死滅させるほどの酸素不足を引き起こす有害物質の量を100とすると，野村染色工場からは110，山下染色工場からは60の量の有害物質がそれぞれ排出されていた。

【Case 3】——交通事故被害者が搬送先病院の医療過誤で死亡しました。誰が責任を負うのでしょうか

　河内さんは，自転車で交差点を直進中，後方から左折してきた山村さんの自動車に巻き込まれて頭部を強打した。川口病院に救急搬送されたが，河内さんは「少し頭が痛いが大丈夫」といい，目立った外傷もないので，川口医師は「異変を感じたらすぐ来るように」と伝えて河内さんを帰した。その晩，河内さんは自宅で強烈な頭痛に襲われ，そのまま頭蓋内出血が原因で死亡した。

1　719条1項前段の共同不法行為

(1)　意　義　▶共同の不法行為によって被害者に損害を被らせたときは，各加害者は，被害者の損害全部について賠償責任を負い，各加害者の賠償義務は連帯債務の関係に立つ

　Case 1～3は，いずれも，損害の発生に複数の加害者が関係したケースですが，少しずつ異なる特徴をもたせました。Case 1の畑中くんは，北島くんの行為によってケガをしたのであり，野村さんは共謀したにとどまります。次にCase 2では，両工場の排水が混ざり合って都築さんの金魚を全滅させたことは明らかですが，山下染色工場の排水のみで養殖金魚が死ぬことはないはずでした。最後にCase 3の河内さんは，事故で致命的な頭蓋内出血（治療を受けなければ死亡する傷害）を負いましたが，川口医師の医療ミス（頭を強打した患者に必要とされる検査の不実施）さえなければ死亡することはなかったと考えられる事案です。

　事案の特徴をおさえた上で，それぞれのケースを709条に基づいて考えてみると，Case 1の野村さんは畑中くんをケガさせたわけではない（因果関係がない）のではないか，Case 2の山下染色工場の排水と金魚死滅に因果関係があるとはいえそうだが，全滅させたとまではいえないのではないか，Case 3の河内さんは川口医師の医療ミスで死亡したのであり，山村さんが死亡させたとはいえないのではないか，したがっていずれも不法行為責任が成立しない（少なくとも損害全部についての責任は成立しない）のではないかとの疑問が湧いてくるでしょう。しかしこのような場合でも，「共同の不法行為によって」被害者に損害を被らせたといえるときには，各加害者がそれぞれ，被害者の損害全部について賠償責任（全部賠償義務）を負い，加害者の各賠償義務は連帯債務〔→21〕の関係に立つとしているのが，719条1項前段です。

(2)　「共同の不法行為」の解釈　▶客観的関連共同説（判例）と，主観的共同説や主観客観併用説（学説）の間で激しい対立がある

　最大の解釈上の問題は，「共同の不法行為」とはどういう状況を指すのかという点です。判例は，損害の発生に対して，複数の行為が客観的に関連して共同していればよく（いわば因果関係がからまっていればよく），加害者間で共謀したり，相互に行為を利用し合う認識（共同の認識）がなくても「共同の不法行為」の要件をみたすとしています（最広義の客観的関連共同説。Case 1～3すべてが共同の不法行為に該当します）。したがって，自動車の多重事故で同乗者や通行人が死傷するといった事例も共同不法行為ですし，Case 3に至っては，山村さんの行為と川口医師の行為が「共同」しているというのはやや腑に落ちませんが，判例は，各行為がそれぞれ「死亡という不可分の一個の結果を招来し」た以上，死亡という結果の発生に対して客観的共同関係があるとみているようです。

　こうした判例の立場は，学説から批判されています。それというのも，判例は，客観的共同関係があれば

よいとする一方で，各行為はそれぞれ独立して不法行為（709条）の要件をみたす必要があるともいうのですが，そのようなことをいうと，719条1項前段がなくても709条の責任がそれぞれ成立するはずで，719条1項前段の存在意義がなくなるからです。そこで多くの学説は，単独の不法行為としてみれば損害の全部または一部を帰責できない場合（上記(1)を参照）でも，例外的に全損害の帰責を可能にする点にこそ，719条1項前段の存在意義があるとみています。そして，この帰責範囲の例外的拡張を正当化する要件が「共同の不法行為」であり，そのような趣旨からすれば，加害者間の主観的な共謀や共同の認識が必要と解釈すべきだと考えているのです。ただし学説も一様ではなく，共謀や共同の認識がある場合（Case 1のみ）に限る見解（主観的共同説）や，それに加えて，複数の行為が時間的・場所的に近接していたり社会観念上一体とみられる場合も（Case 1だけでなくCase 2も）含むとする見解（主観客観併用説）など，バリエーションがあります。

　　(3)　単独の不法行為の競合　　学説の考え方によると，Case 3やCase 2では719条1項前段が成立しない可能性がありますが，だからといって，山下染色工場は金魚の死滅について責任がなく，山村さんも河内さんの死亡について責任がないと考えられているのではありません。それぞれ709条の成否を考えれば，山下染色工場の排水が（野村染色工場の排水と混ざり合ったにせよ）金魚全滅という結果の原因であることは明らかですし，山村さんは致命的な傷害を河内さんに負わせたのですから，いずれも，709条のみで被害者の全損害を帰責することが可能であり，他の加害者の709条責任と連帯債務の関係に立つ，と考えられています（その上での問題として，他の加害者に比べて寄与の度合いがとても小さいなど，被害者との関係で全損害の賠償義務を課すことが公平といえず減額すべき場合がありうるのかという点は，議論の余地があります）。

2　加害者不明の場合（719条1項後段）　　▶効果は因果関係の推定であり，反証すれば免責される

　719条1項後段は，加害者が複数いるのではなく，加害者である可能性のある行為者が複数いるという場合に関する規定です。たとえば，2人が河川敷でゴルフ練習をしていたところ打球が通行人に当たったが，どちらの打球が当たったのか分からない場合や，性感染症に罹患したがパートナーに故意に感染させられたのか過去に輸血を受けた際の血液が汚染されていたからか特定できない場合などです。719条1項後段は，このような場合に，すべての行為者について因果関係を推定し，いずれの行為者に対しても損害賠償請求できるものとしています。すくなくとも加害的な行為をしたことが明らかな者は特定できているのに，何ら責められるところのない被害者に因果関係の証明不可能という不利益を負わせることは，公平ではないからです。本条の効果は因果関係の推定なので，自己の行為が原因ではないことを証明すれば，免責されます。

3　教唆・幇助（719条2項）　　▶他人の行為を利用する意思がある点で，1項前段の共同行為者と同じ

　加害行為をそそのかしたり（教唆），加害行為を手助けしたり（幇助）した場合も，教唆者・幇助者は，加害者と共に連帯して賠償義務を負います。加害者の自由意思による行為が介在するので，教唆者・幇助者を加害行為者とは呼べないのですが，他人の行為を利用する意思があったことを根拠に，1項前段の共同行為者と同様に扱うものとしているのです。たとえば，後で自動車を運転すると知りながら一緒に飲酒したり酒を勧めたりした者が，後の飲酒事故の幇助者として責任を負うとした裁判例が存在します。

【穴埋め問題で確認】
1　「共同不法行為者の責任」という見出しの719条には，複数の加害者が「①＿＿＿」によって損害を生じさせた場合にそれぞれに②＿＿＿を課す1項前段，③＿＿＿の場合に因果関係を④＿＿＿する1項後段，⑤＿＿＿と⑥＿＿＿の場合に1項前段と同じ責任を課す2項という，3つの規律が定められている。
2　719条1項前段の「①＿＿＿」という要件の解釈には争いがあるが，判例は，最も範囲が広い⑦＿＿＿説と呼ばれる立場である。これに対して多くの学説は，加害者の共謀や共同の認識を理由に責任を加重した規定と理解するべきであるとして判例を批判し，⑧＿＿＿説や⑨＿＿＿説と呼ばれる考え方を主張している。
3　共同不法行為責任を負う各加害者の損害賠償義務は，⑩＿＿＿の関係に立つ。

【62の解答】①瑕疵　②占有者　③所有者　④通常有すべき安全性　⑤過失責任主義　⑥報償責任
　　　　　　⑦危険責任

Chapter22 その他の 債権

64 契約がなくても「債権」が発生することはありますか
▶事務管理，不当利得（不法行為以外の法定債権）

【Case 1】——親切心で迷子犬を届けた際のタクシー代は誰の負担ですか

野々村さんは散歩中に迷子の犬Mを見つけたので，首輪に記載された住所まで
タクシーでMを届けた（3千円）。ちなみに，バスでは料金300円の距離だった。
野々村さんはMの飼い主・白須さんにタクシー代を請求できるか。

【Case 2】——契約が取り消されたときに支払った代金を取り戻せますか

瀧さんは村田氏から甲地を1000万円で購入し，代金を支払った。しかし，村田
氏の詐欺によるものだったため，瀧さんは甲地の売買契約を取り消した。この場
合，瀧さんは村田氏から代金1000万円を取り戻すことができるか。

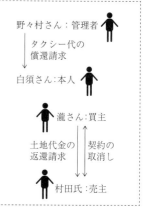

野々村さん：管理者

↓ タクシー代の
　 償還請求

白須さん：本人

瀧さん：買主

土地代金の　　契約の
返還請求　　　取消し

村田氏：売主

---

1 事務管理　　▶事務管理＝法律上の義務がないのに，他人のためにその事務を処理すること

(1) 意 義　　民法上の債権の発生原因は，当事者の意思表示による契約が中心です（521条以下）。もっとも，意思表示によらずに発生する**法定債権**として，不法行為（709条以下）〔→57〕，事務管理（697条以下），不当利得（703条以下）が規定されています。本トピックでは事務管理と不当利得を説明します。

まず**事務管理**とは，契約等の法律上の義務がないのに，他人のために事務を処理することです。ここでの「事務」とは，書類の処理だけでなく，Case 1の迷子犬の送迎や隣家の塀の修繕など広く捉えられます。私たちの社会生活において，法的な義務がなくても親切心などから他人のために何かをすることは，**相互扶助**の視点からは望ましいといえます。しかし一方で，依頼も法的な義務もないため，他人の生活への**不当な干渉**となり，「ありがた迷惑」にもなりかねません。そこで，日本の民法は，相互扶助の観点から事務管理を認めつつ，一定の要件を課すことで他人（本人）の利益保護も図っています。

(2) 要 件　　▶要件＝①他人の事務の管理，②他人のためにする意思，③法律上の義務がないこと，
④本人の意思および利益に適合すること（697条）

まず，①他人の「事務」の管理とは，人の生活に必要な一切の仕事をすることです。他人の契約の代行といった法律行為や，他人の家屋の修繕や人命救助といった事実行為は，いずれも事務管理に含まれます。次に，②他人のためにその利益を図る意思をもって事務を管理する必要があります。その際に，自己のためにする意思が併存しても構いません。なお，法規定や契約で義務を負う場合は事務管理にならず，③それらの法律上の義務がないことが要件です。最後に，他人の生活への不当な干渉を避けるため，④他人である本人の意思・利益に適合することが必要です。なお，一般的には，この要件は「本人の意思・利益に反することが明らかでないこと」と理解されています。

Case 1の迷子犬を届けるという事実行為は，①他人の事務管理に該当し，②他人である白須さんのための行為であり，③管理者である野々村さんに法律上の義務はなく，④本人である白須さんの意思・利益にも反していないため，事務管理の要件をみたします。

(3) 効 果　　▶効果＝①管理行為の違法性阻却，②管理継続・善管注意義務，③費用償還義務

事務管理が成立すると，①勝手に行った管理行為の違法性が阻却されて，他人に対する不法行為責任は生じません。他方で，②管理者がいったん管理をはじめれば，本人等が管理可能となるまで継続する必要があります。途中で投げ出してはいけません。その際，原則として，善良な管理者の注意をもって管理をする必要があります。他方で，③本人は事務管理から生じた**有益な費用**を管理者に償還する義務を負います（702条1項）。ただし，本人の意思に反するときは，**現存利益**に限られます（同条3項）。

Case 1の送迎行為は不法行為とならず，野々村さんは犬Mを白須家に届けるまで継続義務を負います。また，Mを届けるタクシー代は有益費に該当するため，野々村さんは白須さんに3千円を請求できます。

2 不当利得

▶不当利得 ＝ 法律上の原因なしに他人の財産または労務によって利益を受け，そのために他人に損失を及ぼす行為のこと

▶不当利得の返還請求権 ＝ 損失者が利得者（受益者）に対して不当利得の返還を請求する権利

（1） 意 義 ある人が他人の損失によって不当に利益を得た場合に，そのような不当利得を利得者の下で維持させるのであれば，公正であるべき社会の財貨秩序に矛盾をきたすことになります。そこで民法は，損失者から利得者（受益者）に対する**不当利得の返還請求権**を認めています（703条以下）。

かつては，不当利得制度の根拠を公平（衡平）の理念に求めていました（公平説）。しかし，そのような抽象的な理念では不当利得の成否を判断する基準とはならないため，近時は，不当利得が問題となる個別の場面を類型化したうえで，具体的な判断基準を構築する見解が主流となっています（類型論）。その類型として，①給付利得，②侵害利得，③支出利得の3類型が主にあげられます。もっとも，学説によっては，①と②の2類型とみる見解や，逆に③の類型をさらに細分化する見解も有力であり（表参照），類型化の内容はいまだに確定していません。なお，個別の場面ごとに不当利得の特別規定が置かれていれば，その規定が優先的に適用されます。

①給付利得		ある人が他者に給付をしたが，それを基礎付ける法律関係が欠如し，財貨の移転が正当化されない場合	Case 2 の詐欺取消などや無効の場合の原状回復（121条の2）など
②侵害利得		財産的利益が本来帰属すべき人ではない他者に帰属していて，その財貨の帰属が正当化されない場合	米を盗んで食べた人への価値返還，無断駐車の駐車料の返還など
③支出利得	費用利得	ある人の財産・労務が他者の財産に投下され価値が増加したが，その増加が正当化されない場合	自己の土地と思って改良したら他人の土地だった際の費用償還など
	求償利得	ある人が自己の出捐（損失）で他者の債務を弁済し，他者が免責（利益）を得たため，利益の償還を認める場合	第三者弁済や保証人の代位弁済における求償（459条以下）など

（2） 要 件 ▶要件 ＝ ①利得，②損失，③利得と損失の間の因果関係，④法律上の原因がないこと

不当利得が成立するには，①他人の財産・労務によって利益を受け（利得），②他人に損失が生じ，③その利得と損失の間に因果関係が必要です。この因果関係は，社会観念上相当と認められる程度の関連性で足りるとされます。さらに，④法律上の原因がないことが要件です。かつては公平の理念から説明されていましたが，近時の類型論は，上記表のように法律上の原因を類型ごとに把握しています。

（3） 効 果 受益者は，**善意**，つまり不当な利益と知らなかった場合には，**現存利益**の返還義務を負います（703条）。一方で，受益者が**悪意**，つまり事情を知っていた場合には，受けた利益に**利息**を付して返還し，損害があれば賠償する義務を負います（704条）。なお，現物の返還が可能な場合は**現物返還**が原則であり，それが不能な場合には金銭での**価格償還**となります。

Case 2 の瀧さんが村田氏との売買契約を詐欺で取り消したため（96条），給付を基礎付ける法律上の原因は存在しません（給付利得）。そして瀧さんの支払った代金（損失）と村田氏の受領した金銭（利得）には因果関係が認められるので，各要件をみたします。なお，この **Case 2** では，取消し・無効の行為に基づく給付に関する原状回復義務の規定（121条・同条の2）が適用されます〔→9〕。

（4） 不法原因給付 ▶不法の原因に基づいてなされた給付は返還が認められない（708条）

賭博など不法な原因で金銭を支払う契約は公序良俗違反で無効なので（90条），金銭を支払う必要はありません。ただし，実際に金銭を支払ってしまうと，不当利得の返還は認められません（708条）。

【穴埋め問題で確認】
1 **事務管理** 事務管理は，法律上の①＿＿がないのに，②＿＿のためにその③＿＿を処理することであり，④＿＿の観点から，一定の要件の下で認められる民法上の制度である。
2 **不当利得** 不当利得は，法律上の⑤＿＿なく他人の財産・労務によって⑥＿＿を受け，そのために他人に⑦＿＿を及ぼす行為のことである。要件をみたせば，不当利得の⑧＿＿が認められる。

【63の解答】①共同の不法行為 ②全部賠償義務 ③加害者不明 ④推定 ⑤教唆 ⑥幇助
⑦客観的関連共同（客観的共同） ⑧主観的共同 ⑨主観客観併用 ⑩連帯（債務）

<table>
<tr><td>Chapter23
時効</td><td>**65**</td><td>自分の物と信じて長年使っていたら自分の物になりますか
▶時効総論・取得時効</td></tr>
</table>

【Case】——購入した土地からある日突然出て行けと言われたらどうしますか

　中山さんは，大西さんが所有する土地・甲を購入し，引渡しを受けた。このとき，中山さんは，お金がかかり面倒なので土地・甲の登記名義を大西さんのままにしておいた。それから11年後，大西さんは，登記が自分名義であるのをいいことに，土地・甲を野々村さんに売却し，登記名義も野々村さんに移転した。その後，野々村さんは中山さんを訪ね，土地・甲から出て行くよう求めた。

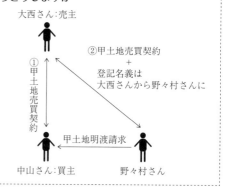

1　時効総論

(1)　意義・存在理由　　▶時効 = 一定の事実状態が法定の期間継続した場合，その事実状態が真実の権利関係に合致するかどうかを問わず，権利の取得や消滅という法律効果を認める制度

　一定の事実状態が法定の期間継続したことを，時効の完成といいます。時効は，時効の完成により権利を取得する取得時効と，時効の完成により権利が消滅する消滅時効の2種類あります。時効の存在理由は，第1に，永続する事実状態を尊重して社会秩序の安定を図ることにあります。第2に，裁判において，過去の権利関係についての立証の困難を救済することがあげられます。第3に，権利者がそれを長年にわたり行使しないという状況は，権利者の怠慢であるから，権利を剥奪する＜権利の上に眠る者は保護しない＞という制裁的な機能を果たすという意義があります。

(2)　時効の援用　　▶時効の援用 = 当事者が，時効の利益を受ける意思表示をすること（145条）

　時効が完成し，取得時効，消滅時効の要件をみたしても，それだけでただちに時効の効果は生じません。時効の効果が生じるためには，当事者が援用する必要があります。当事者（援用権者）とは，時効の利益を直接受ける者のことをいい，取得時効の場合は，権利取得について正当な利益を有する者，消滅時効の場合は，債務者など権利消滅について正当な利益を有する者を指します。援用がなければ，裁判所は，時効の効果が生じたことを前提として裁判できません（145条）。私的自治の原則から，時効を援用するか否かについて，当事者の意思を尊重しているからです。時効が完成したとしても，たとえば，債務者が時効完成後「けじめをつけたい」という思いから時効を援用せず，債権者に弁済することも可能です。

(3)　時効障害　　▶時効障害 = 時効期間の進行を妨げる法的な事由のこと。完成猶予と更新の2種類

　時効の完成猶予とは，時効完成前に一定の事情があれば時効の完成が一時延期されることをいいます。たとえば，地震などの天災や，避けられない事変が起きたために，権利者が訴えの提起や強制執行の申立てをすることができなくなった場合，その障害がなくなった時から3か月間，時効の完成が猶予されます（161条）。時効の更新とは，進行中の時効期間が一定の事情によりリセットされ，新たに時効期間が進行することをいいます。たとえば，お金の借主（債務者）が，貸主（債権者）に対して，債務の存在を承認した場合，時効はその時から更新されます（152条）。なお，完成猶予と更新が順次生じうる場合があります。たとえば，お金の貸主（債権者）が，借主（債務者）に対して，借金の返済を裁判所に訴えた場合，裁判が終了するまで時効の完成が猶予されます（147条1項）。その後，債権者が勝訴して判決が確定した場合，これまでの時効期間はリセットされ，時効は判決確定日から更新されます（147条2項）。

(4)　時効の利益の放棄　　▶時効の利益の放棄 = 時効の利益を受けることができる権利（援用権）を放棄すること

　時効の利益の放棄とは，援用権者が援用しないという意思表示をすることです。しかし，たとえば，金銭の貸し借りにおいて，貸主が，時効の利益を放棄しないとお金を貸さないといって，強制的に借主に時効の利益を放棄させることは妥当ではないので，時効の利益は，時効完成前に放棄することはできません（146

条）。

2　取得時効

- (1)　意　義　▶取得時効 = 法定の期間，他人の物を継続的に占有することによって，その物の所有権その他の財産権を取得することを認める制度
- (2)　所有権の取得時効　▶要件 = ①所有の意思により，②平穏かつ公然と，③他人の物を，④10年あるいは20年占有することが必要。10年の占有で取得時効が認められるためには，⑤占有開始時に善意・無過失であることも必要（162条）
　　　　　　　　　　　　▶効果 = 占有者は占有していた物の所有権を占有開始時に遡って取得

　要件①「所有の意思」による占有とは，所有者として物を事実上支配することで，自主占有ともいわれます。次に，要件②の平穏とは，占有にあたり違法な行為や強暴な行為がなかったこと，公然とは，占有が隠秘，隠匿されていないことです。いずれも，占有開始時のみならず，占有継続中にも必要とされる要件です。要件③について，判例は一定の場合に，自己の物を占有していた場合でも，取得時効を認めています。Case の中山さんは，自己所有の土地を対抗要件である登記を備えないまま長年占有していますが，土地の登記を備えた野々村さんに対して，自分の所有権を対抗できないので（177条）〔→47〕，取得時効の成立を主張することになります。なお，要件①の所有の意思，要件②の平穏かつ公然，要件⑤の善意は，推定されます（186条1項）。

　要件④，⑤について，悪意の占有者は20年（162条1項），善意・無過失の占有者は10年（162条2項），それぞれ占有することで，占有物の所有権の取得が認められます。善意とは，占有者が占有開始時に，自分が占有物の所有権を持っていないことを知らないこと，つまり，自分が占有物の所有権を持っていると信じたことを意味します。他方，無過失とは，占有者が占有開始時に，自分が占有物の所有権を持っていると信じたことについて過失がないことを意味します。平穏・公然とは異なり，占有開始時に善意・無過失であればよく，占有の継続中に悪意になったとしても，要件⑤をみたします。

　取得時効の効果は，占有者が占有物の所有権を取得することであり（162条），その形態は**原始取得**であるとされます。また，所有権は，起算点である占有開始時に遡って生じます（144条）。これを**時効の遡及効**といいます。起算点とは，時効期間の進行が始まる時点のことです。その結果，時効期間中に生じた果実や使用利益も，取得時効によって占有者に帰属します。なお，所有権以外の財産権も取得時効の対象となり，その場合，要件①は自己のためにする意思で財産権を取得することになります。その他の要件は，所有権の取得時効と同様です。

【穴埋め問題で確認】
1　**時効総論**　時効とは，一定の①____が法定の期間継続した場合，その①____が真実の権利関係に合致するかどうかにかかわらず，権利の取得や消滅という法律効果を認める制度をいう。時効の効果が生じるためには，当事者が②____する必要がある。また，時効期間を妨げる法的な事由を③____という。③____には，時効完成前に天災など一定の事情があれば時効の完成が一時延期される④____と，進行中の時効期間が一定の事情によりリセットされ，新たに時効期間が進行する⑤____とがある。時効を②____しないという意思表示をすることを，時効の利益の放棄というが，⑥____の放棄はできない。
2　**取得時効**　所有権の取得時効とは，法定の期間，⑦____を継続的に占有することによって，その物の所有権を取得することを認める制度をいう。取得時効の効果は，⑧____である占有開始時に遡って占有していた物の所有権を取得することであり，その形態は⑨____であるとされている。

［メ　モ］

【64の解答】①義務　②他人　③事務　④相互扶助　⑤原因　⑥利益　⑦損失　⑧返還請求権

Chapter23 時効 / 66　貸主から「返せ」と言われなければ借金は帳消しになりますか

▶消滅時効・除斥期間

【Case】——権利を行使せずに長年放置しているとどうなりますか

　中山さんは，2024年3月20日，渡辺さんから頼まれて，弁済期を翌年3月20日として500万円を貸した。多忙な中山さんは，2026年10月15日に「そういえば，弁済期を過ぎたのに渡辺さんから500万円の返済がまだないな」と気付いたが，いつか返してくれるだろうとのんびり構えていた。ところが，渡辺さんは何年経っても返さない。中山さんは，しびれを切らし，2035年5月1日，渡辺さんに返済を催促したが「時効で借金はチャラでしょ」と，取り合ってくれない。

金銭消費貸借契約

中山さん（貸主）　　　　　渡辺さん（借主）
債権者　　　　　　　　　　債務者

1　消滅時効

(1)　意　義　　▶消滅時効 = 権利者が法定の期間内に権利を行使しない場合，その権利が消滅すること

(2)　原　則　　▶債権等の消滅時効 = ①債権者が権利を行使することができることを知った時から5年間，または，

　　　　　　　　②権利を行使することができる時から10年間行使されない場合，債権は消滅（166条1項）

　　　　　　　　③債権または所有権以外の財産権は，権利を行使することができるときから20年行使されない場合消滅（166条2項）

　消滅時効にかかる代表的な権利は，債権です。債権が時効により消滅する状況は2つあります。①の「権利を行使することができることを知った時」を主観的起算点，②の「債権を行使することができる時」を客観的起算点といいます。「権利を行使することができることを知った時」とは，債権者が客観的起算点の到来を知った時です。他方，「権利を行使することができる時」とは，たとえば，弁済期到来時など，権利を行使するための法律上の障害がなくなった時を意味します。①と②いずれかの状況のうち，先に生じたほうの時点で債権は消滅します。

　2つの起算点が置かれた理由は，主観的起算点のみでは，債権者が権利を行使できることを知らないままでいる場合，いつまでも消滅時効期間が進行せず，債務者の法的地位が不安定になるからです。なお，時効期間を計算する際，期間の初日は含まれず，その翌日から起算されます（140条本文）。

　Caseにおける主観的起算点は，中山さんが，弁済期を過ぎたのに渡辺さんからまだ500万円の返済がないと気付いた2026年10月15日の翌日16日，客観的起算点は，弁済期2025年3月20日の翌日21日となります。この場合，主観的起算点を基準とする時効期間のほうが客観的起算点を基準とする時効期間よりも先に到来しますので，主観的起算点である2026年10月16日から5年後の2031年10月16日までに，中山さんが渡辺さんに対して500万円の返済を請求しなければ，債権が消滅することになります。

　中山さんは，2035年5月1日になって，ようやく渡辺さんに500万円の返済を催促し，訴訟を提起していますが，上記のように主観的起算点を基準とする時効期間がすでに経過して時効が完成し（166条1項），かつ，渡辺さんの返答から，渡辺さんには時効を援用する意思表示があったと評価できるため（145条），中山さんの債権は時効により消滅します。債権以外の財産権も，権利を行使することができる時から20年間行使しなければ時効により消滅しますが，所有権は消滅時効にかかりません（166条2項）。

(3)　**特殊な債権の消滅時効**　まず，167条は，重大な権利，法益である人の生命・身体が侵害された場合，166条1項に規定されている②の時効期間を20年とし，被害者を手厚く保護しています。

　次いで，定期金債権とは，たとえば年金債権のように，一定期間，金銭その他の物を定期的に給付させることを目的とする債権をいいます。定期金債権は，債権者が定期金債権から生じる各債権を行使することができることを知った時から10年，当該債権を行使することができる時から20年行使されない場合，消滅します（168条1項）。

　確定判決または，和解など確定判決と同一の効力を有するものによって確定した権利の時効期間は，権利

の確定した時から10年未満の時効期間の定めがなされた場合でも，10年間とされます（169条1項）。

　不法行為による損害賠償請求権は，被害者またはその法定代理人が損害および加害者を知った時から3年間行使されない場合，または，不法行為の時から20年間行使されない場合，時効により消滅します（724条）。ただし，人の生命または身体を害する不法行為による損害賠償請求権は，被害者またはその代理人が損害および加害者を知った時から5年間行使されない場合，時効消滅します（724条の2）〔→60〕。

2　除斥期間　　▶除斥期間の意義 ＝ 当事者間の権利関係を早期に確定させるため，権利の行使期間に制限を加える制度

　除斥期間は，一定の期間が経過すれば権利の行使が当然にできなくなることを意味する「期間」です。しかし，民法典は除斥期間について何ら規定していません。

　ただ，民法典の起草者は，権利をとくに速やかに行使させる必要性がある場合，権利行使に期間の制限を設けることが除斥期間の意義であると考えていました。除斥期間が消滅時効と異なる点は，主として，更新のないこと，権利発生時から起算されること，権利消滅の効果が遡及しないこと，援用（145条）の必要がなく期間経過により当然に権利が消滅することです。

　それでは，除斥期間と消滅時効は，どのように見分ければよいのでしょうか。かつては，「時効によって消滅する」とか，それに続いて「同様とする」というように，条文の文言から時効であることが明らかであるかどうかが基準とされていました。

　しかし，近時は，条文の文言にかかわらず，権利の性質や規定の趣旨に照らして実質的に判断するという考え方が有力です。たとえば，契約の取消権や解除権など，権利者からの一方的な意思表示によって法律関係の変動が生じる形成権や，民法典が「時効によって」と表現せず比較的短期の期間制限を定めている権利などが，除斥期間であると解されています。

【穴埋め問題で確認】
1　消滅時効　　債権は，債権者が①＿＿＿から5年間，または，②＿＿＿から10年間行使されない場合，消滅する。債権または所有権以外の財産権は，②＿＿＿から20年行使されない場合消滅する。③＿＿＿の侵害による損害賠償請求権，定期金債権，判決で確定した権利，不法行為による損害賠償請求権，③＿＿＿を害する不法行為による損害賠償請求権について，冒頭の原則とは別に，消滅時効の起算点と時効期間が設けられている。時効時間を計算する際は，期間の④＿＿＿は含まれず，その⑤＿＿＿から起算される。
2　除斥期間　　除斥期間とは，権利行使に⑥＿＿＿を設ける制度をいう。除斥期間が消滅時効と異なる点は，⑦＿＿＿のないこと，⑧＿＿＿から起算されること，⑨＿＿＿の効果が遡及しないこと，⑩＿＿＿の必要がなく期間経過により当然に権利が消滅することである。

［メモ］

【65の解答】①事実状態，②援用，③時効障害，④完成猶予，⑤更新，⑥時効完成前，⑦他人の物，⑧起算点
　　　　　　⑨原始取得

【Case】——趣味の集まりを法的な団体にするにはどうしたらいいですか

　中山さんは，腰痛がひどくてアロマオイルマッサージに通っていたところ，自分でも学ぼうと思い立ち，アロマテラピーインストラクター資格を取得した。そして，瀧さん，谷江さん，渡辺さん，大西さんと共にアロマテラピーを通じた健康法を多くの人に教え伝える目的で，一般社団法人「アロマヘルスビューティー」を立ち上げ，セミナーを開講した。

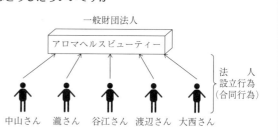

一般財団法人
アロマヘルスビューティー

法　人
設立行為
（合同行為）

中山さん　瀧さん　谷江さん　渡辺さん　大西さん

1　法人の意義・種類

(1)　意　義

▶法人 = 自然人以外で法律上権利能力を与えられ，定款その他の基本約款で定められた目的の範囲内において権利を有し義務を負う団体のこと（33条・34条）

　法律上の成立要件をみたせば，団体にも権利能力が与えられます〔→4〕。ともあれ，団体は，自然人ではないため，当然には名前がなく，住所も定まらないので，この点が明らかになることが必要です。また，団体の活動，運営について，構成員が納得するような基準をあらかじめ作成しておかなければ，混乱が生じます。

　民法典は，営利を目的としない法人についての取扱い，法人は法律の規定によってのみ成立すること（33条1項：法人設立主義），法人の権利能力について，定款その他の基本約款によって定められた目的の範囲内において権利を有し義務を負うこと（34条），法人設立には登記を要すること（36条）を規定しています。

　2006年，法人に関する一般原則は一般社団法人及び一般財団法人に関する法律（一般法人法）に統合されましたので，本トピックの解説も一般法人法にしたがいます。

(2)　法人の種類

	営利法人	非営利法人
社団法人（社員がいる）	営利社団法人（株式会社など）	一般社団法人
		公益社団法人
財団法人（社員がいない）	営利財団法人は認められない	一般財団法人
		公益財団法人

　一般社団法人の設立には，設立時社員が共同して，法人の規則とその内容を記載した定款という書面を作成し，公証人の認証を受け（一般法人10条・13条），理事等の設立時役員を選出し（一般法人15条），主たる事務所の住所地において設立登記をすること（一般法人22条）が必要です。一般財団法人の設立には，設立者全員で定款を作成し公証人の認証を受けた後（一般法人152条・155条），設立者による300万円を下回らない財産の拠出を行った上で（一般法人153条），主たる事務所の住所地において設立登記をすること（一般法人163条）が必要です。なお，**公益社団法人**と**公益財団法人**は，一般法人法の設立要件をみたした社団法人・財団法人が，事業内容に公益目的があると認定されることによって資格を取得します（公益法人認定4条・5条）。

2　法人の対内的関係

▶法人の意思決定と運営 = 自然人と自然人からなる組織によって構成される機関が担う

　一般社団法人の機関には，すべての社員により構成される意思決定機関である**社員総会**と，法人の業務執行権限を有し法人を代表する**理事**のほか，理事会，監事，会計監査人があります。社員総会と理事は必ず置かれなければなりません。

　理事会を設置していない一般社団法人において，①社員総会は，最高の意思決定機関であり，法人の一切の事項について決議することができ（一般法人35条1項），②理事は，原則として法人の業務執行権限を有し法人を代表します（一般法人60条1項・76条・77条）。監事は，理事の職務執行を行う権限を有し，会計監査人

は，会計監査を行います（一般法人60条2項）。

　他方，理事会を設置している一般社団法人においては，権限の多くが理事会に移管されるため，社員総会では法律または定款に規定する事項に限り決議されます（一般法人35条2項）。理事会は，法人の業務執行の決定，理事の職務執行の監督，代表理事の選定と解職の権限を有します。監事は必ず置かれます（一般法人61条）。法人の計算書類とその附属明細書を監査する会計監査人は，規模の大きい一般社団法人において必ず置かれます（一般法人62条）。

　一般財団法人の場合，社員がいないので，社員総会もありません。しかし，理事や監事の業務執行を監督するために，評議員と評議会が置かれ，理事・監事・会計監査人の選任および解任，計算書類の承認，定款の変更などについて決議します（一般法人178条）。一般財団法人では，評議員と評議会に加え，理事，理事会，監事が必ず置かれます（一般法人170条）。なお，公益認定法人では，理事会と会計監査人が必ず置かれます。

3　法人の対外的関係　　▶法人の取引活動 ＝ 法人の代表である理事が，法人の業務に関する一切の裁判上または裁判外の行為を行う権限を有する（一般法人77条4項）

　法人の取引活動において，理事が，法人の業務に関する一切について包括的な代理権を与えられています（一般法人77条1項・2項・4項）。しかし，理事の代理権には以下の制限があります。第1に，定款や総会決議において制限された事項に関する行為をしてはいけません。第2に，理事は他人に代理権を譲ってはなりません（復任権の制限）。第3に，理事は，競業（一般法人84条1項1号），法人と理事との利益相反行為（一般法人84条1項2号・3号）といった，法人の利益が著しく損なわれるおそれのある行為をする際，一般社団法人の場合は社員総会，一般財団法人の場合は理事会においてそれぞれ承認を得なければなりません（一般法人84条1項・197条）。

　かりに理事が上記の制限された事項に関して第三者と契約をしてしまった場合，その制限について善意の第三者に対抗することはできません（一般法人77条5項）。定款や社員総会の決議により加えられた内部的な制限は，部外者である第三者は通常容易に知ることができないからです。

【穴埋め問題で確認】
1　**法人の種類と類型**　　法人は，構成員である社員がいる①＿＿＿と，社員がいない②＿＿＿に大別される。これらは，事業によって得た利益を構成員に分配することを目的とした③＿＿＿と，営利を目的としない④＿＿＿とに分けられる。社団法人である非営利法人の一般的な形態を一般社団法人，財団法人である非営利法人の一般的な形態を一般財団法人という。これらの中でも，公益認定法により事業内容に公益性が認められるものを，公益社団法人，公益財団法人という。
2　**法人の対内的関係**　　法人の⑤＿＿＿と運営は機関が担う。一般社団法人においては，⑥＿＿＿と理事，一般財団法人においては，理事，理事会，評議員，評議員会，監事という機関が必ず置かれなければならない。
3　**法人の対外的関係**　　法人の代表者である理事は，法人の業務に関する一切について包括的な⑦＿＿＿を有する。しかし，理事の⑦＿＿＿について，定款や⑧＿＿＿により，制限を加えることができる。また，法人の利益が著しく損なわれるおそれがある法人と理事との⑨＿＿＿，理事の復任権も制限されている。理事が制限された事項に関して第三者と契約をした場合，その制限につき⑩＿＿＿の第三者に対抗できない。

［メモ］

【66の解答】①権利を行使することができることを知った時，②権利を行使することができる時
　　　　　　③人の生命または身体，④初日，⑤翌日，⑥期間の制限，⑦更新，⑧権利発生時，⑨権利消滅
　　　　　　⑩援用

【Case】──「組合」は会社とはどう違いますか

　中山さんは大学時代，親友である白須さんと，１人ひとりの個性を大事にしながら学習意欲を引き出す指導を売りとする学習塾を立ち上げたいと話していた。それから10年経った今年，２人の考えに賛同した10人と100万円ずつ出資して，学習塾「常伸会」を設立した。

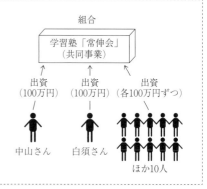

組合

学習塾「常伸会」
（共同事業）

出資
（100万円）　出資
（100万円）　出資
（各100万円ずつ）

中山さん　　白須さん　　ほか10人

1　組合の意義・具体例

▶**組合契約 ＝ 複数の者がそれぞれ出資して共同の事業を営むことを約する契約（667条１項）**

▶**組合の法的性質 ＝ 有償の諾成契約。組合は法人格をもたない**

　組合は，２人以上の者が出資をして共同の事業を営むことを約束する組合契約により成立します。ただ，売買契約のように合意により成立するのではなく，たとえばCaseでは，中山さんと白須さん，そして，２人のコンセプトに賛同した10人がともに「学習塾を経営する」という１つの目的に向かって行う意思表示の結合である合同行為により成立します。組合契約の成立要件である出資は，構成員全員によりなされることが必要です。たとえば中山さんのみ1200万円を出資した場合は，667条１項の要件「共同の事業を営む目的」があるとしても，組合設立は認められません。また，出資は，財産的価値があれば金銭以外でもよいとされています（667条２項）。

2　組合の対内的関係──組合の業務執行

▶**業務執行者が指定されていない場合 ＝ 組合員の過半数をもって業務を決定し，各組合員がこれを執行する（670条１項）**

▶**業務執行者が指定されている場合 ＝ 組合業務は，原則として業務執行者により執行される（670条２項）**

　組合の業務は，原則として全組合員により執行され，業務執行の意思表示は組合の常務を除いて，全組合員の過半数によってなされます（670条１項）。**常務**とは，日常の軽微な事務をいい，各組合員が単独で行うことができます（670条５項本文）。しかし，常務であっても，その完了前に他の組合員または業務執行者が異議を述べたときは，単独で行うことができません（670条５項ただし書）。他方，組合契約の定めにしたがって，一部の組合員または第三者を業務執行者として組合業務を委任することができ（670条２項），この場合，業務執行者が業務を執行します（670条３項前段）。また，「常伸会」構成員のうち６人が業務執行者となった場合，組合業務は，業務執行者の過半数をもって決定し，各業務執行者がこれを執行することになります（670条３項後段）。ただ，業務執行者がいる場合でも，組合の業務について全組合員の同意によって決定したり，全組合員が執行することができます（670条４項）。

3　組合の対外的関係──組合代理

	常務に関する法律行為	常務以外の業務に関する法律行為
業務執行者がいない	各組合員が単独で他の組合員を代理して行う（670条の２第３項）	組合員の過半数の同意を得て各組合員が他の組合員を代理して行う（670条の２第１項）
業務執行者がいる	業務執行者のみが全組合員を代理して行う（670条の２第２項）	

　(1)　**組合代理の要件・効果**　　組合は法人格を持たず，複数の者の契約による結合体として構成されているため，組合が第三者との間で法律行為を行う場合，原則として，組合の構成員全員が法律行為の当事者と

なります。

　しかし，これでは取引関係が複雑になり面倒です。そこで，民法は，一部の組合員が組合の代理人となって第三者と法律行為をすることを認めています。これを，**組合代理**といい，民法総則の代理に関する規定（99条以下），組合代理の規定（670条の2）が適用されます。

　まず，**業務執行者**が指定されていない場合，組合の常務に関する法律行為は，各組合員が単独で行うことができます（670条の2第3項）。常務以外の業務に関する法律行為は，組合員の過半数の同意を得て各組合員が他の組合員を代理して行うことができます（670条の2第1項）。全組合員の過半数の同意を欠く者が全組合員の代理人として行為をした場合，**無権代理**となります（113条1項）。このとき，行為の相手方（第三者）は，組合に対して**表見代理の成立**（110条）を主張するか，無権代理行為をした組合員に対して**無権代理人の責任**（117条）を追及することになります〔→41〕。

　次に，業務執行者が指定されている場合，業務執行者のみが組合員を代理することができます（670条の2第2項本文）。ただし，業務執行者が複数いる場合，各業務執行者は，業務執行者の過半数の同意を得なければ組合員を代理することができません（670条の2第2項ただし書）。

(2)　権利能力なき社団・財団　　▶権利能力なき社団・財団 = 実質的には社団法人・財団法人としての実態を持ちながら，法人格のない団体のこと

　法律の定めに従って法人格を取得する手続を取っていない団体も，組合同様，法人格を持ちません。このような団体について，判例は，①組織によって代表の方法，総会の運営，財産の管理その他団体としての主要な点が確立していること，②他の財産とは区別された形式と態様によって管理および処分が行われている財産が存在すること，③構成員の変更があっても，②が従前と変わりなく継続することという要件をみたしている場合，法人格のない社団・財団を，権利能力なき社団・財団と呼び，権利能力を認めています。

【穴埋め問題で確認】

1　**組合の意義**　組合とは，複数の者が①____して②____を営む約束をすることで成立する契約のことをいう。組合は③____をもたない。

2　**組合の対内的関係**　組合の業務は，原則として，組合員の④____で決定し，各組合員が執行する。ただし，⑤____は，他の組合員からの異議がなければ，各組合員が単独で行うことができる。他方，組合契約にしたがって，一部の組合員または第三者を⑥____として組合業務を委任することができる。この場合，⑥____が業務を執行する。ただ，⑥____がいる場合でも，組合の業務について全組合員の同意によって決定したり，全組合員が執行することができる。

3　**組合の対外的関係**　⑥____が指定されていない場合，各組合員は，⑤____については単独で行うことができる。⑤____以外の事項については，組合員の④____の同意を得て各組合員が他の組合員を代理して行うことができる。しかし，全組合員の④____の同意を欠く者が全組合員の代理人として行為をした場合，⑦____となる。このとき，行為の相手方は，組合に対して⑧____の成立を主張するか，⑦____行為をなした組合員に対して⑨____を主張することになる。⑥____が指定されている場合，⑥____のみが組合員を代理することができる。ただし，⑥____が複数いる場合，⑥____は，⑥____の④____の同意を得なければ組合員を代理することができない。

［メモ］

【67の解答】①社団法人，②財団法人，③営利法人，④非営利法人，⑤意思決定，⑥社員総会，⑦代理権
　　　　　　⑧総会決議，⑨利益相反行為，⑩善意

【Case】——隣人が嫌がらせで高い塀を設置したら苦情を言えますか

　中山さんは，2年前に隣に引っ越してきた村田さんを嫌っていた。その理由は，村田さんが庭に犬を10匹放し飼いにしており，悪臭がひどく，夜中も犬の遠吠えがうるさいからだ。内気な中山さんは，村田さんに苦情を言うことができなかったので，嫌がらせをしてやろうと決心し，村田さんの庭に隣接する自己所有の土地に，必要もないのに高い塀を設置した。その結果，村田さんの庭には，1日中日光が当たらなくなった。中山さんは「うふふ。私の狙い通りになったわ」と，ほくそ笑んだ。

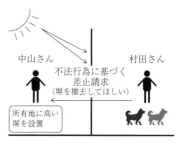

1　信義則　　▶信義則 = 権利の行使および義務の履行は，信義に従い誠実に行わなければならないとする「信義誠実の原則（1条2項）」の略称

（1）**意　義**　　この原則は，もともと，契約関係において適用されることが想定されていました。契約当事者は信頼関係に基づくものであるから，債権者・債務者は，それぞれ権利の行使，義務の履行において，相手方の信頼を損なわないように行動すべきであるという趣旨が前提です。民法典の条文はもちろん，具体的な契約書をみただけでは，当事者の権利義務の内容がよく分からないことが少なくありません。**信義則**は，抽象的で分かりにくい権利義務の内容を明確にしたり，時には，具体的な状況に応じて権利義務の内容を補充したりする機能を果たします。たとえば，雇用契約などにおいて，使用者は，契約締結時に合意していなくても，労働者の安全に配慮する義務を信義則上当然に負うとされています（安全配慮義務）〔→24〕。しかし，現在において，信義則は，契約以外のあらゆる法律関係に適用されるようになっています。

　ところで，1条2項を読んでみると，他の条文とは異なり，要件と効果が規定されていない上に，どのような場面において適用されるのかが明らかになっていません。このような条項を**一般条項**といいます。一般条項は，条文の内容が抽象的で，解釈の幅が広いことが特徴です。それゆえ，信義則は広くさまざまな場面で適用されうるのです。

（2）**信義則の適用場面**　　信義則が一般条項であり，さまざまな場面において適用されるからといって，民法典に規定されている他の条文を無視して，信義則のみを適用することは妥当ではありません。なぜなら，民法典に規定されている多くの条文は，要件と効果，適用場面が明確だからです。それゆえ，信義則は，他の条文をそのまま適用したとしても妥当な解決が導けない場合や，ある具体的場面において適用できる条文が民法典に規定されていない場合に適用されることになります。

（3）**禁反言の原則**　　▶禁反言の原則 = エストッペル（estopel）といわれる英米法上の原則で，表示した内容に反する主張を禁止すること

　たとえば，白須さんが中山さんのした意思表示を信じて契約を締結した場合，中山さんは，後になって自己の意思表示が事実に反していたことを理由に，その意思表示を翻して白須さんとの契約を解消することは許されません。禁反言の原則は，取引安全の保護を果たし，日本では，信義則の一形態として位置付けられています。

2　権利濫用の禁止

（1）**意　義**　　▶権利濫用 = 客観的には権利の行使とみられるものの，その行為が行われた具体的な状況を実際の結果に照らしてみると，権利の行使として法律上認めることが妥当でないこと

　ある行為が客観的に権利の行使であるとしても，それが社会的に許される限度を超える場合，1条3項が適用され，その行為について，権利の行使としての法律効果が生じません。信義則と同様に，1条3項も一般条項で，適用要件と効果が明らかではありません。それでは，どのような事情があれば権利濫用といえる

のでしょうか。

　それは，客観的要因と主観的要因を総合して判断されることになります。**客観的要因**とは，権利者が権利を行使することによってどのような利益を得て，その結果，他人がどのような不利益を被るかということです。両者を比較したときに，権利者の利益が小さく，他人の不利益が大きいほど，権利行使が権利濫用であると評価される可能性が高くなります。他方，**主観的要因**とは，権利者が権利行使するにあたって，他人を害する意図を有していたかどうかということです。

　Case において，中山さんが自己所有の土地に高い塀を設置したという権利行使が権利濫用であるか否か，客観的要因から評価してみましょう。まず，中山さんは，自分にとって必要もないのに塀を設置したため，中山さんには塀を設置したことによる利益はないといえます。

　他方，村田さんにとっては，塀が設置されたことで，1日中庭に日光が当たらなくなり，生活環境が悪化していますから，不利益が大きいです。主観的要因からみても，中山さんは，村田さんを嫌がらせようという意図で塀を設置しています。以上のことから，中山さんの行為は，権利濫用であると評価できるでしょう。

　(2)　**信義則と権利濫用の禁止との関係**　　1条2項は，「権利の行使及び義務の履行」が適用対象です。したがって，信義則は，法的な権利義務の関係にある者の間で適用されるといえます。

　他方，1条3項は，信義則のような権利義務関係という限定がなく，単に権利の濫用を許さないと規定しているため，法的な権利義務関係にない者の間にも適用されるといえます。しかし，実務において，信義則と権利濫用の禁止の原則は，厳格に使い分けられていません。いずれも一般条項ですから，信義則か権利濫用の原則を適用しなければならない問題なのかどうか，あるいは，いずれも適用する必要があるといえるかどうかについて，個々の事案ごとに総合的に判断されています。

【穴埋め問題で確認】
1　**信義則**　　①＿＿＿および②＿＿＿は，信義に従い誠実に行わなければならないとする原則を，信義誠実の原則といい，その略称を信義則という。信義則は，抽象的な③＿＿＿の内容を明確にしたり，具体的な状況に応じて③＿＿＿の内容を補充する機能を果たす。たとえば，雇用契約などにおいて，使用者は，契約締結時に合意していなくても，労働者に対して④＿＿＿義務を信義則上当然に負うとされている。信義則を定める民法1条2項のように，要件と効果が規定されておらず，どのような場面において適用されるのか明らかでない条文を⑤＿＿＿という。
2　**権利濫用の禁止**　　権利濫用とは，ある行為が，客観的には⑥＿＿＿とみられるものの，それが⑦＿＿＿を超えている場合，⑥＿＿＿として法律上認めることが妥当でないことをいう。権利濫用であるかどうかは，権利者が権利を行使することによってどのような利益を得て，その結果，他人がどのような不利益を被るかどうかという⑧＿＿＿と，①＿＿＿にあたって，他人を害する意図を有していたかどうかという⑨＿＿＿を総合的に考慮して判断される。

［メ　モ］

【68の解答】①出資，②共同の事業，③法人格，④過半数，⑤常務，⑥業務執行者，⑦無権代理，⑧表見代理
　　　　　　⑨無権代理人の責任

70 結婚も離婚も自由にできるでしょうか
▶婚約, 婚姻, 離婚

【Case】──浮気をした夫からの離婚請求は認められますか

　白石力さんと渡辺茜さんは，1年間の交際を経て，婚姻届を提出した。2年後，茜さんが妊娠したことを
きっかけに，夫婦で話し合い，茜さんは勤めていた会社を退職して専業主婦となった。当初は順調だった婚
姻生活も，ささいな不満が蓄積していたところ，力さんの浮気が発覚して険悪化した。そんな雰囲気に嫌気
が差した力さんは，離婚話を切り出した。茜さんは，子どものことや仕事のない自身の将来を考えると，離
婚はしたくないと考えている。力さんからの離婚請求は認められるだろうか。

1 婚姻の成立，効果

(1) 成　立　　▶婚姻の成立＝婚姻は，当事者が，互いに婚姻意思をもって婚姻届を提出することによって，成立
する（742条）

　民法は，婚姻という制度を設けています。婚姻が成立するためには，**婚姻意思と婚姻の届出が必要**です。
婚姻意思のない婚姻（たとえば，偽装結婚）は無効ですし（742条1号），いくら夫婦らしい生活をしていても，
婚姻届を提出していなければ民法にいう婚姻は成立していません（739条1項）。また，**婚姻障害がないこと**
も，婚姻成立のための（消極的）要件です。婚姻障害とは，①婚姻適齢に満たない者の婚姻，②重婚，③近
親婚などを指し，これらは明文で禁止されています（731条・732条・734条～736条）。

　①婚姻適齢は，成年年齢と同じく，男女ともに18歳です（731条）。同性婚は明文では禁止されていません
が，民法が「夫婦」という表現を用いていること等から，一般的には，民法は同性による婚姻を想定してい
ないと考えられています。もっとも，近時，民法が同性婚を認める規定を設けていないことを違憲とする地
裁判決も出されています（札幌地判令3・3・17判時2487・3など）。

＜補足＞　　▶婚約＝将来，婚姻するという契約。当事者間に将来夫婦になろうとする誠実な合意があれば，有効に成立

　婚約が成立すると，当事者は互いに誠意をもって交際し，婚姻を成立させるよう努める義務が発生しま
す。婚約が不当に破棄されれば，債務不履行または不法行為責任（損害賠償）が問題となります。

(2) 効　果　　婚姻すると，下記の表のような各効果が生じます。

人格面		
	内容	補足説明
①	**夫婦同氏**（姓）	夫婦の協議で夫か妻のどちらかの氏を決める（750条）。夫婦別氏は認められていない。
②	同居義務	752条。単身赴任など正当理由があれば義務違反ではない。
③	協力・扶助義務	752条。自己と同程度の生活レベルを保持する義務。
④	貞操義務	義務違反の場合，離婚原因となるほか（770条1項1号），妻（夫）から夫（妻）の不倫相手への慰謝料請求が認められうる（最判平8・3・26民集50・4・993）。
⑤	子の嫡出性	夫婦の間に生まれた子は嫡出子となる（772条・789条）。
⑥	姻族関係の発生	配偶者の三親等内の血族と姻族の関係となり，扶養義務が生じうる（725条・730条・877条）。
財産面		
⑦	（法定）夫婦財産制	原則：夫婦別産・別管理制〔夫の物は夫の物，妻の物は妻の物〕（762条）
⑧	婚姻費用分担義務	例外：婚姻費用〔衣食住・医療・未成熟子の養育等の費用〕は，資産・収入等に応じて分担（760条）
⑨	日常家事債務の連帯責任	例外：日常の家事（その範囲は，その夫婦の職業・資産・収入等の状況と，第三者の信頼保護の観点から定まる）債務については，第三者との関係で夫婦が連帯責任（761条）
⑩	相続権	配偶者が死亡した場合，常に相続人となる（890条）。

出典：日本家政学会編『現代家族を読み解く12章』26頁（丸善出版，2018年）〔白須真理子〕をもとに一部修正

2 離婚の成立，効果

(1) 成　立　　▶離婚の手続＝協議・調停・審判・裁判・和解・認諾の6つの方法がある。離婚は，一定の手続を
経て成立する。

その大半を占めるのは，**協議離婚**です（2020年は88.3%。厚生労働省「令和４年度 人口動態統計特殊報告 離婚に関する統計」）。協議がまとまらない場合には，調停→審判をします（家事事件257条・286条５項・287条）。それでもまとまらない場合には，訴訟によって裁判官が離婚の当否を判断します（**裁判離婚**）。もっとも，訴訟中に和解調書・認諾調書を作成することによっても，離婚は成立し，訴訟は終了します（**和解離婚・認諾離婚**）。

(2)　離婚原因　▶有責配偶者 ＝ 婚姻関係の破綻（はたん）について，責任のある配偶者

　裁判離婚の場合，裁判所が，770条に定められた離婚原因に基づいて，その当否を判断します。同条では，具体的な離婚原因として，１項１号は不貞行為，２号は悪意の遺棄，３号は３年以上の生死不明，４号は回復の見込みのない強度の精神病をあげています。他方，５号では「その他婚姻を継続し難い重大な事由があるとき」という抽象的な離婚原因を定めています。５号は破綻主義的離婚原因といわれます。

　このような条文のもとで，Case の力さんが不貞行為をした場合に，力さん（＝有責配偶者）から離婚の請求は認められるでしょうか。１号の規定は，茜さんが離婚請求をできるとする規定であって，力さんができると定めているわけではありません。しかし，それを前提としても，婚姻関係が破綻している以上，５号に基づいて，力さんからの請求が認められる余地はあります。

　判例の態度は変遷してきました。長年，判例は，有責配偶者からの離婚請求を認めない立場（＝消極的破綻主義）をとってきました（最判昭27・２・19民集６・２・110）。しかしその後，すでに破綻し形骸化した婚姻関係に閉じ込めておくことの不合理さが指摘され，判例変更に至ります（最大判昭62・９・２民集41・６・1423）。有責配偶者からの離婚請求を，信義則〔→69〕上の問題としたうえで，(ア)長期間の別居がある，(イ)未成熟子がいない，(ウ)相手方配偶者が離婚によって苛酷な状況に置かれないという事情があれば，離婚を認めうるとしたのです（＝条件付きの積極的破綻主義）。その後，(ア)〜(ウ)の基準が個別の事案をとおして検討され，たとえば(ア)は，現在では５〜８年間程度と考えられています。

(3)　効　果　▶財産分与 ＝ 離婚をした者の一方は，相手方に対して財産の分与を請求できる（768条・771条）

　婚姻により生じた前掲表の①・④・⑥〜⑩の効果は，離婚により，基本的に解消されます。①氏は，原則として復氏（ふくうじ）しますが，３か月以内に届け出ることによって婚氏続称（こんしぞくしょう）も可能です（767条１項・２項・771条）。

　離婚する場合，財産分与をおこなうことと，子の親権者を決定すること〔→71〕が主な課題となります。財産分与の方法は，原則として夫婦の協議に任されていますが，協議では決められない場合には，家庭裁判所での調停・審判によります（768条２項）。家庭裁判所は，「当事者双方がその協力によって得た財産の額その他一切の事情を考慮して」，財産分与の当否・額・方法を定めます（768条３項）。これによると，財産分与は，夫婦共有財産を「清算」する手続であるといえます。他方で，とくに，Case の茜さんのように妻が専業主婦であった場合に，「清算」をするだけでは，妻への財産分与が低額となりやすいという問題が指摘されてきました。そこで，これを克服するための理論構築の努力がなされてきました。現在では，財産分与には，離婚の余後効としての「扶養」，あるいは，婚姻により減少した所得能力の「補償」としての性質もあると理解されています。また，慰謝料的性質も含まれると理解する立場もあります。実務では，清算の割合（＝夫婦の財産形成の寄与率）を原則２分の１とする，いわゆる「２分の１ルール」が定着するに至っています。

【穴埋め問題で確認】

1　**婚姻**　　婚姻が有効に成立するためには，①＿＿＿と婚姻届が必要である。また，婚姻障害がないことも，消極的な成立要件である。婚姻が成立すると，夫婦間にはさまざまな権利義務が生じる。財産面では，原則として，夫婦の財産は別産・別管理制であるが，②＿＿＿については分担しなければならず，日常家事債務については，取引相手との関係で③＿＿＿責任を負う。

2　**離婚**　　有責配偶者からの離婚請求について，現在の判例は，これを信義則上の問題として扱い，条件付の④＿＿＿主義をとっている。離婚すると，原則として復氏するが，３か月以内の届出により，⑤＿＿＿続称も可能である。財産分与は，夫婦の共有財産を⑥＿＿＿する手続であるが，離婚の余後効としての扶養，あるいは，婚姻により減少した所得能力を⑦＿＿＿するという性質もあると理解されている。

【69の解答】①権利の行使，②義務の履行，③権利義務，④安全配慮，⑤一般条項，⑥権利の行使
　　　　　　⑦社会的に許される限度，⑧客観的要因，⑨主観的要因

【Case】——血がつながっていれば親子になるのですか

　白藤さん夫婦の妻・茜さんは，婚姻中の2024年5月に子（葵）を出産した。しかし，2人の仲は徐々に険悪になり，茜さんと力さんは，2025年12月，葵さんの親権者を茜さんと定めて離婚した。力さんは，その後，職場の同僚である渡辺結衣さんと交際を始め，やがて結衣さんは子（敬史）を出産した。葵さんや敬史さんの父親は力さんだろうか。

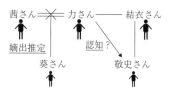

1　親子関係の成立

▶嫡出推定 = 婚姻した夫婦の妻が懐胎した子の父を，夫と推定する仕組み

▶認知 = 婚姻関係にない男女間に生まれた子の父（母）を定める仕組み

　(1)　実親子　　母子関係は，分娩〔出産〕の事実によって当然に成立します（判例・通説）。つまり，葵の母は，葵を出産した茜であり，敬史の母は，敬史を出産した結衣です。母が婚姻しているかどうかは関係ありません。これに対して，父子関係の成立方法は，男女が婚姻しているかどうかによって異なります。婚姻関係にある場合，**嫡出推定**によって，葵の父は力であり，葵は力の**嫡出子**であることが推定されます。生まれた子について，懐胎時期〔婚姻前または婚姻中〕の推定（772条2項）と，「婚姻中に懐胎」または「婚姻前に懐胎・婚姻後に出生」した子は「〔その婚姻における〕夫の子」であるという推定（同条1項）の二重の推定がなされるのです。この推定が事実と異なる場合には，父（力）または子（葵）は，嫡出否認の訴えによって推定を覆すことができます（774条1項）。なお，親権を行う母，親権を行う養親または未成年後見人は子に代わって（同条2項），母や母の前夫は，一定の要件のもとで固有の否認権に基づいて（同条3項・4項），この訴えを提起することができます（775条も参照）。この訴えには出訴期間の制限があります（777条・778条）。期間徒過後には，子（葵）の父が誰であるかを争われることがないようにすることで，子（葵）の法的地位の安定を図っているのです。

　婚姻関係にない女性（結衣）が出産した子（敬史）の父は，男性による認知によって定まります。父が自らの意思でおこなう方法（任意認知）と，子・母等から父・検察官に対して訴える方法（強制認知）とがあります（779条・787条）。力が敬史を認知した場合，敬史の父は力であり，敬史は力の**嫡出でない子**〔非嫡出子，婚外子〕となります。認知をした父は，その認知を取り消すことはできません（785条）。ただし，これが事実と異なり，力は敬史の（生物学的な）父ではないのであれば，子（敬史），認知をした者（力）または母（結衣）は認知の無効を主張することができます（786条1項）。また，嫡出否認の訴えにおけるのと同様の趣旨で，認知無効の訴えにも期間制限があります（同条1項〜3項）。

　(2)　養親子　　▶**養子縁組 = 意思に基づき，人為的に親子関係をつくること。普通養子縁組と特別養子縁組の2つの形式がある**

　養子縁組により，養子は養親の嫡出子となります（809条）。普通養子縁組は，目的が明文化されておらず，また比較的簡便な方式で認められます。そのため，多様な目的や機能を包摂します。**特別養子縁組**は，家庭に恵まれない子に温かい家庭を与えることを目的として，昭和62（1987）年に導入されました。その

	普通養子縁組	特別養子縁組
成立	当事者間〔養親となる者および養子となる者〕の<u>合意および届出</u>により成立（802条）	<u>家庭裁判所の審判により成立</u>（817条の2・家事手続別表一-63） 原則，父母の同意が必要（817条の6）
当事者	・成年者養子も可（793条。尊属または年長者は不可） 〔未成年者を養子とする場合〕 ・家庭裁判所の許可が必要（798条） ・原則，配偶者とそろっての縁組が必要（夫婦共同縁組。795条本文） ・養子となる者が15歳未満であれば，その法定代理人が代わって縁組を承諾（代諾縁組。797条1項）	養親：原則，25歳以上（817条の4）で，配偶者がある者（817条の3第1項） 養子：原則，15歳未満（817条の5第1項）
効果	実親子関係は存続する	<u>実親子関係は終了する</u>（817条の9）
戸籍	実親の名前を記載，続柄は「養子（養女）」	実親の名前を不記載，続柄は「長男（長女）」

目的は，「子の利益のために特に必要がある」こと（817条の7）です。それぞれの主な特徴は，表のとおりです。

2 親　権　　▶親権 ＝ 身上監護権および財産管理権から構成される権利義務であり，原則として父母が，未成年の子の利益のために有し，行使する

(1) 親権の当事者　　▶未成年の子は，父母の親権に服する（818条1項）

　嫡出子（葵）については，父母の婚姻中は，原則として，父（力）と母（茜）が親権を共同行使します（818条3項）。父母が離婚すると，父母のいずれか一方が単独で親権者となり（819条1項・2項），共同親権・共同行使は認められていません。ただし，この場合でも，親権者とは別に監護者を定めることができます（766条）。離婚後の親権者をどちらにするのかは父母の協議によって定めますが，協議がまとまらない場合には，調停→審判→裁判と移行することになります。養子は，実親ではなく，養親の親権に服します（818条2項）。

　嫡出でない子（敬史）については，最初は母（結衣）が単独親権者となりますが，認知をした父を単独親権者と定めることもできます（819条4項・5項）。共同親権・共同行使は常に認められていません。

(2) 親権の内容　　▶親権は，身上監護権と財産管理権から構成される

　身上監護権とは，子の監護および教育の権利義務であり，子の利益のためになされなければなりません（820条）。体罰は明文で禁止されています（821条）。居所指定権（822条）および職業許可権（823条）は，一般的には身上監護権を具体化したものと理解されていますが，身上監護権の範囲はこれらに限られません。たとえば，日常の世話をすることも，病院で治療を受けさせることも，子にどのような名前をつけるか（命名権）も，身上監護権の範囲に含まれると考えられます。財産管理権は，子の財産を管理することと，子の財産に関する法定代理権のことをいいます（824条）。親権者と子の利益が相反する場合には，親権者（茜）は，子（葵）のために，特別代理人の選任を家庭裁判所に請求しなければなりません（826条1項）。

(3) 親権の制限　　▶親権の行使が「（著しく）困難又は不適当」であるために「子の利益を（著しく）害するとき」は，親権は停止または剥奪〔喪失宣告〕される

　たとえば，親権者が子に対して虐待（ネグレクトも含む。）をしている場合や，親権者が重い病気を患うなどして，親権を行使することができない場合があります。そのような場合，子やその親族，検察官等の請求により，親権行使の不適切さや困難さが著しいときには親権喪失の審判が（834条），著しいとまではいえないときには，2年を超えない範囲内で，親権停止の審判がなされます（834条の2）。親権停止制度は，たとえば，親権者が子に必要な治療を受けさせない場合（医療ネグレクト）等に用いられています。

3 扶養義務

▶生活保持義務 ＝ 自己と同程度の水準まで扶養する義務。夫婦間の扶養（752条・760条）や，親の未成熟子に対する扶養に求められる義務の程度（760条・766条・820条・877条1項）

▶生活扶助義務 ＝ 自己に余力のある範囲で援助をする義務。その他の親族に対する扶養義務の程度（877条1項・2項）

　親子間にかぎらず，一定の親族関係にある者との間には，扶養義務があります（877条1項）。しかし，その程度は同じではないと考えられています（生活保持義務と生活扶助義務の区別）。親の未成熟子に対する扶養義務は，法律上の父母である以上，親権の有無にかかわらず認められます。

【穴埋め問題で確認】
1　親子関係　　母子関係は，女性が①＿＿＿した事実によって当然に発生する。父子関係は，婚姻の有無による。嫡出推定とは，婚姻した夫婦の妻が②＿＿＿した子の父を，夫と推定する仕組みである。嫡出でない子の父は，③＿＿＿により定まる。普通養子縁組が当事者間の合意と④＿＿＿のみで成立するのに対して，特別養子縁組の成立には家庭裁判所の⑤＿＿＿が必要である。

2　親権　　嫡出子の親権は，父母の婚姻中は⑥＿＿＿行使されるが，父母の離婚後は，単独行使となる。嫡出でない子の親権は，常に単独行使である。親権は⑦＿＿＿と財産管理権とから構成され，⑦＿＿＿には，命名権も含まれる。財産管理に関して，親権者と子の利益が相反する場合には，親権者は，家庭裁判所に対して，⑧＿＿＿の選任を請求しなければならない。子の利益を害する不適切な親権行使に対しては，親権⑨＿＿＿の審判や親権喪失の審判がなされることがある。

【70の解答】①婚姻意思　②婚姻費用　③連帯　④積極的破綻　⑤婚氏　⑥清算　⑦補償

【Case】──認知症の家族が高額商品を買うようになってしまったら

　白沢結衣さんは，両親と85歳の祖父と同居している。最近，祖父は，認知症への罹患が疑われる言動を繰り返すようになった。急に高額な買い物をして帰ってきた例もあったため，お金の使い方についても家族で心配している。何か手立てを講じることはできるだろうか。

1　成年後見制度　　▶成年後見制度 = 判断能力の不十分な者を保護・支援するための制度

（1）意　義　　認知症や知的障害等のために，事柄の当否を判断する能力が不十分になることがあります。その対応策として，民法は，**成年後見**（法定後見とも呼ばれます）・**保佐・補助**（以下，「成年後見等」といいます）の3つの制度を用意しています。それまでの禁治産・準禁治産制度に替わって平成12（2000）年から施行されているもので，本人の自己決定権の尊重，ノーマライゼーションといった理念の下で，その保護と支援を図っています。また，将来判断能力が不十分になった場合に備えておくことのできる任意後見制度も，同時に施行されています〔→10も参照〕。

（2）成年後見等の開始　　▶成年後見等は，家庭裁判所の審判により開始する

　成年後見等は，本人や配偶者，親族等の一定の者の請求に基づき，家庭裁判所が審判をすることによって開始します（7条・11条・15条）。後見開始の審判を受けた者を**成年被後見人**といい，家庭裁判所の職権で**成年後見人**が選任されます（8条・843条1項）。家庭裁判所は，成年後見等の開始の審判にあたり，必要に応じて，精神状況の鑑定や医師等からの意見の聴取をおこない，また，本人の陳述を聴かなければなりません（家事事件119条・120条1項1号等）。また，成年後見人の選任にあたっては，成年被後見人の心身の状態，生活・財産の状況，成年後見人の職業や成年被後見人との利害関係，成年被後見人の意見その他一切の事情を考慮しなければなりません（843条4項）。保佐・補助についても同様です。成年後見人・保佐人・補助人（以下，「成年後見人等」といいます）に選任されるのは，親族にかぎらず，専門職後見人（弁護士，司法書士など）や法人後見人（福祉関係の公益法人など）が選ばれることも少なくありません。また，複数人の選任も可能です（843条3項）。必要があれば，成年後見人等を監督する，**成年後見監督人**（保佐監督人，補助監督人）も選任されます（849条等）。

（3）成年被後見人等の能力　　▶制限行為能力者 = 行為能力の制限を受ける者のこと。成年被後見人，被保佐人，被補助人（「成年被後見人等」という）および未成年者の4類型に属する者をいう

　成年被後見人等は，その保護の観点から，行為能力の制限を受けます。判断能力が不十分なせいで，取引社会で不当な不利益を受けることのないようにしているのです。具体的には，成年被後見人がした法律行為は，原則として，すべて取り消すことができます（9条・120条1項）。成年後見人には，成年被後見人の**財産管理権**と，その財産に関する法律行為についての包括的な**代理権**が与えられており（859条1項），通常は，成年後見人が，本人のために，本人に代理して行為をすることになります。ただし，食料品を購入するとか，電気代を支払うといった「日用品の購入その他日常生活に関する行為」については，取消しの対象にならず，本人が単独ですることができます（9条ただし書）。保佐・補助との主な相違点は，表のとおりです。

（4）成年後見人等の職務

　▶身上配慮義務 = 成年後見人は，成年被後見人の生活，療養看護および財産の管理に関する事務を行うにあたっては，成年被後見人の意思を尊重し，心身の状態および生活の状況に配慮しなければならない

　上述のとおり，成年後見人は，成年被後見人の財産管理権と，その財産に関する法律行為についての包括的代理権をもっています。そして，成年後見人がこれらの権限を行使するにあたって，身上配慮義務が課されています（858条）。たとえば，本人のために介護サービスを受けようとする場合に，老人ホームに入所するのか，ホームヘルパーと契約するのかは，本人の意思や状況に配慮して決めなければならないということです。そのうえで，成年後見人が行うのは，老人ホームやホームヘルパーとの契約の締結，あるいはそれに

	成年後見（法定後見）	保佐	補助
対象者	「精神上の障害により事理を弁識する能力を<u>欠く常況</u>にある者」（7条）	「精神上の障害により事理を弁識する能力が<u>著しく不十分</u>である者」（11条）	「精神上の障害により事理を弁識する能力が<u>不十分</u>である者」（15条1項）
同意権	×〔判断能力の程度から考えて，本人に同意権は観念できない。同意してなされた行為も取り消しうる。〕	<u>13条1項所定の行為</u>（＝重要な法律行為） ex. 不動産の売買，借金など	<u>13条1項所定の行為</u>のうち，請求の範囲内で家裁が審判で定める特定の法律行為（17条1項）
取消権 取消権者	日常生活に関する行為以外の行為（9条）	同上（本人の同意がない場合。13条4項）	同上（本人の同意がない場合。17条4項）
	本人，成年後見人	本人，保佐人	本人，補助人
代理権	財産に関するすべての法律行為	請求の範囲内で家裁が審判で定める特定の法律行為（876条の4第1項・876条の9第1項）審判に本人の同意が必要（各第2項）	

伴う費用の支払い等であり，現実の介護行為などの事実行為は，その職務に含まれません。

包括的な代理権・財産管理権には，2つの制限があります。第1に，本人の居住用不動産を処分するには，家庭裁判所の許可が必要です（859条の3）。許可のない処分は無効となります。第2に，利益相反行為については，未成年者と親権者との関係と同様に，特別代理人の選任を家庭裁判所へ請求しなければなりません（860条）。

(5) 成年後見等の終了 　▶後見の終了＝判断能力が回復するなどして後見開始の原因がなくなると，本人等の請求により後見開始審判が取り消され，成年後見は終了する（10条）。また，本人の死亡によっても，当然に終了する

成年後見が本人の死亡によって終了すると，成年後見人は権限を失い，本人の財産は相続人に承継されます（896条）。しかし，実際には，たとえば遺体の火葬・埋葬の契約や，入院費や公共料金の支払いなどは，本人の死亡後まもなく必要なことが少なくありません。そこで，相続人が相続財産の管理をすることができるようになるまで，成年後見人は，これらの死後事務をすることができます（873条の2）。

3　任意後見契約　　▶任意後見契約＝本人に判断能力があるうちに，本人が選んだ人との間で，将来判断能力が不十分となった場合には，自分〔本人〕に代わって，生活・療養看護に必要な契約を締結したり，財産を管理したりしてもらうための契約

通常の委任契約では，自分の判断能力が低下した後に，契約どおりに履行してくれるかどうかには不安が残ります。この点，任意後見契約は，公正証書によらなければならず，また，任意後見監督人の選任によって効力が発生するという特徴があります。公正証書とは，公証人が，契約時の当事者の能力や意思，権限の内容などを確認して作成する証書です。この公正証書が作成されると，その内容は法務局の後見登記等ファイルに登記されます（後見登記等に関する法律5条）。そして，任意後見契約が登記されている場合に，「精神上の障害により本人の事理を弁識する能力が不十分な状況にあるとき」に，任意後見監督人の選任が行われます。任意後見監督人が選任された時から，契約の効力が生じます（任意後見契約に関する法律2条1号・3号）。注意が必要なのは，任意後見が開始しても，本人は制限行為能力者となるわけではないことです。そのため，本人がした契約の取消権は任意後見人には与えられていません。

【穴埋め問題で確認】
1　**成年後見**　成年被後見人になるのは，家庭裁判所により後見開始の①＿＿＿を受けた者である。成年後見人は，成年被後見人の財産管理権と包括的な②＿＿＿をもつ。ただし，成年被後見人の③＿＿＿用不動産を処分するには，家庭裁判所の許可を得なければならない。また，「日用品の購入その他④＿＿＿に関する行為」については，成年被後見人が単独ですることができ，取消しの対象とならない。成年後見人には，⑤＿＿＿義務が課されており，後見の事務の遂行にあたっては，成年被後見人の意思を尊重し，心身の状態や生活状況に配慮しなければならない。
2　**任意後見**　任意後見契約は，公証人が作成する⑥＿＿＿によらなければならず，その契約の内容は，あらかじめ法務局の⑦＿＿＿等ファイルに登記される。そして，⑧＿＿＿の選任によって効力が発生するという特徴がある。

【71の解答】①分娩〔出産〕　②懐胎　③認知　④届出　⑤審判　⑥共同　⑦身上監護権　⑧特別代理人　⑨停止

【Case】──亡くなった人の財産を承継するのは誰ですか

　白鳥弘さんには，妻さとみさんとの間に，樹さん，久さん，ひかりさんの３人の子がいる。樹さんは2006年に遥さんと婚姻し，子の大さんをもうけて３人で暮らしていたが，2024年8月，海水浴中に事故に遭い，若くして死亡した。さらに，2027年2月には，弘さんが交通事故に巻き込まれ死亡した。弘さんの父・和喜さんと母・佳子さんは健在であるとき，弘さんの残した財産は誰が承継するのだろうか。

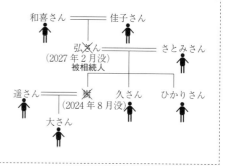

1　相続法の意義　▶相続 = 死亡を原因として，その者の財産を承継すること

　相続法は，いつ，誰が，何を，どのように承継するかといったことを定めています。その制度づくりは自明のものではなく，さまざまな選択肢から選んだ結果として，日本の現行相続法があります。

　相続は，死亡によって開始します（882条）。死亡し，その財産が承継される人のことを，**被相続人**といいます。相続は，遺言に従ってなされる場合（遺言相続）と，法律の定めに従ってなされる場合（法定相続）とがあります。以下では，法定相続について扱います（遺言相続については，〔→75〕）。

2　相続人　▶血族相続人 = ①被相続人の子（887条1項），②直系尊属（889条1項1号），③兄弟姉妹（889条1項2号）をいう。常に相続人となるわけではなく，①→②→③の順で順位がある

　　　　　　▶配偶者相続人 = 配偶者は，常に相続人となる（890条）

　被相続人の配偶者は常に相続人となります。配偶者のほかに血族相続人もいる場合，配偶者と血族相続人がともに相続人となります。ただし，血族相続人には順位があり，たとえば，第2順位である直系尊属〔父母，祖父母……〕は，第1順位の子がいない場合にはじめて相続人となります。弘が死亡したとき，相続人となるのは，さとみ（配偶者）と樹・久・ひかり（子）です。和喜と佳子（直系尊属）は相続人にはなりません。

　ところで，樹は，弘の相続が開始した（＝死亡した）時点で，すでに亡くなっています。この場合はどうなるでしょうか。この場合，樹に代わって，大が相続人となります。**代襲相続**というサブ・ルールです。相続人となるべき子（樹）が，被相続人（弘）の死亡以前に死亡していたときには，その者（樹）の子（大）がその者（樹）に代わって相続することをいいます（887条2項）。代襲相続が起こる原因には，被代襲者（樹）の死亡だけでなく，被代襲者の相続欠格・廃除もあります。

　相続欠格とは，法定の欠格事由（891条。たとえば，故意に被相続人や先順位・同順位の相続人を殺したり，殺そうとしたりした場合）に該当すると，法律上当然に，相続人資格が失われる制度です。廃除とは，法定の廃除原因（892条。たとえば，推定相続人が被相続人に対して「虐待」や「重大な侮辱」をした場合）に該当するとき，被相続人が家庭裁判所に請求し，請求が認められれば，推定相続人の相続人資格が失われる制度です。廃除の意思表示は，遺言によってすることもできます（893条）。また，廃除は取消しも可能です（894条）。

3　相続分

▶相続分 = 3つの意味で用いられる。ある相続人が承継する権利の割合の意味（900条），ある相続人が有する権利の価額の意味（903条），ある相続人の遺産分割前の権利の意味（905条）がある

▶法定相続分 = 民法の定める抽象的相続分（900条，901条）。遺言による相続分の指定がない場合には，これに従う

　各相続人の法定相続分は，相続人の組み合わせによって異なります（表）。ところで，法定相続分は，最終的に各相続人が取得する相続分とは異なります。相続人間の平等のため，抽象的な法定相続分は，特別受益や寄与分（後述）によって修正されるのです。この修正後の相続分のことを，**具体的相続分**といいます。

　（1）**特別受益**　たとえば，久だけ，弘から生前に3000万円の贈与を受けていたとします。弘が死亡した

時，弘の残した財産の総額は2億1000万円でした。各法定相続分は，さとみが½，大・久・ひかりが各⅙なので，最終的に相続する額は，さとみ：2億1000万円×½＝1億500万円，大・久・ひかり：2億1000万円

相続人の組合せ	法定相続分	補足説明
配偶者と子	配偶者：1/2 子：1/2 ※実子・養子，嫡出子・非嫡出子の別なし	同順位の共同相続人の相続分は，原則，均分する（900条4号本文）。例）配偶者と子が3人の場合：配偶者は1/2，子は各（1/2×1/3＝）1/6
配偶者と直系尊属	配偶者：2/3 直系尊属：1/3	
配偶者と兄弟姉妹	配偶者：3/4 兄弟姉妹：1/4	

×各⅙＝各3500万円とするべきでしょうか。生前の贈与のことも考えると，それでは不平等なので，この場合，弘が生前に久に与えた財産も，計算上，相続財産として考えます（903条1項）。つまり，相続開始時に現実にある2億1000万円に，3000万円を足した2億4000万円を，計算上の相続財産と考えるのです。この計算上の相続財産のことを，**みなし相続財産**といいます。また，久が生前に受けていた贈与のことを，**特別受益**といいます。そして，相続人間の平等を図るための具体的相続分は，次の算定式から求められます。

▶具体的相続分 ＝ みなし相続財産×各相続人の相続分－特別受益

上の例では，各相続人の具体的相続分は，さとみ：2億4000万円×½＝1億2000万円，大・ひかり：2億4000万円×各⅙＝各4000万円，久：2億4000万円×⅙－3000万円（特別受益）＝1000万円とされるのです。

もっとも，弘が相続人にした贈与のすべてが，特別受益として扱われるわけではありません。「婚姻若しくは養子縁組のため」の贈与（持参金など）と，「生計の資本として」の贈与（商売や家の購入に当たっての資金援助など）にかぎられます（903条1項）。なお，遺贈〔→75〕も，特別受益として扱われます（同条同項）。

(2) 寄与分　▶寄与分 ＝ 被相続人が残した相続財産の形成に，特定の相続人が貢献していた場合，具体的相続分を算定するに当たってその貢献を考慮しようとする制度

たとえば，自営業を営む父（被相続人）を長男が1人で手伝って，赤字経営から黒字経営に転換させたとか，母（被相続人）が高齢になってから，長女がほぼ1人で介護をしてきたとかいった場合に，寄与分が認められることがあります。寄与分として評価されるのは，「特別の寄与」であって，「被相続人の財産の維持又は増加」に貢献した行為にかぎられます（904条の2第1項）。寄与分の額は，共同相続人間の協議で決めますが，協議で決まらなければ，家庭裁判所に決めてもらうことになります（同条2項）。

なお，相続人以外の親族（たとえば長男の妻）が，無償で被相続人の療養看護等をしたことによって，被相続人の財産の維持または増加に特別の寄与をした場合には，「特別寄与者」として，相続人に対して「**特別寄与料**」を請求することができます（1050条）。

4　相続財産　▶包括承継 ＝ 相続人は，相続開始の時から，被相続人に属した一切の権利義務を承継する（896条）

相続人は，権利も義務も，善意や悪意といった地位も，すべて包括承継するのが原則です。しかし，いくつかの例外もあります。1つ目の例外は，**一身専属権**（他人が権利を行使したり，義務を履行したりするのに適さない権利義務のこと。労働債務や生活保護受給権等）は承継しないことです（896条ただし書）。2つ目の例外は，祭祀財産の承継です。**祭祀財産**（系譜・祭具・墳墓の所有権など）は，相続財産とならず，「祖先の祭祀を主宰すべき者」（祭祀主宰者）が承継します（897条）。

【穴埋め問題で確認】
1　**相続人・相続分**　被相続人に子はいないが，配偶者と父と姉は健在の場合，相続人となるのは，配偶者と①＿＿＿である。また，この場合，それぞれの法定相続分は，配偶者が②＿＿＿，①＿＿＿が③＿＿＿である。被相続人が子から虐待を受けた場合等に，家庭裁判所へ請求することによって，子の相続人資格を失わせうる制度として，④＿＿＿がある。法定相続分は，相続人間の平等を図るために，⑤＿＿＿や寄与分によって修正される。具体的相続分は，みなし相続財産×各相続人の相続分－⑤＿＿＿から算定することができる。

2　**相続財産**　相続人は，相続財産を包括承継するのが原則であるが，例外として，⑥＿＿＿は承継しない。労働債務などの⑥＿＿＿は，相続人といえども，他人が履行するのには適さないからである。また，祭祀財産も相続財産を構成せず，被相続人による指定や慣習に従って，⑦＿＿＿が承継する。

【72の解答】①審判　②代理権　③居住　④日常生活　⑤身上配慮　⑥公正証書　⑦後見登記　⑧任意後見監督人

74 亡くなった人の借金を遺族が支払わなくてはなりませんか
▶相続の承認と放棄，遺産分割

【Case】――遺産に借金が含まれていたらどうすればいいですか

　白滝和喜さんが死亡し，相続が開始した。相続人は，配偶者の佳子さんと，子の弘さんである。和喜さんは死亡時，土地・甲，建物・乙，M銀行に対する3000万円の預金債権，中山さんに対する2000万円の貸金債権，株式を残していた。他方で，K銀行に対して1000万円の債務を負っていた。これらの財産をどのように分割し，承継するかは，佳子さんと弘さんが2人で話し合って決めてしまってよいだろうか。

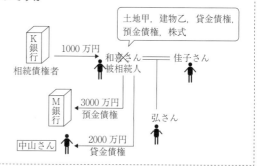

1　相続の承認と放棄

　(1)　意　義　　相続人は，相続開始時から被相続人の財産を包括承継しますが，その効果の確定について選択権をもっています。相続人である佳子と弘がとりうる選択肢は，単純承認，限定承認，放棄の3つです。

　(2)　単純承認　　▶単純承認＝積極（プラスの）財産も消極（マイナスの）財産も包括承継する効果が確定（920条）

　相続人が「自己のために相続の開始があったことを知った時から三箇月以内」（＝熟慮期間）に，限定承認か放棄の選択をしなければ，単純承認したものとみなされます（法定単純承認。921条2号）。その意味で，単純承認は3つの選択肢の中で原則的な選択肢として位置付けられます。法定単純承認となる場合には，他に，たとえば弘が，和喜さんの死亡の事実を知りながら，相続財産中の土地甲を売却するなどの処分をしたとき（同条1号）や，一定の背信行為（相続財産の隠匿，消費など）をした場合（同条3号）等が挙げられます。単純承認は，積極的な意思表示によってすることもできます。

　(3)　限定承認　　▶限定承認＝包括承継するものの，消極財産の責任を負う範囲は，被相続人の積極財産に限定される（922条）

　限定承認は，要するに，相続財産の範囲内でその清算手続をすることを意味します。そのためには，まず，相続財産〔被相続人の財産〕と相続人の固有財産とを区別して把握する必要があります。そのうえで，限定承認者は，相続債権者〔被相続人の債権者〕と受遺者〔遺贈を受ける者〕に対して，公告をします（927条）。そうして申出のあった債権や既知の債権について，相続財産中の積極財産から弁済をします（929条）。弁済後に残余財産があれば，相続人に帰属することになります。限定承認は，相続人が複数いる場合，全員でしなければならず，Caseでは，佳子と弘が共同してする必要があります（923条）。

　　　▶相続放棄＝相続開始時から相続人でなかったものとみなされる（939条。遡及効）

　相続放棄の制度は，相続人に相続しない自由を保障しています。限定承認とは異なり，相続人の各々が単独で放棄することができます。家庭裁判所への申述が必要です（938条）。

2　遺産分割　　▶遺産分割＝共同相続財産を個々の具体的な財産として各相続人に帰属させる手続

　(1)　意　義　　相続が開始すると，相続財産（遺産）は共同相続人の共有になります（898条1項）。遺産には，土地，建物，預貯金，株式など，さまざまな種類の財産が含まれています。特別受益や寄与分を考慮して具体的相続分を算出したとしても，具体的にどの財産をだれに帰属させるのかは決まりません。それをするのが，遺産分割です。遺産分割の方法は，まず共同相続人（佳子と弘）間の協議によります（協議分割。907条1項）。協議がまとまらない場合には，家庭裁判所に請求し，調停分割（家事事件244条，別表二12）や審判分割（907条2項）によることになります。また，被相続人は遺言で遺産分割方法を指定することができ（908条1項），この場合にはこれに従って分割がなされます。もっとも，共同相続人の合意があれば，これと異なる内容での分割も可能と考えられています。なお，相続開始時から10年を経過した後にする遺産分割は，原則として，具体的相続分ではなく，法定相続分（または指定相続分）によることになります（904条の3）。

(2) 遺産分割の効力　▶遡及効 ＝ 遺産分割は，相続開始時にさかのぼってその効力を生じる（909条本文）

　遺産分割には，遡及効があります。たとえば，「土地甲は佳子の単独所有」とする遺産分割をした場合，遺産共有の期間があったにもかかわらず，土地甲は，相続開始時から佳子に帰属していたとみなされるということです。ただし，この効力には，重大な例外があります。遡及効によって，「第三者の権利を害することはできない」（909条ただし書）のです。つまり，第三者との関係では，遡及効は否定されます。

(3) 遺産分割の対象　遺産ではあるけれど，遺産分割の対象にならない財産もあります（次表）。

判例上の扱い	遺産	理由
遺産分割の対象になる	預貯金債権	普通預金・通常貯金：1個の債権として同一性がある。定期預貯金：給付は可分であるが，契約上，分割払戻しは制限される（判例）。 →その後の民法改正で，一定部分は遺産分割前の単独行使可能に（909条の2）
	金銭（現金）	金銭債権と異なり，第三者との関係を考える必要なし。
	株式・投資信託受益権・国債	自益権と議決権などの共益権からなり，単なる金銭債権とはいえない（可分債権ではない）。
遺産分割の対象にならない	可分債権（貸金債権，損害賠償請求権など）	「多数当事者の債権債務関係」（427条）による。遺産分割を経ることなく，相続分に応じて当然に分割される。
	可分債務（連帯債務を含む）	「多数当事者の債権債務関係」（427条）による。遺産分割を経ることなく，相続分に応じて当然に分割される。連帯債務も，可分性があれば当然分割。
	特定財産承継遺言で指定された財産（1014条2項）	遺産分割手続を経ずに直接受益相続人に帰属するという，遺産分割方法の指定があったとみる（〔→75〕）。

▶可分債務 ＝ 分割して実現することのできる給付を目的とする債務

　和喜がK銀行に対して負っていた債務（1000万円）は，遺産分割を経ることなく，佳子と弘に相続分に応じて（1/2ずつ）分割・承継されます。共同相続人（債務者）間の協議のみで債務の承継割合を決めることはできません。債務を承継した相続人に資力がなければ，K銀行は債権を回収できないリスクが高まるからです。債務はもともと債務者の側で勝手にコントロールできないものなのです。

　このことは，遺言〔→75〕によって相続分の指定（902条）があった場合も同様です。相続人間では指定相続分に応じて債務を承継しますが，相続債権者との関係では，各相続人は，法定相続分に応じた債務の履行請求を拒否することはできません（902条の2）。

(4) 配偶者居住権　▶配偶者短期居住権 ＝ 相続開始時に被相続人所有の建物に無償で居住していた配偶者が，最低でも6か月間，居住建物を無償で使用する権利（1037条～1041条）

　　　　　　　　▶配偶者居住権 ＝ 相続開始時に被相続人所有の建物に居住していた配偶者が，原則として終身の間，建物の全部について無償で使用・収益する権利（1028条～1036条）。遺産分割，遺贈または死因贈与により取得しうる

　被相続人の死亡時，高齢の配偶者にとって，それまで住んでいた家を出ていかなければならないとすれば，大きな負担です。そこで，配偶者には居住権が認められています。「配偶者短期居住権」は，被相続人の意思にかかわらず，居住の保護を実現します。「配偶者居住権」は，その評価額が居住建物の所有権の評価額よりも小さくなる結果，遺産分割にあたり，居住建物の所有権を取得する場合と比べて，預金などの他の財産も取得しつつ，当該建物に居住することができます。

【穴埋め問題で確認】
1　相続の承認・放棄　相続開始後，相続人は，①＿＿＿，限定承認，または②＿＿＿をすることができる。ただし，相続の開始があったことを知ったときから3か月の③＿＿＿期間内に何の手続も取らなければ，①＿＿＿したものとみなされる。②＿＿＿をすると，はじめから相続人とならなかったものとみなされる。
2　遺産分割　遺産分割は，まず共同相続人間の④＿＿＿によるが，④＿＿＿がまとまらなければ調停分割や審判分割がなされる。遺産分割の効力は⑤＿＿＿するため，相続開始後の遺産共有状態はあたかもなかったように扱われる。ただし，それによって第三者の権利を害することはできない。遺産の中でも，遺産分割の対象とならない財産がある。判例によれば，貸金債権などの⑥＿＿＿や，連帯債務は，遺産分割の対象ではない。他方，⑦＿＿＿債権や現金などは，遺産分割の調整に役立つこともあり，遺産分割の対象となる。

【73の解答】①父〔直系尊属〕　②2/3　③1/3　④廃除　⑤特別受益　⑥一身専属権　⑦祭祀主宰者

75 遺言で自由に何でも決めることはできますか
▶遺言の意義，方式，遺贈，遺留分

【Case】――お世話になった人に財産を残すことはできますか

白瀬樹さんには，妻の遥さんと，子の大さんがいる。樹さんは，2021年10月2日，土地甲のほか，2000万円の預金と1000万円の債務を残して死亡した。見つかった遺言には，お世話になった知人の谷江さんに対して，土地甲を遺贈する旨が書かれていた。甲の評価額は，3000万円である。自ら相続することのできる遺産は多くはなく，今後の生活に不安を覚えた遥さんや大さんに，何か手立ては残されているだろうか。

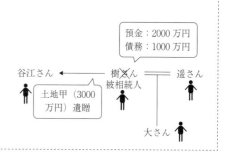

預金：2000万円
債務：1000万円

谷江さん ← 樹さん 被相続人 ＝ 遥さん

土地甲（3000万円）遺贈

大さん

1 遺言

(1) 意義　▶遺言 = 自らの死後の財産上・身分上のことがらについての意思表示。死亡を条件として効力を発生させる単独行為であり，方式が定められている（要式行為）

遺言でできること〔遺言事項。下記表参照。〕は法定されており，また，方式に従わない遺言は無効です（960条）。遺言は，15歳に達していればすることができます（961条）。ただし，15歳以上でも意思能力がなければ，遺言能力は認められず，遺言をすることはできません。

(2) 方式　遺言の方式は，7種類あります。普通方式として，自筆証書遺言（968条），公正証書遺言（969条），秘密証書遺言（970条），特別方式として，危急時の遺言（2種。976条，979条），隔絶地での遺言（2種。977条，978条）があります。

すべての遺言は，いつでも撤回が可能です（1022条）。遺言者の最終意思が重要だからです。ただし，撤回も，その真意の確保のため，遺言の方式によらなければなりません（同条）。また，互いの撤回の自由を阻害しないよう，すべての遺言は，共同遺言〔2人以上が同一の証書で作成すること〕が禁止されています（975条）。

主な遺言事項	
身分に関する事項	認知（781条2項），未成年後見人・未成年後見監督人の選任（839条1項・848条）
相続に関する事柄	相続人の廃除・廃除の取消し（893条，894条2項），相続分指定（902条1項），遺産分割方法の指定・分割禁止（908条），相続人の担保責任の定め（914条）
財産の処分に関する事項	遺贈（964条），一般財団法人の設立（一般法人152条2項），信託の設定（信託法3条2号）
遺言に関する事項	遺言執行者の指定（1006条），遺言の撤回（1022条）
その他	祭祀主宰者の指定（897条1項ただし書）

2 遺贈　▶遺贈 = 遺言で財産の処分をすること（964条）。相続人以外の者に対してもすることができる

(1) 意義　遺贈には，包括遺贈と特定遺贈とがあります。包括遺贈とは，遺産の全部または割合的部分を与えることであり，受遺者〔遺贈を受ける者〕は権利だけでなく義務も承継します。特定遺贈とは，遺産中の目的物を具体的に特定して与えることであり，受遺者は権利のみを承継します。もっとも，遺贈は放棄することができます（986条）。遺贈の効力は，次頁の表のとおりです。

(2) 遺贈と相続　遺贈による財産の承継と，相続による承継とでは，いくつかの点で違いがあります（次頁の表を参照）。また，「土地甲は，大に相続させる」というような「特定財産承継遺言」（特定の財産を特定の相続人に承継させる旨の遺言）には，特殊な効力が認められています。遺産分割方法の指定（908条）の一種として捉え，相続により承継されますが，遺産分割は不要である点が特徴的です。

3 遺留分　▶遺留分 = 遺留分権利者に認められている最低限の持分的利益。遺留分を侵害する範囲で，遺言は制約されうる

(1) 意義　被相続人（樹）のした遺贈や生前贈与等が，遺留分権利者（遥，大）の遺留分を侵害する場合には，遺留分権利者は，受遺者や受贈者に対して，遺留分侵害額の支払いを請求することができます（1046条）。遺留分制度の趣旨は，被相続人には近親者に対して一定の財産を残す義務があるからとか，複数

遺言内容		権利の移転時期	遺産分割手続	登記手続	対抗要件
遺贈	割合的包括遺贈	包括承継：遺言者の死亡時 個々の財産：遺産分割完了時	必要	共同申請。 登記権利者：受遺者 登記義務者：相続人。**遺言執行者がいれば遺言執行者のみに権限**（1012条2項）	必要（177条）
	全部包括遺贈	遺言者の死亡時	不要		
	特定遺贈（特定物遺贈）	遺言者の死亡時	不要		
相続分の指定		包括承継：遺言者の死亡時 個々の財産：遺産分割完了時	必要	<u>単独で可能</u>	<u>法定相続分を超える部分は必要</u>（899条の2第1項）
特定財産承継遺言		遺言者の死亡時	不要	<u>単独で可能</u>。遺言者執行者がいれば遺言執行者も可能（1014条2項）。	

人の子の間で最低限の平等を守るためとかといわれています。

　(2)　**遺留分の範囲**　　▶**遺留分権利者 ＝ 兄弟姉妹以外の相続人（1042条）。配偶者，子，直系尊属を指す**

　相続人として配偶者か子が含まれる場合には，遺留分権利者全体の遺留分割合（総体的遺留分割合）は，½です（1042条1項2号）。直系尊属のみが相続人の場合は，⅓です（同条同項1号）。これに法定相続分をかけたものが，各遺留分権利者の個別の遺留分割合です（同条2項）。たとえば，遥と大の個別の遺留分割合は，½（総体的遺留分割合）×½（法定相続分）＝各¼となります。遺留分侵害額は，次の算定方法によります（1046条2項）。

> 遺留分侵害額＝遺留分算定のための財産（a）×個別的遺留分割合（b）−〔遺留分権利者が受けた遺贈および特別受益（c）＋（寄与分を考慮しない）具体的相続分額（d）−遺留分権利者が承継する債務（e）〕

　つまり，相続により実際に受け取った額（(c)＋(d)−(e)）よりも，各遺留分権利者の遺留分額（(a)×(b)）のほうが小さければ，遺留分が侵害されているといえます。そしてその差額が，遺留分侵害額です。なお，遺留分算定のための財産（a）は，被相続人が相続開始時に有した財産の価額＋贈与財産の価額−債務の全額から求められます（1043条）。また，ここで加算の対象となる贈与財産は，相続開始前の**1年間**〔ただし，相続人に対する贈与は10年間〕に贈与したものにかぎられます（1044条1項・3項）。

　Caseでは，（a）は，5000万円（積極財産）−1000万円（債務）＝4000万円です。したがって，遥・大の遺留分額は，4000万円（a）×¼（b）＝各1000万円。（c）はなく，（d）は（5000万円−3000万円（遺贈））×各½＝1000万円，（e）は1000万円（債務）×各½＝各500万円なので，（d）−（e）＝各500万円です。よって，遥・大は，それぞれ1000万円の遺留分額があるにもかかわらず，実際には各500万円しか相続できていないので，それぞれ500万円の遺留分侵害があるといえます。

　(3)　**遺留分侵害額の請求**　　遺留分が侵害されている場合，遺留分権利者およびその承継人は，受遺者や受贈者に対して，遺留分侵害額の金銭の支払いを請求することができます（＝**遺留分侵害額請求権**。1046条）。遥と大は，谷江さんに対して，それぞれ500万円の支払いを請求することができるということです。

> 【穴埋め問題で確認】
> 1　**遺言・遺贈**　　遺言は，①＿＿＿歳に達していればすることができる。遺言者の②＿＿＿の自由を確保するために，共同遺言は禁止されている。遺産中の特定物が遺贈され，遺言執行者がいない場合，その登記手続は，受遺者と③＿＿＿の共同申請による。特定財産承継遺言があった場合，④＿＿＿を超える部分について，当該遺言による権利の承継を第三者に主張するには，対抗要件が必要である。
> 2　**遺留分**　　相続人として子3人のみがいる場合，それぞれの個別的遺留分割合は，⑤＿＿＿である。遺留分侵害額は，（遺留分算定のための財産×個別的遺留分割合）−（特別受益＋具体的相続分額−⑥＿＿＿により算定される。遺留分侵害があれば，遺留分権利者は，受遺者や⑦＿＿＿に対して，遺留分侵害額の支払いを請求することができる。

【74の解答】①単純承認　②（相続）放棄　③熟慮　④協議　⑤遡及　⑥可分債権　⑦預金
【75の解答】①15　②撤回　③相続人　④法定相続分　⑤⅙　⑥遺留分権利者が承継する債務　⑦受贈者

練習問題1　94条2項類推適用（権利外観法理）

〈作成者：瀧　久範〉

　未登記建物甲をAから贈与されたXは，その登記名義を養母Bとすることを許容していたが，Bは息子Cの名で所有権保存登記を行った。Xは，このことを知りながら，Cを名宛人とする納税通知書に基づいて甲の固定資産税を10年以上払ってきた。Cは，事情を知らないYに対して，甲を売却し，Yを所有者とする所有権移転登記を行った。XのYに対する甲の返還請求は認められるか。

【ポイント解説】（→ Chapter 5 の13）　権利を有しない登記名義人から，その登記を信頼して譲り受けたとしても，譲受人は権利を取得しないのが原則である（無権利の法理）。しかし，虚偽の外観を作出したのが権利者である場合，そのような者の犠牲で，外観を信頼した第三者を保護することが認められるべきである（権利外観法理）。この法理を具体化したものが94条2項であるが，虚偽表示が存在しなくても，権利者に虚偽表示をしたのと同様の帰責性が認められる場合には，同条を類推適用して，第三者を保護することが認められている。問題は，どのような場合に虚偽表示をしたのと同様の帰責性を権利者に認めることができるかであり，権利者自ら虚偽の外観を作出した場合はもちろん，他人が作出した場合でも，虚偽の外観の存在を知りながら，その存続を承認したといえる場合にも，権利者に帰責性を認めるのが判例通説である。

【解答例】

1　はじめに　XがCに対して甲の所有権を譲渡した事実はなく，甲の登記名義人ではないもののXが甲の所有者である。したがって，Xは，Cからの譲受人Yに対して，所有権に基づく甲の返還請求および①＿＿＿請求を主張することが考えられる。このような主張が認められるのか。

2　本論　たしかに，Yは，無権利者Cから譲り受けたにすぎない。このような売買契約も②＿＿＿として有効であるが（561条），XがCに甲の所有権を譲渡しない限り，Yは甲の所有権を取得できないはずである。また，登記に③＿＿＿は認められないので，YがC名義の登記を信頼して取引に入ったとしても，そのことだけで保護されることはない。しかし，本事案では，甲の登記名義が真実と異なっていることにつき，Xに④＿＿＿はないものの（94条2項），一定の関与がある。そこで，このようなXの犠牲のもと，なおYを保護することができるか。

　94条2項は，「真の権利者が自分以外の者が権利者であるかのような外観を作出したときは，それを信頼した第三者は保護されるべきであり，自らその外観を作った権利者は権利を失ってもやむを得ない」という⑤＿＿＿を具体化したものである。したがって，権利者に④＿＿＿がなくとも，ⅰ）虚偽の外観が作出されたこと，ⅱ）その作出について真の権利者に⑥＿＿＿があること，ⅲ）その外観を第三者が信頼したことが認められれば，真の権利者は，第三者に対して，外観が虚偽であることを主張できないと解すべきである。

　ⅱ）について，権利者自ら虚偽の外観を作出した場合はもちろん，他人が作出した場合でも，虚偽の外観の存在を知りながら，その存続を⑦＿＿＿したといえる場合にも，その意思的関与を認めることができるので，真の権利者に虚偽表示と同様の強度の帰責性を認めることができる。そして，このように真の権利者に強度の帰責性が認められる場合には，ⅲ）について，94条2項と同様，第三者は⑧＿＿＿であれば足りると解される。

3　あてはめ　本事案では，ⅰ）について，甲の所有者はXであるにもかかわらず，登記名義人はCとなっており，これをみたす。ⅱ）について，X自らがそのような虚偽の外観を作出したわけではないものの，Cを名宛人とする納税通知書に基づいて甲の固定資産税を10年以上払っていることから，Xは虚偽の外観の存続を承認したといえ，これをみたす。ⅲ）について，Yは，Cからの譲受時にこのことを知らなかったのであり，これをみたす。

　したがって，本事案では，Xは，Yに対して，甲の登記名義が虚偽であることを主張することはできず，もってYはCから甲の所有権を取得したことになるので，Xの請求は認められない。

【穴埋め解答】①抹消登記手続　②他人物売買　③公信力　④虚偽表示　⑤権利外観法理　⑥帰責性
　　　　　　　⑦承認　⑧善意

練習問題2　錯誤取消し

〈作成者：瀧　久範〉

　レストランを経営するXは，輸入業者Yから甲という銘柄のワイン10ダースを購入するため，Yを訪れた。交渉の結果，代金が30万円，1週間後にレストランに配送されるということで合意に至った。Yは，その内容を記した契約書を作成し，両者ともそれに署名・押印をした。1週間後，ワインがレストランに配送されたが，数を数えてみると100本しかなかった。XがYに対して電話で「20本足りない」と述べたところ，Yは「1ダースは10本だから契約通り100本を配送した」と答えた。XはYに対して何を主張することができるか。

【ポイント解説】（Chapter 3の8，Chapter 4の12）　法律行為の有効性が問題となるケースでは，①法律行為が成立したのか，②どのような内容の法律行為が成立したのか，③成立した法律行為が有効なのかを順に検討することが有用である。とくに錯誤の問題では，②を確定したうえで，表意者の真意との不一致を明らかにしなければならない。

【解答例】

1　はじめに　本事案では，売買契約の目的物であるワインの数量についてXYの主観に齟齬が生じている。このように法律行為の成立時において問題が生じた場合には，（ア）法律行為が成立したのか，（イ）どのような内容の法律行為が成立したのか，（ウ）成立した法律行為が有効なのかを順に検討することが有用である。

2　本論とあてはめ　まず，（ア）について，XYは，Y所有の甲銘柄のワイン10ダースを30万円で売買する旨の合意をしていることから，XY間には同内容の売買契約が成立したといえる。

　次に，（イ）について，実際には何本の売買契約が成立したことになるのか。XYは10ダースで合意しているが，Xは内心では120本，Yは100本と考えていたことから，何を基準に契約内容を①＿＿＿すればよいのかが問題となる。

　この点，通説は，とくに契約の①＿＿＿については②＿＿＿主義をとり，契約を客観的に解釈すべきであるとする。この立場に立てば，一般的に，1ダースは12本と考えられているので，XY間の売買契約の目的物はワイン120本となり，この段階においてXは，Yに対して，甲銘柄のワイン20本の給付を求める債権を有していることになる。

　しかし，（ウ）について，Yは，内心では，100本の売買契約を締結するつもりであったことから，③＿＿＿（本事案では，④＿＿＿が問題となる）を理由に本件契約を取り消し，Xの請求を拒むことが考えられる。Yのこのような主張は認められるか。

　④＿＿＿の取消しの要件は，95条1項1号によると，ⅰ）意思表示に対応する意思を欠くこと，ⅱ）ⅰ）であることにつき表意者が⑤＿＿＿であること，ⅲ）ⅰ）が法律行為の目的及び取引上の社会通念に照らして⑥＿＿＿なものであること，である。以下，本事案において要件がみたされるか検討する。

　まず，ⅰ）について，上記の通り，XY間の売買契約の内容は，甲銘柄のワイン120本であるのに対し，Yが売却しようと考えた本数は⑦＿＿＿本である。したがって，これをみたす。

　次に，ⅱ）について，その後YがXに100本のワインを配送しており，Xからの電話に対してもそれで履行が完了したと述べていることから，Yは契約締結時に③＿＿＿に陥っていることを認識していなかったといえる。したがって，これをみたす。

　最後に，ⅲ）について，目的物の数量は売買契約にとって基本的な内容であり，Yはそれについて③＿＿＿に陥っていることから，ⅲ）の要件もみたす。したがって，Yの主張は認められそうである。

　しかし，表意者は，③＿＿＿につき⑧＿＿＿がある場合には，その取消しを主張することができない（95条3項）。本件では，輸入業者として物の取引を行う者が単位を間違えることは通常考えられないことである。したがって，Yには⑧＿＿＿があったといえる。他方で，XがYに③＿＿＿があることを知り，または⑧＿＿＿によって知らなかったとする事情はない。それゆえ，Yは本件契約を取り消すことはできない。

　以上より，Xは，Yに対して甲銘柄のワイン20本の給付を求めることができる。

【穴埋め解答】①解釈　②表示　③錯誤　④表示錯誤　⑤善意　⑥重要　⑦100　⑧重過失

練習問題3　損害賠償の範囲

〈作成者：瀧　久範〉

　Xは，2023年6月1日に，地元の建築会社Yとの間で，Xの所有する土地甲のうえに，自宅として使用している建物乙を取り壊し，自ら居住するための建物丙を建築してもらう旨の契約を締結し，丙の引渡しを同年9月24日とした。請負代金3000万円については，契約締結時に頭金として1000万円，丙の上棟時に1000万円を支払うことにし，残金1000万円は甲・丙の引渡し後1週間以内に所定の口座に振り込むこととされた。Xは，丙に入居する10月1日まで，A所有の近所のマンスリーマンションの1室を月6万円で借りた。丙の棟上げまで（同年8月1日）は，予定通りに進んでいたが，その後，人手不足のため工事が遅れ気味になり，丙がXに引き渡されたのは10月31日であった。Xは翌日丙に引っ越した。この間，以下の事情があった。

　まず，引越しに関して，Xは，丙の引渡しの翌日に，B社との間で，10万円で作業をしてもらう旨の契約を締結したが，10月1日までに丙の引渡しができないことが判明したのが9月1日であったため，XはBに対してキャンセル料1万円を支払った。その後，Xは，改めてBに11月1日に作業するよう依頼したが，日が迫っていたため12万円かかった。

　また，当地では，毎年9月15日から12月15日までワイン祭りが開かれており，例年大勢の観光客が当地に押し寄せている。とくに2022年は葡萄の当たり年であり，2023年のワイン祭りは大盛況となると2023年7月ごろからニュースや新聞で大々的に報じられていた。そのため，Xが賃借していたマンスリーマンションですら予約が一杯となり，実際XはAとの賃貸借契約を更新することができず，当初の期限であった10月1日に退去せざるをえなくなった。そこで，Xは，近隣のビジネスホテルを探してみたが，同じように連日満室で，唯一長期間滞在できるのが料理旅館Cのみであったため，やむなくそこに宿泊して丙の完成を待つことにした。Cでの宿泊料は1泊1万円であった（ちなみに，近隣のビジネスホテルの相場は1泊6000円である）。XはYに対して何を求めることができるか。

【ポイント解説】　（Chapter 8 の26・27）　債務不履行に基づく損害賠償が問題となるケースでは，主として，①債務不履行があるのかどうかということと，②どれだけの賠償が認められるのかということが問われる。①については，債務内容を明らかにしたうえで，債務者の行為（不作為を含む）が債務内容に合致しているかを検討する。②についても，まずは①を検討しなければならない。そのうえで，問題となっている損害が通常損害なのか，特別損害なのかを明らかにして，416条を適用する。

【解答例】

1　はじめに　Xは，Yに対して，本件請負契約に基づき，2023年9月24日までに，乙を取り壊し，丙を建築し，これを引き渡す債権を有していたが，実際にYが丙を引き渡したのは，同年11月30日であった。したがって，Yは同日まで①＿＿＿に陥っていたといえる（412条1項）。そして，Xは，Yの①＿＿＿により，本事案のとおり出費をしていることから，これらを②＿＿＿として，Yに対してその賠償を求めることができるか。

2　本論　債務不履行に基づく②＿＿＿賠償請求が認められるための要件は，415条1項によると，ⅰ）本旨不履行（ここでは①＿＿＿），ⅱ）②＿＿＿，ⅲ）債務不履行と②＿＿＿との間の③＿＿＿，ⅳ）債務者に④＿＿＿がないことである。

　ここで③＿＿＿とは，判例によると，債務不履行がなければ債権者が有していたであろう財産状態と，債務不履行があったために債権者が現に有する財産状態との差額を金額で表したものを②＿＿＿としたうえで，本旨不履行と②＿＿＿との間の⑤＿＿＿③＿＿＿をいうと解する。しかし，このような基準のもとでは，事実的因果関係・賠償範囲・金銭的評価という異なる問題が分離されずに判断されることになり妥当でない。したがって，③＿＿＿とは，②＿＿＿を債務不履行によって債務者が受ける不利益となる事実と解したうえで，これと本旨不履行との間に，「当該債務不履行がなければ②＿＿＿が発生しなかったであろう」といえる関係，すなわち，事実的③＿＿＿と解すべきである。そして，当該債務不履行と事実的③＿＿＿のある②＿＿＿のうち，どこまでを賠償の対象にすべきかを416条の基準に従って判断し，これを金銭で評価すべきである。また，416条2項の判断にあたっては，債務者が債務不履行時に予見すべきであったかどうかによると解すべきである。

また，④＿＿は，415条1項後段によると，「契約その他の債務の発生原因及び取引上の社会通念に照らして」判断されることになる。これまで従来は，この場面で⑥＿＿が要件とされており，それは，不法行為に基づく損害賠償と同様，⑦＿＿原則のもと，債務者自身の故意または過失ならびに信義則上これと同視すべき事由と解されてきた。しかし，⑦＿＿原則の出発点となる人の行動の自由の保障を，債権者に対して債務を負う債務者にも認める要請は大きくなく，とくに契約当事者は自己決定をして債務を負っている。したがって，当該債務不履行が債務者の故意または過失に基づくものでなかったとしても，債務者は原則として債務不履行責任を負うべきであり，④＿＿がある場合に限り例外的に責任を負わなくてもよいと解すべきである。

3　あてはめ　　以上を前提に，本事案においてXが，Yの本旨不履行がなければ支出しなかったであろう，Bに対するキャンセル料（損害α）1万円，11月1日に引っ越すことになったために当初の料金よりも多く払った分（損害β）2万円，Dでの宿泊代（損害γ）31万円の合計34万円を支払うようYに対して請求できるかを検討する。

まず，④＿＿について，XY間の契約は⑧＿＿契約であり，⑧＿＿人Yは，注文者Xに対して，9月24日までに乙を取り壊して丙を建築するという仕事を完成する義務を負っている。したがって，丙の完成が履行期を徒過したことについて不可抗力等の④＿＿がない限り，これをみたす。本事案では④＿＿にあたる事情はない。

次に，③＿＿について，損害α～γはYの債務不履行がなければ生じなかったものといえるので，これをみたす。

それでは，損害α～γは，416条の基準のもと賠償範囲に含まれるか。αおよびβは丙の引渡しが遅れたために通常生じうるものといえる。また，10月1日から11月1日までの間に他所で居住するために費用を支出することは通常生じうるものといえる。しかし，γは，料理旅館に滞在することにより通常よりも高額の費用であって，ワイン祭りが例年より盛大なものとなるという特別の事情に基づくものといえる。この点，Yは，地元の建設業者であり，7月ごろからニュース等で報じられていたのであるから，9月24日の時点でこのことについて予見すべきであったといえる。

したがって，損害α～γはすべて賠償範囲に含まれ，金銭で評価すると，それぞれ1万円，2万円，31万円であることに争いはない。

以上より，Xは，Yに対して，34万円，および，9月25日から支払済みまで年3％の割合による遅延損害金の支払いを請求できる。

【穴埋め解答】①履行遅滞　②損害　③因果関係　④免責事由　⑤相当　⑥帰責事由　⑦過失責任
　　　　　　　⑧請負

練習問題4　解除

〈作成者：村田　大樹〉

大学生のAは，同じ大学の友人Bとの間で，Bの所有する中古自転車（甲）を1万円で購入する旨の契約を締結した。代金1万円はその場で支払い，甲の引渡しは1週間後にBがAのもとに持参することとされた。以下の各場合に，Aは，Bとの契約をやめ，支払った1万円を返すよう請求することができるか。

(1)　履行期当日になってもBが甲を引き渡さないため，Aは，次の日に「早く甲を渡せ」とBに伝えた。その後，履行の提供がないまま1週間が経過した。

(2)　履行期当日にBは甲をAに引き渡したが，その後，甲の後輪がパンクしていることが判明した。Aが1週間以内にパンクを修理するようBに求めたにもかかわらず，修理されないまま1週間が経過した。

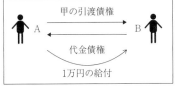

【ポイント解説】（Chapter 9 の28）　契約当事者の一方に債務不履行があった場合，一定の要件のもとで，他方の当事者にはその契約を解除する権利が与えられる。解除権を行使するには，たんに相手方に債務

不履行があるだけでなく、原則として（債務の履行が不能であるなど一定の場合を除いて）、相当な期間を定めた催告をし、その後、相当な期間が経過することを要する。なお、催告は、相手方に履行の機会を与えるためのものであるため、催告時に定められた期間が不相当であったり、期間を定めていなくても、客観的に相当な期間が経過すれば足りると考えられている。

さらに、債務不履行が軽微なものである場合は、解除することができない。債務不履行が軽微であるかどうかは、「その契約及び取引上の社会通念」に照らして判断される。一般的な基準を示すことは困難だが、従前の判例に照らせば、不履行の部分が数量的に僅かである場合や、付随的な債務の不履行にすぎない場合は、それらが契約上特に重要なものと位置付けられているのでない限り、軽微なものと判断すべきことが多いだろう。

【解答例】

1　はじめに　　AがBに対して1万円の返還を請求するには、契約の拘束力を失わせなければならない。本事案のように契約が有効である場合には、契約の解除をする必要がある。

2　本論　　本事案では、(1)(2)のいずれにおいても、Bには①＿＿＿と考えられる事情が存在する。①＿＿＿を理由として契約を②＿＿＿するには、542条1項に定められた事由が存する場合を除き、履行の③＿＿＿を必要とする。すなわち、まず相手方に対して④＿＿＿を定めて履行の③＿＿＿をし、履行がないまま④＿＿＿が経過したときに、契約を②＿＿＿することができる（541条本文）。しかし、債務不履行が⑤＿＿＿なものである場合は、②＿＿＿することができない（同条ただし書き）。

3　あてはめ　　(1)においてAは、債務を履行しないBに対して、「早く甲を渡せ」と伝えている。はっきり期間を定めて③＿＿＿をしたわけではないが、これは、④＿＿＿を定めて履行の③＿＿＿をしたことに当たるだろうか。②＿＿＿の前に③＿＿＿が必要とされる理由は、債務者に履行の機会を確保するためであると考えられる。そうであるならば、期間の定めが明示的でなくても、④＿＿＿を定めた③＿＿＿があったと考えてよい。次に、その後に1週間が経過したことが④＿＿＿の経過に当たるかについては、ABの関係や契約内容からして十分に履行可能な期間であり、当たると言ってよい。またBが甲の引渡しをしていないことが⑤＿＿＿な①＿＿＿でないことは明らかである。

以上により、Aは契約を②＿＿＿し、すでに支払った1万円の返還を請求することができる（545条1項）。

(2)においては、Bは履行期に甲を引き渡している。しかし、甲の後輪がパンクしていた点は契約に適合しない。特約が存在するなど特段の事情がない限り、乗ることのできる状態で自転車を引き渡すのが契約の趣旨に合致するためである。それでは、この①＿＿＿をもって、Aは契約を②＿＿＿することができるだろうか。③＿＿＿および④＿＿＿の経過の要件は上記(1)と同様の判断からみたすと考えられるので、問題となるのは、①＿＿＿が⑤＿＿＿なものと言えるかである。

自転車のタイヤのパンクは、債務者でなければ修補できないわけではない。専門店に持ち込む等すれば、比較的簡単にかつ安価で直すことができる。この点に照らすと、契約の②＿＿＿を認めなければならないほどの①＿＿＿であるとは言い難いと思われる。

以上により、Aは契約を②＿＿＿することはできず、すでに支払った1万円の返還の請求もできない。

【穴埋め解答】①債務不履行　②解除　③催告　④相当の期間　⑤軽微

練習問題5　債権者代位権

〈作成者：村田　大樹〉

A銀行とB銀行は、いずれも、Cに対して1000万円の貸金債権を有しており、どちらの債権もすでに履行期が到来している（以下、A銀行の債権を「甲債権」とする）。他方、Cは、D銀行に1200万円の預金債権を有しているが（以下、この債権を「乙債権」とする）、それ以外に目ぼしい財産はない。このとき、A銀行がB銀行よりも優先的に債権を回収するには、どうすればよいか。

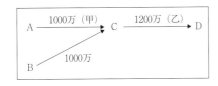

【ポイント解説】（Chapter10の30）　債権者が複数いて，その総債権額（2000万）に債務者の責任財産の額（1200万）が満たない場合，強制執行において各債権者は原則として平等に扱われる（債権者平等の原則）。その結果，ABは，債権額の割合に応じた額で配当を受ける（ともに600万円）。

　これに対して，債権者代位権を通じて，他の債権者（B）よりもAが優先的に債権を回収する方法がある。債権者代位権は，本来的には，債務者の責任財産を保全するための権利である。しかし，被代位権利が金銭債権の場合，Aは，自己への支払いを求めることができる（423条の3）。ここでのAの受領は，あくまでCの代わりに行われるものであり，CにはAに対して返還を求める債権がある。Aは，甲債権を自働債権としてCの債権と相殺することで，事実上Bに優先して債権を回収することができる。

【解答例】

1　はじめに　A銀行とB銀行は，いずれもCに対する債権者である。A銀行が乙債権に対する①____を通じて債権回収をしようとする場合，原則的には，B銀行と平等に扱われる。その結果，A銀行はB銀行と同額の600万円しか回収することができない。A銀行がB銀行よりも優先的に債権を回収するには，②____を利用することが考えられる。

　②____は，③____が一身専属権や差押禁止権利である場合を除き，債権の保全の必要性があるときに債務者に属する権利を行使することのできる権利である。③____が金銭の支払いを求める権利である場合，債権者は，④____を求めることができる（423条の3）。債権者には，受領した金銭を債務者に返還する義務があるところ，債権者は，自己の債権を自働債権として返還債務と⑤____することで，他の債権者に優先して債権を回収することができる。

2　本論　②____を行使するには，債権の保全の必要性がなければならない（423条1項）。被保全債権が⑥____債権の場合，この要件をみたすには，原則として債務者が⑦____であることが必要である。また，被保全債権の⑧____が到来していなければならない（423条2項本文）。本事案では，Cの責任財産の額は1200万であるのに対してABの総債権額は2000万であってCは⑦____であるため，保全の必要性が認められる。また，甲債権の⑧____も到来している。したがって，AはDに対して乙債権を代位行使することができる。

　AからDに対する請求の内容と範囲は，以下のとおりである。まず，②____は債務者に代わって③____を行使するものであるが，上述のとおり，③____が金銭の支払いを目的とするものである場合，債権者は，相手方に対して④____を求めることができる（423条の3）。次に，金銭の支払いは可分であるため，債権者が行使できる③____の範囲は，⑨____が限度となる（423条の2）。したがって，Aは，Dに対して，乙債権を行使し，甲債権の額である1000万円を自己に支払うよう請求することができる。

　ここでのAの受領は，あくまでCの代わりに行われるものであり，AはCに受領した金銭を返還しなければならない。CもまたAに対して金銭債務を負っているため，AとCは互いに同種の目的を有する債務を負担していることになる。そこで，Aは甲債権を自働債権として，自己に対するCの債権と⑩____することで，対当額1000万について両債権を消滅させることができる。

　以上の方法により，Aは，Bに優先して債権を回収することができる。

【穴埋め解答】①強制執行　②債権者代位権　③被代位権利　④自己への支払い　⑤相殺　⑥金銭　⑦無資力　⑧履行期　⑨自己の債権の額　⑩相殺

練習問題6 代理・表見代理

〈作成者：中山 布紗〉

Bは兄Aに，自分の代わりに銀行から融資を受けて欲しいと依頼した。そこで，Aは，自己の所有する甲地（2000万円）に抵当権を設定して銀行から融資を受けるための代理権をBに与え，そのために必要な登記済権利証，印鑑証明書，実印，および白紙委任状を交付した。ところが，Bは，白紙委任状の事項欄に「甲地売却に関する一切の事項」と書き入れ，受任者欄にはBの氏名を記入し，Aの代理人として，Cとの間で甲地の売買契約を締結した。Cは，70代男性で，これまで不動産取引経験が全くなく，Bから上記委任状ほか関係書類，実印を見せられ，また，BがAの弟であることを知り，Bが甲地売却の代理権を有することについて疑いを抱かず，安心して契約に臨んだのであった。この場合，甲地はAとCのどちらの所有となるのだろうか。

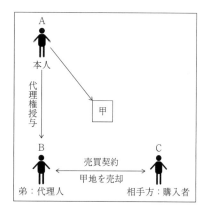

【ポイント解説】（Chapter15の40・41） 代理の有効要件は，ⅰ）本人から代理人に対して代理権授与行為がなされたこと，ⅱ）代理人による顕名（99条1項），ⅲ）代理人が代理権の範囲内で法律行為をすることが必要である。本事案では，要件ⅰ）とⅱ）は充足するものの，BはAに与えられた代理権の範囲を越えた法律行為をしているため，要件ⅲ）を欠く。したがって，Bの行為は無権代理であり，Aの追認がない限りBC間の甲地売買契約の効果はAに帰属しないのが原則である（113条1項）。しかし，有効な代理権の存在があるかのような外観が存在し，相手方がそう信じることが無理もない場合，民法は例外的に，本来無権代理であるが，有効な代理権があった場合と同様の法的効果を認めて相手方を保護する表見代理制度を設けている。本事案では，代理人であるBに基本代理権が与えられているものの，Bは，その範囲を越える行為をしたため，権限外の行為の表見代理（110条）が成立するかを検討しなければならない。

【解答例】

1 **はじめに** 本事案では，Aの代理人Bが，Aから甲地に抵当権を設定して銀行から融資を受ける①＿＿＿を与えられていたところ，白紙委任状の事項欄に「甲地売却に関する一切の事項」と書き入れ，Cとの間で甲地の売買契約を締結するという①＿＿＿の範囲を越える法律行為をした。そこで，本人であるAを保護して，AのCに対する甲地の返還請求を認めるべきか，または，Bが甲地売却の①＿＿＿を有すると信じて契約をした相手方Cを保護し，AのCに対する甲地の返還請求を否定すべきかが問題となる。

そもそも，AはBに対して甲地売却についての①＿＿＿を与えていないので，Bの行為は②＿＿＿であり，原則としてBC間の契約の効果はAに帰属しない。しかし，これでは，Bに甲地売却の①＿＿＿があると信じた相手方Cは不測の損害を被り，③＿＿＿を害することになる。そこで，④＿＿＿の成立を認め，相手方Cを保護することはできないか。

2 **本論** 本事案において，Bは，Aから与えられた①＿＿＿の範囲を越える法律行為をしたため，110条の⑤＿＿＿の④＿＿＿が成立するかどうか検討する必要がある。110条の成立要件は，ⅰ）⑥＿＿＿が存在すること，ⅱ）⑥＿＿＿の範囲を越える法律行為がなされたこと，ⅲ）相手方が代理人に①＿＿＿があると信じたことについて⑦＿＿＿があることである。ⅰ）の⑥＿＿＿とは，私法上の法律行為に関する①＿＿＿のことをいう。また，110条の趣旨は，有効な①＿＿＿が存在しているという外観を信頼して，代理人であると称する者との間で法律行為をした相手方を保護することにある。それゆえ，ⅲ）の⑦＿＿＿とは，代理人と称する者との間で法律行為をした際，代理人が当該法律行為についての代理権を有していないことを知らず（⑧＿＿＿），代理権を有していると信じたことについて過失がなかったこと（⑨＿＿＿）である。

3 **あてはめ** 本事案では，Aが Bに甲地に抵当権を設定して銀行から融資を受ける①＿＿＿を与えているため，Bは⑥＿＿＿を有しており，要件ⅰ）をみたす。次いで，BがCとの間で行った甲地の売買契約は，⑥＿＿＿の範囲を越える法律行為であり，要件ⅱ）もみたす。さらに，相手方CはBと甲地売買契約を締結

した際，Bから，事項欄に「甲地売却に関する一切の事項」と書かれた委任状と関係書類，印鑑を提示されており，Bが甲地売却に関する①＿＿＿を持たないことについて⑧＿＿＿であるといえる。また，日本では大きな取引において実印に対する信頼が非常に高いことから，Bから印鑑登録証と実印を見せられれば，Cは，Bに甲地売却の①＿＿＿があると疑いを持たずに信じてしまうであろうし，長年不動産取引経験が全くなかったことから，Bを全面的に信頼して本人Aに確認をせずに契約に臨むのも無理はないといえるから，Cは①＿＿＿を有していると信じたことについて⑨＿＿＿であると評価できる。以上のことから，Cには⑦＿＿＿が存在し，要件ⅲ）もみたす。したがって，本事案のCには110条が適用され，④＿＿＿が成立するから，AのCに対する甲地返還請求は認められない。

【穴埋め解答】①代理権　②無権代理　③取引の安全　④表見代理　⑤権限外の行為　⑥基本代理権
　　　　　　　⑦正当理由　⑧善意　⑨無過失

練習問題7　　不動産の二重譲渡

〈作成者：村田　大樹〉

Aは，Bとの間で，自己が所有する甲土地を1000万円でBに売却する契約を締結した。代金の支払いと引渡しは済んだが，登記はAに残ったままだった。AがBに甲を売却した3年後，この売買と未登記の事実を知るCが，自分で甲を使うつもりもないのにAから甲を100万円で購入し，さらに登記も得た。Cは，Bに対して，「甲の所有権は自分にあるので，市場価値の倍の2000万円で買い取るよう求めた。Bが断ると，今度は，甲を明け渡すよう請求してきた。Cの請求は認められるか。

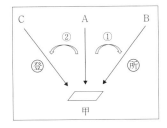

【ポイント解説】（Chapter17の45〜47）　物権は，当事者の意思表示のみによって移転する（176条）。したがって，AB間の売買契約が締結されたことで，甲の所有権はBに移転する。他方で，不動産の物権変動は，登記をしなければ「第三者」に対抗することができない（177条）。Aから甲を譲り受けた者は，「第三者」に当たる。そのため，Bは，登記をしていない以上，甲の所有権取得をCに対抗することができないのが原則である。

しかし判例は，177条を制限的に解釈する。すなわち，177条の「第三者」とは，当事者またはその包括承継人以外の者のうち，登記の欠缺を主張する正当な利益を有する者でなければならないとされる。本事案で，Cは，第1譲渡による所有権移転の事実を知っていただけでなく，Bが登記をしていないことを利用して，安価で甲を手に入れ，Bに高値で売りつけて利益を得ようとしている。このような態様のCも，177条の「第三者」に当たるのだろうか。

【解答例】
1　はじめに　　本事案で，Bは，Aから甲土地を譲り受け，所有権を取得した（176条）。しかし，Bが①＿＿＿をする前に，Cが，Aから甲土地を譲り受けている。177条によれば，①＿＿＿をしていないBは，所有権の取得を②＿＿＿には③＿＿＿することができない。一般に②＿＿＿とは，当事者以外の者をいう。これに対して177条の「②＿＿＿」については，判例がその範囲を制限的に解している。本事案のCは，177条の「②＿＿＿」に当たるといえるだろうか。
2　本論　　判例によれば，177条の「②＿＿＿」に当たるといえるためには，①＿＿＿の欠缺を主張する④＿＿＿を有する者でなければならない。④＿＿＿があるかどうかは，客観的な権利や地位からのみ判断されるわけではない。判例は，①＿＿＿の欠缺を主張する④＿＿＿があるかを判断するにあたって，さらに，主観的な態様も考慮して判断している。それによれば，物権変動の事実を知り，かつ，①＿＿＿の欠缺を主張することが信義に反すると認められる者は，⑤＿＿＿と呼ばれ，たとえ客観的には④＿＿＿があるように見えても「②＿＿＿」には当たらない。

どのような態様であれば⑤＿＿＿といえるかについては，必ずしも明確な基準があるわけではない。しか

し，過去の判例に照らすと，ある者の所有取得の事実を知ったうえで，その者に登記がないことを利用して高値で売りつけようとする者は，⑤＿＿＿に当たるということができる。自由競争の観点からみても，このような者はその範囲を逸脱しており，登記の欠缺を主張することが信義に反するため，④＿＿＿がないといってよい。

3　あてはめ　　本事案のCは，Bの所有権取得を否定することによって自身の所有権が守られる立場にあり，客観的には，①＿＿＿の欠缺を主張する④＿＿＿があるといえそうである。しかし，Cは，AB間の売買契約によりBが所有権を取得したことを知りながら，Bに登記がないことを利用してAから甲を100万円という安価で取得し，さらに，市場価値の倍の価格で甲をBに売りつけようとしている。このような態様に照らすと，Cは⑤＿＿＿に当たるということができる。したがって，Cは177条の「②＿＿＿」ではなく，Bは①＿＿＿をしていなくても所有権取得をCに③＿＿＿することができる。

　　以上より，Cは，Bに対して明渡請求をすることはできない。

【穴埋め解答】①登記　②第三者　③対抗　④正当な利益　⑤背信的悪意者

練習問題8　抵当権の効力

〈作成者：渡邊　力〉

　　A銀行はB氏に返済期限を6か月として500万円を貸し付けた（利息等は考慮しない）。その際，Aは債務者Bの所有する建物・甲（500万円相当）に抵当権を設定し，登記を完了した。その後，Bは甲付属のソーラーパネルを新しいパネル・乙（250万円相当）に取り換えた。しばらくして，当該債権の弁済期限前に，Bは資金を得るため，パネル乙を業者Cに200万円で売却し，乙を取り外してCの倉庫に搬入した。その後に弁済期限が到来したが，Bが債務を弁済しないので，Aが甲の抵当権を実行しようとした。しかし，甲の時価が300万円に下落していたため，AはC倉庫にある乙にも抵当権の効力が及ぶとして，乙の返還を主張した。Aの主張は認められるか。

【ポイント解説】（Chapter19の53・54）　　抵当権の効力は，建物以外の不動産の付加一体物に及ぶ（370条）。もっとも付加一体物の範囲は明確ではなく，争いがある（第1の問題）。ポイントは，不動産から**独立していない付合物**と**独立した従物**とに分けて検討することである。他方，甲建物から分離・搬出された乙にまで抵当権の効力を追及できるかが争われている（第2の問題）。ポイントは，抵当権の**非占有担保**という性質を考慮に入れつつ，抵当権者と分離物の取得者との**保護のバランス**を図ることである。

【解答例】

1　はじめに　　A銀行は，Bへの500万円の貸金債権を担保するために，B所有の甲建物に有効に抵当権を設定し登記した。そのため，Bが期限内に500万円を弁済できなければ，Aは甲の抵当権を実行して，甲の換価金から優先弁済を受けられる。もっとも，抵当権実行時に甲の価値が300万円に下落しているため，Aは債権全額の満足を受けられない。そこで，Aは甲建物に付属していたソーラーパネル乙（250万円相当）にも抵当権の効力が及ぶと主張し，Cの下にある乙の返還を求めることが考えられる。そこで，乙が甲抵当権の範囲内に含まれるか否か，①＿＿＿（370条）の解釈が問題となる（問題1）。他方，乙が効力範囲にあったとしても，すでに甲から分離され，Cの倉庫に搬出されている。そのため，Cの保護も考慮に入れつつ，AがCに②＿＿＿となった乙の返還を請求できるかが問題となる（問題2）。

2　本論　　（1）　問題1　まず不動産に従属的に付合し容易に取り外せない③＿＿＿は，民法370条の①＿＿＿として当然に抵当権の効力が及ぶとされる。しかし，不動産から④＿＿＿のある⑤＿＿＿の場合は問題である。この点，87条2項が⑤＿＿＿は主物の処分に従うと規定するため，甲（主物）の抵当権設定前に付加された従物に抵当権の効力が及ぶとみうる。そうすると，抵当権の設定後に付加された従物には効力が及ばないとも考えられる。しかし，⑤＿＿＿が目的不動産と一体となって⑥＿＿＿を高めている点で，設定後の従物にも抵当権の効力が及ぶと考えることが当事者の意思に適う。そこで，抵当権設定の前後を問わず，目的不動産に付

加された⑤____は①____に含まれ，抵当権の範囲に入ると考える。本事案のパネル乙は甲建物と独立性があるが継続的に効用を高める従物であり，抵当権の設定前後を問わず，甲建物の抵当権の効力が及ぶことになる。なお，A・B間の特約で乙を①____から除外していた場合はこの限りではない。

（2）　問題2　次に，従物を含む付加一体物が抵当権の効力範囲内にあるとして，②____にも効力が及ぶだろうか。この点，付加一体物が分離されたときは，その分離物が抵当権の⑦____に留まっている場合に限って第三者に効力を追及でき，⑦____から搬出されれば抵当権の効力は及ばないとの見解がある。しかし，抵当権は非占有担保として設定者に占有・利用が許されるため，設定者が付加一体物を勝手に分離・搬出すれば常に抵当権者が不利益を被ることになる。これでは，抵当権者が目的物の⑥____を把握するという抵当権の意義が没却されかねない。そのため，ひとたび①____が抵当権の効力範囲に入り，⑥____の構成部分となったら，それが分離・搬出されても効力範囲に留まると考える。この場合の第三者保護は，分離物の占有取得者がそれを⑧____した場合に限って，抵当権者が反射的に抵当権の効力を追及できなくなると考えれば足りる。本事案のCが即時取得の要件をみたすか否かで結論が異なる。

3　あてはめ　以上から，本事案では抵当権設定後に設置した⑤____乙にも甲抵当権の効力が及ぶ。そして，②____乙の占有者Cが悪意・有過失など動産の⑧____の要件をみたさなければ，AはCに甲建物上への乙の返還を主張できる。しかし，Cが⑧____の要件をみたすときは，AはCに乙の返還を主張できない。

【穴埋め解答】①付加一体物　②分離物　③付合物　④独立性　⑤従物　⑥担保価値　⑦公示上
　　　　　　⑧即時取得

練習問題9　一般的不法行為

〈作成者：野々村　和喜〉

　自転車で走行中のAくん（9歳）が，信号のない交差点を一時停止せず直進したところ，右方向から脇見運転で走行してきたB運転の自動車と衝突して右腕を骨折し，自転車も全損した。Aくんはすぐに救急車で運ばれたが，救急隊員が運転操作を誤って横転事故を起こし，Aくんは脊髄を損傷して下半身麻痺の障害がのこった。この場合のAB間の法律関係を検討しなさい。

【ポイント解説】（Chapter20の58〜60）　Aが709条に基づいて損害賠償を請求するのだとすると，原告Aが同条の4つの成立要件を証明する必要がある。本事案では，Aの損害発生と権利・利益侵害，それらとBの行為の因果関係（あれなければこれなしの関係），およびBの過失はいずれも明らかなので，これらの充足性をめぐり当事者間で争いが生じるとは考えられない。本事案の請求成否を分ける（＝解答で論ずべき）法的問題点は，①賠償範囲がどこまでか（救急車の事故による損害まで含まれるか，最初の事故による損害までか）という点と，②Bからの過失相殺の主張が考えられるところ，Aが責任無能力でも過失相殺できるのかという点であろう。なお，本事案のような自動車事故では，実際は，人身損害（ケガによる損害）について自動車損害賠償保障法3条に基づく運行供用者責任〔→62〕も問題となることを再確認してほしい。

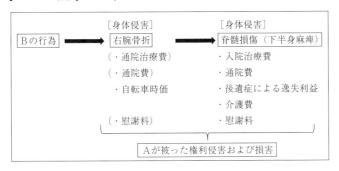

【解答例】

1　はじめに　本事案では，Aが，一連の事故で被った各種損害（治療費，通院費，後遺症逸失利益，介護費用，自転車時価相当額，肉体的・精神的苦痛に対する慰謝料など）は，Bの過失運転行為によって生じたものであるとして，①____条に基づき，上記損害の賠償を請求することが考えられる。事実関係によれば，①____条の要件充足自体には問題はないと考えられるが，第1に，Bが，救急車の事故による損害は自

己の行為と②＿＿＿がないとして争うことが考えられるので，不法行為における損害賠償の範囲がどのように画定されるべきかが問題となるほか，第2に，Bが，Aの一時停止を怠った行為が被害者の③＿＿＿に当たるとして④＿＿＿（722条2項）を主張することが考えられるところ，9歳のAに⑤＿＿＿がないとしても④＿＿＿が許されるのかが問題となる。

2　本論　　(1)　賠償されるべき損害の範囲について　　判例は伝統的に，416条は損害賠償の範囲を②＿＿＿で画するものとした規定と解し，不法行為にも同条が⑥＿＿＿されるとの立場をとっている。もっとも，416条は，主として契約当事者が債務の履行を怠った場合の責任範囲を，不履行時に予見可能だった損害とする趣旨の規定なので，あらかじめ一定の給付を引き受けているのではない不法行為に同条が⑥＿＿＿されるべきではなく，また因果関係の⑦＿＿＿という基準も，それがどのような法的評価を意味するのかが不明確であるから，支持されえない。不法行為における損害賠償の範囲は，近時の有力説がいうように，過失の内容である⑧＿＿＿が回避しようとした権利侵害による損害に加えて，当該最初の権利侵害によって⑨＿＿＿が実現した結果に及び，かつそれが限度になると考えるべきである。

　(2)　過失相殺と被害者の責任能力要否について　　④＿＿＿とは，加害者が責任を負うべき賠償額を定める上で，⑩＿＿＿の観点から被害者の不注意を考慮するにとどまり，被害者に損害の一部を積極的に帰責する制度ではない（判例）。そのように理解するならば，被害者に少なくとも⑪＿＿＿が備わっていれば，その行動を④＿＿＿において考慮でき，⑤＿＿＿が備わっている必要はないというべきである。

3　あてはめ　　以上を本事案に当てはめると，救急車の事故による損害は，当初の交差点事故で⑨＿＿＿の実現とはいえず，本件請求の賠償範囲に含まれない。また，9歳のAは少なくとも⑪＿＿＿はあると考えられるので，Aが一時停止せず交差点に進入した行為を④＿＿＿において考慮できる。したがって，AのBに対する本件請求は，交差点事故による損害（治療・通院費，自転車時価相当額，慰謝料等）を限度とし，かつ，一定のAの過失割合により減額された金額において認容されるべきものである。

【穴埋め解答】①民法709　②相当因果関係　③過失　④過失相殺　⑤責任能力　⑥類推適用　⑦相当性
　　　　　　　⑧行為義務　⑨高められた危険　⑩公平　⑪事理弁識能力

練習問題10　遺留分侵害額請求

〈作成者：白須　真理子〉

　2021年11月5日にAが死亡し，子B・C・DがAを相続した。Aは2011年7月に自営業の資金繰りに苦しんでいた知人Eに対して500万円を贈与したことがあり，また2021年3月には，死期が近いことを感じて，お世話になったFに対しても，1000万円を贈与していた。Aは死亡時，不動産や預貯金等の計8000万円の積極財産を有しており，他方で，Gに対しては計3000万円の貸金債務を負っていた。Aは2021年8月20日付の自筆証書遺言を残しており，そこには，「すべての財産をBへ相続させる。」と書かれていた。この場合において，C・Dが遺留分侵害額請求をするとすれば，誰に対して，また具体的な請求額としてはいくらを請求することができるか。

【ポイント解説】　（Chapter27の73・74）　　遺留分権利者は，遺留分を侵害する遺贈，贈与，相続分の指定，あるいは特定財産承継遺言による承継があった場合には，その侵害額相当の金銭の支払いを請求することができる（1046条1項）。本事案では，遺留分侵害額の算定にあたり，とくに，各遺留分権利者の債務の負担額が問題となる。すなわち，「すべての財産をBへ相続させる」という遺言があった場合に，「遺留分権利者が承継する債務」（1046条2項3号）とは，法定相続分相当の債務なのか，それとも指定相続分（本問では全部）の債務なのかが問題となる（1046条2項3号→899条）。判例は，これを指定相続分の債務と解している。これによれば，本事案において，被相続人Aの債務はBがすべて承継したのであって，他の相続人＝遺留分権利者（C・D）は，何ら債務を承継していないと解することになる。

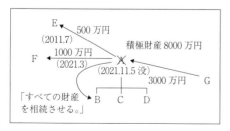

【解答例】

1　はじめに　遺留分権利者が相続により実際に受け取った額が，その遺留分額に満たない場合には，遺留分が侵害されているといえる。本事案では，Aの遺言によりBがすべての(積極)財産を承継しているが，債務に関しては，債務者たる遺言者が自由に処分できる性質のものではないがゆえに，各相続人への承継割合が問題となる。Bが法定相続分で承継したと解するか，指定相続分で承継したと解するかで，C・Dの遺留分侵害額は大きく異なることになる。

2　本論　判例は，共同相続人間では，①＿＿＿相続分に応じて債務が承継されると解している。そして，遺留分侵害額の算定においても，これを前提として，B以外の遺留分権利者の債務負担額は，②＿＿＿と解する。B以外の相続人は，相続債権者Gから法定相続分に応じた債務の履行請求を拒否することはできない立場にある（902条の2）ものの，最終的に債務が帰属するのはBであることからすれば，判例の立場は妥当と考えられる。

　以上を前提に，C・Dの遺留分侵害額を算定すると，次のようになる（1046条2項）。

　まず，各遺留分権利者の遺留分額は，遺留分算定のための基礎となる財産（a）に③＿＿＿（b）を乗じて求められるが，（a）の算定にあたって加算の対象となる贈与は，相続人以外の者への贈与であれば相続開始前④＿＿＿年間にしたものに限られる（1044条1項）。本事案では，Fに対する贈与は加算されるが，Eに対する贈与は加算されない。そうすると，（a）は，積極財産の合計8000万円にFに対する贈与1000万円を加算し，債務3000万円を控除した6000万円であり，（b）は総体的遺留分割合½にC・Dの法定相続分⅓を乗じた⅙であるから，C・Dの遺留分額は，それぞれ⑤＿＿＿である。

　次に，C・Dはいずれも遺贈ないし特別受益を受けておらず，また相続により取得した財産もない。そして，上述のとおり，債務の負担額も②＿＿＿である。

　したがって，C・Dは，⑤＿＿＿の遺留分額があるにもかかわらず，相続により実際に受け取った額は②＿＿＿であるから，遺留分侵害額は1000万円ということになる。

　なお，特定財産承継遺言により財産を承継した相続人（B）と，受贈者（F）とがある場合には，⑥＿＿＿が先に遺留分侵害額を負担するから（1047条1項1号），本事案では，C・Dは，⑥＿＿＿Bに対して，それぞれ1000万円を限度として，その支払いを請求することができる。

【穴埋め解答】①指定　②ゼロ　③個別的遺留分割合　④1　⑤1000万円
　　　　　　　⑥特定財産承継遺言により財産を承継した相続人（B）

参考文献一覧

1 教科書・体系書など　専門講義など応用学習への架け橋となる文献

■近時のシリーズ参考文献

新プリメールシリーズ〈法律文化社〉
・中田邦博ほか『民法1 民法入門・総則〔第3版〕』2022年.
・今村与一ほか『民法2 物権・担保物権法〔第2版〕』2022年.
・松岡久和ほか『民法3 債権総論〔第2版〕』2020年.
・青野博之ほか『民法4 債権各論〔第2版〕』2020年.
・床谷文雄ほか『民法5 家族法〔第3版〕』2023年.

新ハイブリッドシリーズ〈法律文化社〉
・小野秀誠ほか『民法1 民法総則〔第2版〕』2023年.
・小山泰史ほか『民法2 物権・担保物権法〔第2版〕』2023年.
・松尾弘ほか『民法3 債権総論』2018年.
・滝沢昌彦ほか『民法4 債権各論』2018年.
・青竹美佳ほか『民法5 家族法』2021年.

ユーリカ民法シリーズ〈法律文化社〉
・田井義信監修・大中有信編『民法1 民法入門・総則』2019年.
・同監修・渡邊博己編『民法2 物権・担保物権』2018年.
・同監修・上田誠一郎編『民法3 債権総論・契約総論〔第2版〕』2023年.
・同監修・手嶋豊編『民法4 債権各論』2018年.
・同監修・小川富之『民法5 親族・相続』2019年.

Sシリーズ〈有斐閣〉
・山田卓生ほか『民法Ⅰ 総則〔第4版〕』2018年.
・淡路剛久ほか『民法Ⅱ 物権〔第5版〕』2022年.
・野村豊弘ほか『民法Ⅲ 債権総論〔第5版〕』2023年.
・藤岡康宏ほか『民法Ⅳ 債権各論〔第5版〕』2023年.

有斐閣アルマ Basic〈有斐閣〉
・山野目章夫『民法 総則・物権〔第8版〕』2022年.
・松川正毅『民法 親族・相続〔第7版〕』2022年.

有斐閣アルマ Specialized〈有斐閣〉
・千葉恵美子ほか『民法2 物権〔第4版〕』2022年.
・平野裕之ほか『民法3 担保物権〔第3版〕』2020年.
・片山直也ほか『民法4 債権総論〔第2版〕』2023年.
・山本豊ほか『民法5 契約』2018年.
・大塚直ほか『民法6 事務管理・不当利得・不法行為』2023年.

・高橋朋子ほか『民法7 親族・相続〔第7版〕』2023年.

LEGAL QUEST〈有斐閣〉
・佐久間毅ほか『民法Ⅰ 総則〔第2版補訂版〕』2020年.
・石田剛ほか『民法Ⅱ 物権〔第4版〕』2022年.
・手嶋豊ほか『民法Ⅲ 債権総論』2022年.
・曽野裕夫ほか『民法Ⅳ 契約』2021年.
・橋本佳幸ほか『民法Ⅴ 事務管理・不当利得・不法行為〔第2版〕』2020年.
・前田陽一ほか『民法Ⅵ 親族・相続〔第6版〕』2022年.

有斐閣ストゥディア〈有斐閣〉
・山本敬三監修・香川崇ほか『民法1 総則』2021年.
・同監修・鳥山泰志ほか『民法3 担保物権』2021年.
・同監修・栗田昌裕ほか『民法4 債権総論』2018年.
・同監修・大澤彩ほか『民法5 契約』2022年.
・同監修・中原太郎ほか『民法6 事務管理・不当利得・不法行為』2022年.

ライブラリシリーズ〈新世社〉
・角紀代恵『基本講義 債権総論〔第2版〕』2021年.
・潮見佳男『基本講義 債権各論Ⅰ 契約法・事務管理・不当利得〔第4版〕』2022年.
・潮見佳男『基本講義 債権各論Ⅱ 不法行為法〔第4版〕』2021年.
・藤原正則『今日の法律学4 物権法』2022年.
・常岡史子『今日の法律学8 家族法』2020年.
・平野裕之『コア・ゼミナール民法Ⅰ 民法総則』2019年.
・平野裕之『コア・ゼミナール民法Ⅱ 物権法・担保物権法』2019年.
・平野裕之『コア・ゼミナール民法Ⅲ 債権法1』2020年.
・平野裕之『コア・ゼミナール民法Ⅳ 債権法2』2020年.

新法学ライブラリ〈新世社〉
・二宮周平『新法学ライブラリ9 家族法〔第5版〕』2019年.

日評ベーシックシリーズ〈日本評論社〉
・原田昌和ほか『民法総則〔第2版〕』2022年.
・秋山靖浩ほか『物権法〔第3版〕』2022年.
・田高寛貴ほか『担保物権法〔第2版〕』2019年.
・石田剛ほか『債権総論〔第2版〕』2023年.

・松井和彦ほか『契約法』2018年.
・根本尚徳ほか『事務管理・不当利得・不法行為』2021年.
・青竹美佳ほか『家族法〔第4版〕』2023年.

法セミ LawClass シリーズ〈日本評論社〉
・中舎寛樹『民法総則〔第2版〕』2018年.

■その他の参考文献（一部は改正法に不対応）
・佐藤幸治ほか『法律学入門〔第3版補訂版〕』有斐閣，2008年.
・潮見佳男『民法（全）〔第3版〕』有斐閣，2022年.
・内田貴『民法Ⅰ 総則・物権総論〔第4版〕』東京大学出版会，2008年.
・内田貴『民法Ⅱ 債権各論〔第3版〕』同上，2011年.

■旧来のシリーズ参考文献（一部のみ改正法に対応）
双書シリーズ〈有斐閣〉
・幾代通・遠藤浩編『民法入門〔第6版〕』2012年.
・伊藤正己・加藤一郎編『現代法学入門〔第4版〕』2005年.
・末川博編『法学入門〔第6版補訂版〕』2014年.
・遠藤浩ほか編『民法(1)総則〔第4版増補補訂3版〕』2004年.
・同『民法(2)物権〔第4版増補版〕』2003年.
・同『民法(3)担保物権〔第4版増補版〕』2003年.
・同『民法(4)債権総論〔第4版増補補訂版〕』2002年.
・同『民法(5)契約総論〔第4版〕』1996年.
・同『民法(6)契約各論〔第4版増補補訂版〕』2002年.
・同『民法(7)事務管理・不当利得・不法行為〔第4版〕』1997年.
・同『民法(8)親族〔第4版増補補訂版〕』2004年.
・同『民法(9)相続〔第4版増補補訂版〕』2005年.

・中舎寛樹『債権法』2018年.
・野澤正充『セカンドステージ債権法Ⅰ 契約法〔第3版〕』2020年.
・野澤正充『セカンドステージ債権法Ⅱ 債権総論〔第3版〕』2020年.
・野澤正充『セカンドステージ債権法Ⅲ 事務管理・不当利得・不法行為〔第3版〕』2020年.
・内田貴『民法Ⅲ 債権総論・担保物権〔第4版〕』同上，2020年.
・内田貴『民法Ⅳ 親族・相続〔補訂版〕』同上，2004年.
・窪田充見『家族法—民法を学ぶ〔第4版〕』有斐閣，2019年.
・潮見佳男『詳解 相続法〔第2版〕』弘文堂，2022年.

法学講義シリーズ〈悠々社〉
・奥田昌道・安永正昭編『民法 総則〔第3版〕』2018年（勁草書房）.
・奥田昌道・鎌田薫編『民法2 物権』2005年.
・奥田昌道・鎌田薫編『民法3 担保物権』2007年.
・奥田昌道ほか編『民法4 債権総論』2007年.
・奥田昌道・池田真朗編『民法5 契約』2008年.
・奥田昌道・潮見佳男編『民法6 事務管理・不当利得・不法行為』2006年.

法律学の森シリーズ〈信山社〉
・小野秀誠『債権総論』2013年.
・潮見佳男『新債権総論Ⅰ』2017年.
・潮見佳男『新債権総論Ⅱ』2017年.
・潮見佳男『不法行為法Ⅰ〔第2版〕』2013年.
・潮見佳男『不法行為法Ⅱ〔第2版〕』2011年.
・藤原正則『不当利得法』2002年.

2 民法改正に関する文献・資料

・潮見佳男編『民法（債権関係）改正法の概要』きんざい，2017年.
・潮見佳男編『民法（相続関係）改正法の概要』きんざい，2019年.
・潮見佳男ほか編『詳解改正民法・改正不登法・相続土地国庫帰属法』商事法務，2023年.

民法等の一部を改正する法律について〈法務省ホームページ〉
・債権法の改正について　https://www.moj.go.jp/MINJI/minji06_001070000.html
・成年年齢関係について　https://www.moj.go.jp/MINJI/minji07_00218.html
・相続法の改正について　https://www.moj.go.jp/MINJI/minji07_00222.html
・所有者不明土地の解消に向けた民事基本法制の見直し（民法・不動産登記法等一部改正法など）
　　https://www.moj.go.jp/MINJI/minji05_00343.html
・嫡出推定制度の見直し等（親子法制）について　https://www.moj.go.jp/MINJI/minji07_00315.html

事項索引

■執筆者紹介（執筆順，＊は編者）

＊渡邊　　力（わたなべ　つとむ）　関西学院大学法学部教授　　　　1〜4，50〜56，64

　瀧　　久範（たき　ひさのり）　　関西学院大学法学部教授　　　　5〜15，23〜27

　谷江　陽介（たにえ　ようすけ）　立命館大学法学部教授　　　　　16〜22

　村田　大樹（むらた　だいじゅ）　関西大学法学部教授　　　　　　28〜31，42〜49

　大西　邦弘（おおにし　くにひろ）関西学院大学法学部教授　　　　32〜39

　中山　布紗（なかやま　ふさ）　　立命館大学法科大学院教授　　　40，41，65〜69

　野々村和喜（ののむら　かずよし）同志社大学法学部准教授　　　　57〜63

　白須真理子（しらす　まりこ）　　関西大学法学部准教授　　　　　70〜75

Horitsu Bunka Sha

民法入門ノート〔第2版〕

2019年11月30日　初　版第1刷発行
2024年 3 月10日　第2版第1刷発行

編　者　渡邊　力

発行者　畑　　光

発行所　株式会社　法律文化社

〒603-8053
京都市北区上賀茂岩ヶ垣内町71
電話 075(791)7131　FAX 075(721)8400
https://www.hou-bun.com/

印刷／製本：西濃印刷㈱
装幀：白沢　正

ISBN 978-4-589-04318-4

©2024 Tsutomu Watanabe Printed in Japan

乱丁など不良本がありましたら，ご連絡下さい。送料小社負担にて
お取り替えいたします。
本書についてのご意見・ご感想は，小社ウェブサイト，トップページの
「読者カード」にてお聞かせ下さい。

JCOPY　〈出版者著作権管理機構　委託出版物〉

本書の無断複写は著作権法上での例外を除き禁じられています。複写される
場合は，そのつど事前に，出版者著作権管理機構（電話 03-5244-5088，
FAX 03-5244-5089, e-mail: info@jcopy.or.jp）の許諾を得て下さい。

〈18歳から〉シリーズ

学問の世界への第一歩
法律文化社

新入生を対象に、高校までの"勉強"とはひと味ちがう"学問"のおもしろさを感じてもらうための入門書シリーズです。18歳の目線で捉えた具体的な事象からひもとき、各科目の基礎となるエッセンスを解説しています。

＊B5判・カバー巻・100〜120頁

田井義信 監修
ユーリカ民法 全5巻

導入文、コラム、設例、問題演習などを盛り込んだ法学部生向けの新しいタイプのテキスト。

＊A5判・カバー巻

―――― 法律文化社 ――――
表示価格は消費税10%を含んだ価格です